本书得到了宁波大学浙江省海洋文化与经济研究中心资助

旅游资源经济价值的
理论建构与评估优化研究

周春波　著

ZHEJIANG UNIVERSITY PRESS
浙江大学出版社

前　　言

伴随着我国旅游业的跨越式发展,沿承于计划经济体制的传统旅游资源开发管理的理念、体制和方法上的弊端已开始集中显露。首先,旅游资源的所有权、管理权、经营权三权混淆。这使得旅游资源管理受到条块的多元分割,产权虚置或弱化,以致归属不清、权责不明、监管失效,公共资源类景区的出让收益难以在各产权主体间公允分配,阻碍了旅游资源资产化进程。其次,旅游资源经济价值误置。这进一步导致旅游资源开发利用的生态补偿问题、旅游资源有偿使用制度施行问题都无法得到妥善解决,并导致了粗放型旅游资源管理模式的产生和扩展。最后,旅游资源保护工作因资金因素而难以落实。我国景区数量众多,国家尚无法对所有景区提供足够的财政补贴。许多景区没有进行旅游资源经济价值评估,进而难以有效开展市场化运营,这使得其旅游资源保护经费短缺,资源保护进程滞后。随着我国进入全面深化改革的重要战略机遇期,对现行的旅游资源管理体制与机制进行改革显得尤为迫切,改革的方向无疑是推行旅游资源资产化管理,其中的关键就是科学评估旅游资源经济价值。旅游资源经济价值的货币衡量问题是中国旅游业亟待解决的关键科学问题之一。

本书按照时序梳理国内外旅游资源经济价值研究的历史进程与主要评估方法。在文献述评基础上,分析了景区旅游资源经济价值评估的四大理论依据,剖析其基本思想及其应用启示,进而围绕旅游资源经济价值的"形成机理—实现机制—评估机理—方法优化"的研究主线,综合运用高级计量分析、比较与综合分析等多种研究方法,将动态演进与机制分析有机结合,致力于阐明旅游资源经济价值的形成机理,构建旅游资源经济价值的资本化实现机制,优化旅游资源经济价值分层评估模型。

本书主要回答以下几个问题:(1)旅游资源经济价值的形成机理是怎样的? (2)旅游资源经济价值的实现路径是什么? (3)旅游资源经济价值的内在评估机理究竟如何? (4)旅游资源的经济价值用什么方法才能给出一个科学的评估值? 针对以上问题,本书研究内容大致分为四个部分。

第一部分(第一、二、三章)为绪论、文献述评与理论溯源。首先按照时序演进规律梳理国内外旅游资源经济价值研究的历史进程,接着对旅游资源经济价值的理论内涵和评估方法进行了详细述评,再分析旅游资源经济价值评估研究的四大理论依据——效用价值论、福利计量理论、产权理论与资产评估理论,梳理其基本思想,探讨其应用启示。

第二部分(第四、五、六章)是旅游资源经济价值的理论创新研究。首先廓清旅游资源、旅游资源游憩价值与经营权价值的理论内涵,进而基于租金理论探究旅游资源游憩价值与经营权价值的形成机理与影响要素,再以"资源、资产、资本"三位一体的新型资源管理观为基础构建旅游资源经济价值的资产化和资本化实现机制,最后在厘清层级特征和关系结构的基础上揭示旅游资源经济价值的分层评估机理。

第三部分(第七、八章)是旅游资源经济价值评估的方法优化研究。第一层面,提出国内主流的旅行费用法模型的可靠性与有效性值得商榷,由此引入传统旅游费用法的修正模型——AITCM,论证其评估旅游资源游憩价值的理论适用性,并通过典型案例景区实证评估旅游资源游憩价值。第二层面,提出国内评估旅游资源经营权价值的主流方法——收益还原法的估值准确性较低,提出通过二阶段评估模型优化该方法:第一阶段应用时间序列模型和多项式回归模型构建景区预期收益组合预测模型,优化"预期收益"参数估计;第二阶段基于资本资产定价模型(CAPM)和加权平均资本成本(WACC)的资本化率研究,优化"折现率"参数估计,并通过典型案例景区实证评估旅游资源经营权价值。

第四部分(第九章)为研究结论、政策建议与研究展望。对本书的研究成果进行集成式的汇总与整理,凝练成主要结论,从法律、市场、平台、机制等多个层面提出相应的政策建议,并对未来的研究要点进行了展望。

目　　录

第一章　绪　论

第一节　研究背景与意义

一、研究背景

（一）实践背景

1. 中国旅游业发展上升为国家战略

2014 年,我国国内旅游人数、出入境旅游人数共达到 38.46 亿人次,旅游总收入达到 3.38 万亿元①,相当于 GDP 的 5.31%。目前,我国已成为世界上第四大入境旅游接待国、亚洲第一大出境旅游客源国,旅游产业已经成为国民经济中影响深远的重要产业。2009 年,《国务院关于加快发展旅游业的意见》中首次明确提出"把旅游业培育成国民经济的战略性支柱产业和人民群众更加满意的现代服务业"。2012 年国务院《服务业发展"十二五"规划》又再次强调了这一点。2013 年《中华人民共和国旅游法》正式颁布施行。2014 年《国务院关于促进旅游业改革发展的若干意见》和 2015 年《国务院办公厅关于进一步促进旅游投资和消费的若干意见》中又再次强调了旅游业扩内需、调结构、促就业、惠民生的重大意义。这表明,中国旅游业的国家政策定位已经从第三产业中的龙头产业、国民经济新的增长点演进到国民经

①　数据来源于国家旅游局副局长杜江在 2015 年全国旅游市场工作会议上的讲话。

济中的重要产业,继而提升到国民经济的战略性支柱产业的高度。

2. 中央关于实行资源有偿使用制度的政策要求

2012年,党的十八大报告《坚定不移沿着中国特色社会主义道路前进,为全面建成小康社会而奋斗》提出"把资源消耗纳入经济社会发展评价体系,深化资源性产品价格和税费改革,建立反映市场供求和资源稀缺程度、体现生态价值和代际补偿的资源有偿使用制度和生态补偿制度"。2013年,中共十八届三中全会《关于全面深化改革若干重大问题的决定》强调"健全国家自然资源资产管理体制,实行资源有偿使用制度和生态补偿制度"。2014年,中共十八届四中全会《关于全面推进依法治国若干重大问题的决定》强调了依法治国对于实现经济发展、生态良好的关键作用。因此,依法建立旅游资源资产管理体制和旅游资源有偿使用制度,对于贯彻落实十八大精神具有非常重要的作用。而要建立旅游资源有偿使用制度,实现旅游资源开发后的景区国有资产的保值增值,其根本的落脚点就在于如何科学地评估旅游资源的经济价值,给出一个能够反映市场供需和资源稀缺性的旅游资源有偿使用价值,这样才能完善景区旅游资源的资产化管理,实现旅游资源价值从内在价值向市场价值的转变,进一步实现景区旅游资源的资本化运营。

3. 旅游资源经济价值评估的中国特色

在我国,土地的社会主义公有制对旅游资源经济价值评估方法具有决定性影响。我国土地和旅游资源的权属状况为国有或集体所有,其中,国有的土地所有权主体具有单一性,即国家;集体土地所有权的主体具有模糊性,这主要是因为法律对农村集体经济组织的规定尚不够明确。并且,土地所有权禁止上市流转,土地所有权的权属变动只有一种单一的模式,即通过征收将土地从集体所有变为国家所有。为了适应经济发展的需要,解决土地所有与利用的尖锐矛盾,实现国有资源的保值增值,我国特别创设了用益物权制度,以用益物权代替所有权进入市场流通,并且根据权利主体或者用途的不同,设置了权利期限(林璧属等,2013)。因此,旅游资源开发后的景区所有权与经营权分离过程中,旅游资源经营权即作为一种有中国特色的用益物权,权利属性定位于建设用地使用权中的旅游用地使用权(周春波,李玲,2015)。因此,对旅游资源的经济价值评价就无法简单地直接套用国际上或国内现有通行的方法,而是要找到适应我国旅游资源开发与保护的这一以用益物权为基础的经济价值评估的特有方法。

4. 旅游资源开发与投融资的估值需求

伴随着旅游业发展质量的阶段性演进,作为旅游产业内核的旅游景区也逐步扩大旅游资源的开发规模,由此而来的大量资金需求使景区需要引入外部投资者。综观现阶段景区旅游资源开发的投融资模式,景区所有权和经营权两权分离已经成为景区的主要选择手段之一。景区旅游资源付诸旅游投资开发时,这些资源的旅游开发大多是通过招商引资进行的,旅游资源的产权主体一般是国家或集体,旅游投资商则一般不属于国有或集体,这样,自然而然地就出现了旅游资源经营过程中旅游资源的所有权与经营权相分离的情形,即产生了旅游资源经营权出让模式(林璧属等,2013)。在旅游资源经营权出让过程中,核心问题是旅游资源经营权出让价格的确定问题。这一经营权的出让价格就表现为旅游资源经济价值的一种货币衡量,也就涉及了旅游资源经济价值评估问题。

5. 景区开发冲突事件的根本性解决途径

2013年,国内曾发生两次旅游景区的重大冲突事件和一个景区过度开发的问题。第一个重大冲突事件是2013年4月湖南凤凰古城实行景区门票一票制,引发了地方政府、投资企业、古城商户、当地居民等各利益主体的利益冲突,在社会上引起了强烈的反响。第二个重大冲突事件是2013年10月2日四川省九寨沟景区由于游客人数超出景区承载量,出现了近2万游客滞留和冲击景区售票大厅的情况,部分游客滞留时间长达12小时,经媒体披露后公众哗然。景区过度开发的问题比较普遍,可列为2013年榜首的是10月7日《央广新闻》报道披露逛遍庐山景区所有景点需花门票1792元,一石激起千层浪,民众对于庐山景区高额"票中票"收费方式和过度开发的批评声不绝于耳。这些事件说明,旅游资源具有准公共资源的属性,科学评估其经济价值至关重要。旅游资源经济价值估值过高,会使开发商过度开发与利用景区资源导致生态破坏、景区超载与门票价格虚高;而旅游资源经济价值估值过低,会导致开发商挤占地方政府和居民的合法利益。在旅游资源准确估值的基础上构建创新性的景区治理模式,才能实现景区旅游资源的高效开发与管理。

(二)理论背景

1. 旅游资源经济价值的理论内涵界定不清

关于"旅游资源经济价值"的提法,国内学者间主要存在三大类观点,尚未形成一致意见:其一,一部分学者认为旅游资源经济价值特指旅游资源的旅游价值,例如"景区旅游价值"(陈浮,张捷,2001)、"旅游资源的旅游价值"(郭剑英,王乃昂,2004)、"游憩资源旅游价值"(许丽忠等,2007)等。其二,一部分学者认同旅游资源经济价值是指旅游资源的使用价值或市场价值,例如"旅游资源经济价值"(李丰生,2005)、"游憩利用价值"(刘晴等,2010)等,也有学者与之相对提出了"旅游资源非使用价值"(许丽忠等,2007)、"旅游资源非市场价值"(董雪旺等,2011)等。其三,另一部分学者觉得旅游资源(总)经济价值包括了旅游资源的使用价值与非使用价值,例如"旅游资源价值"(万绪才等,2003)、"旅游资源总价值"(喻燕,2010)、"景区旅游总经济价值"(周军等,2011)。

2. 国际通用的旅游资源估值方法在我国的适用性困境

现有的国际上通行的旅行费用法(travel cost method,TCM)和条件价值法(contingent value method,CVM),只能给出景区某一时间段(一般以年为计算单位)的游憩价值或非使用价值,而不能给出景区旅游资源经营权价值。其原因在于:旅游资源多为非市场物品,如果需要评估其效益,往往并无能够直接交易的公开市场,只能通过观测旅游者在景区游憩时的旅游成本支出行为来推导其旅游偏好倾向,或通过观测旅游者在景区游憩时的意愿支付行为来测度旅游资源质量变化所产生的福利变动,故此类方法被称为替代市场价值评估法,其无法评估旅游资源经营权价值这类市场价值。而且,条件价值法是以旅游者的支付意愿为计算依据,并非实际的市场交易行为,应用于发展中国家的景区旅游资源价值评估时,往往得出较低的支付意愿,从而低估评估对象的游憩价值。随着对我国旅游资源经济价值评估的深入研究,迫切需要对国际通用的旅行费用法和条件价值法的理论原理、计量过程与优缺点进行评估比较,并对其进行研究思路或计量技术上的改进,以便更为科学地评估我国旅游资源游憩价值。

3. 国内收益还原法应用于旅游资源估值的准确性局限

收益还原法(income capitalization method,ICM)是国内资产评估的最主要评估方法。收益还原法是指通过预测被评估单位的预期收益并将其折现成现值以确定评估对象价值的评估思路。从收益还原法的原理看,由于无须调查问卷环节,可以避免受调查者和被调查者主观因素影响而导致的评估结果偏差。但是,笔者在调研我国景区旅游资源经营权估值实务中发现,即便这种比较公认的方法,评估结果也出现了较大差异,其差异主要体现在收益还原法的两大关键指标——预期收益指标与资本化率指标的估计偏差上。其中,预期收益指标是估计景区在未来经营权流转期内的预期净收益,其估值准确性有赖于选取的预测模型的拟合优度;资本化率指标是估计景区未来经营权流转期内各年的折现系数,其估值准确性依靠对资本成本的科学测算。这两大关键指标的数值误置直接影响收益还原法在评估旅游资源经济价值中的准确性。

通过上述研究背景的分析可知,旅游资源经济价值评估是中国旅游业发展普遍的现实需求和体现景区旅游价值属性的科学命题。在旅游资源经济价值评估领域中亟待解决理论与实证方面的两大科学问题:

其一,旅游资源经济价值评估的理论创新问题。由于景区旅游资源经济价值体系是一个复杂的系统,是一个具有多层级特征与复杂形成规律的价值体系,这就需要结合景区土地权属和用益物权特征,厘清景区旅游资源经济价值构成要素、层级特征及其关系结构。但目前学术界在旅游资源经济价值评估的基础理论探索和概念内涵的理解上尚显不足,对旅游资源经济价值的涵义、特征、类型、影响因素缺乏针对性的系统探讨。究竟如何廓清旅游资源经济价值的内涵与影响因素?旅游资源经济价值的形成机理与实现路径是怎样的?旅游资源经济价值的评估机理是什么?上述都是本书拟解决的主要理论问题。

其二,旅游资源经济价值评估的实证优化问题。旅行费用法、条件价值法和收益还原法是国内外旅游资源经济价值评估的三大主流方法。通过理论梳理和实践透视,笔者发现旅行费用法和条件价值法都不适用于景区旅游资源经营权价值的评估,仅适用于景区旅游资源游憩价值评估;而且,条件价值法的信度和效度值得商榷,收益还原法评估旅游资源经营权价值的准确性较低。因此,需要系统地评价各种方法的科学性与适用性,对旅游资源经济价值的传统评估方法进行创新性改进,基于应用导向性原则构建和发展中国本土旅游资源经济价值评估方法体系。如何改进旅行费用法使其能够提高其游憩价值评估准确性?如何改进收益还原法以解决其关键指标的科学量化问题?这些都是本书拟解决的主要实证问题。

二、研究意义

(一)理论意义

1. 深化对旅游资源经济价值形成与实现规律的认识

由于旅游资源经济价值的内在特性的复杂性,国内外尚未有学者专文探究旅游资源经济价值的形成与实现规律这一理论建构中的关键科学问题。据此,本书以旅游资源经济价值的概念厘清为切入点,廓清旅游资源经济价值评估的层级特征,剖析旅游资源游憩价值和经营权价值的形成机理,探究旅游资源经济价值的资产化与资本化实现路径,揭示旅游资源经济价值的分层评估机理,构建旅游资源经济价值的"形成机理—实现路径—评估机理"三位一体的系统分析框架,能够深化对旅游资源经济价值形成与实现规律的认识,丰富旅游学与经济学跨学科交叉研究的理论内涵。

2. 丰富和发展旅游资源经济价值评估的研究方法体系

本书在揭示旅游资源经济价值的分层评估机理的基础上,应用高级计量模型对传统的旅行费用法进行修正,论证修正旅行费用法——高级个体旅行费用法(advanced individual travel cost method,AITCM)的理论适用性和评估准确性,并应用 AITCM 模型与方法,实现旅游资源游憩价值的科学评估。而且,运用时间序列模型和多项式回归模型的组合预测模型测度景区预期收益,应用资本资产定价模型(capital asset pricing model,CAPM)和加权平均资本成本(weighted average cost of capital,WACC)模型精确计量景区资本化率,进而准确评估旅游资源经营权价值。能够突破传统旅游资源价值评估研究方法的局限,丰富和发展旅游资源经济价值评估的研究方法体系。

（二）实践意义

1. 为我国构建旅游资源资产管理体制提供理论指导

本书通过厘清旅游资源经济价值的内涵、特征与类型,探究旅游资源经济价值的形成机理与影响要素,建构旅游资源资产化管理和资本化运作的实现机制,揭示旅游资源游憩价值和经营权价值的评估机理,不但能够有效解决未来旅游资源开发与管理的一系列实践问题,加快旅游产业发展,进而促进旅游产业转型升级,而且对于推进旅游资源资产管理体制改革,促进旅游与社会、经济、环境的和谐发展,乃至提升国家资源型经济发展战略,都具有十分重大的现实意义。

2. 为我国旅游资源投融资实务提供科学依据

本书通过对旅游资源经济价值分层结构的解构与重构,探索性地构建旅游资源经济价值分层评估模型,科学测度旅游资源游憩价值和经营权价值,能够深度响应 2012 年中国人民银行、发展改革委、旅游局、银监会、证监会、保监会、外汇局《关于金融支持旅游业加快发展的若干意见》,2014 年《国务院关于促进旅游业改革发展的若干意见》与 2015 年《国务院办公厅关于进一步促进旅游投资和消费的若干意见》,不但有助于旅游景区切实开展经营权抵(质)押业务,全方位、多渠道地解决旅游景区的融资难问题;而且有助于旅游投资商明晰旅游景区项目的投资市场价值和预期投资报酬率,全面提升旅游投资项目的投资效率和投资质量。

3. 为我国景区旅游资源经营权交易提供方法支持

本书通过优化旅游资源游憩价值的旅行费用模型,能够在估值准确性上完善国际上通行的旅行费用法,填补旅游资源游憩价值的实务界评估精度不足的缺陷;通过改进旅游资源经营权价值评估模型,有助于旅游资源经营权交易过程中实现公允价值,科学地遏制旅游资源经营权出让中的机会主义行为,减少旅游投资中的合作经营纠纷,进而提升旅游资源经营权的交易效率。

第二节 研究思路与方法

一、研究思路

本书以"旅游资源经济价值评估研究"为目标,通过"理论的完善与突破""机制的剖析与创新""方法的改进与优化"三个层面来解决上述科学问题。

(一)理论的完善与突破

现有关于旅游资源经济价值评估的研究多集中于实证与案例分析,有关评估的理论阐述偏少,本书从两个方面进行完善与突破。

第一方面,通过相关文献的梳理与研究现状的分析发现,目前学术界在旅游资源经济价值评估的基础理论探索和概念内涵的深入理解上明显不足,对旅游资源经济价值的概念内涵、层级特征还未进行针对性的深入探讨。有鉴于此,本书依据核心特征廓清景区与旅游资源的概念性定义,阐释景区的经济属性,基于资源权属进行类型划分与内涵解构,建构旅游资源游憩价值的理论内涵,并基于法学和经济学的交叉视角建构旅游资源经营权的内涵、特征与内容,以完善定量研究的理论基础、深化实证检验的理论支撑。

第二方面,旅游资源游憩价值和旅游资源经营权价值的形成是多变量、多因素交互作用的结果,对旅游资源经济价值的影响要素进行识别,是厘清影响旅游资源经济价值评估结果的各要素及其相互关系与作用机理的前提。进而对旅游资源经济价值体系的层级特征与关系结构进行详尽阐述。因此,本书以多学科理论为支撑,以归纳和演绎为分析手段,进行渐进式、综合式的问题分析与理论探索。

(二)机制的剖析与刻画

现有国内外文献对于旅游资源经济价值的实现机制与评估机理的研究总体上仍处于探索阶段,缺乏关于评估机理和实现机制的系统性整合研究。有鉴于此,本书从三个层面进行旅游资源经济价值的评估机理剖析和实现机制刻画。

第一层面,开拓性地建构旅游资源经济价值的资产化和资本化实现机制。以"资源、资产、资本"三位一体的新型旅游资源管理观为基础,深入阐释旅游资源资产化、资本化的合法性,厘清旅游资源的资源化、资产化、资本化的理论内涵之间的相互关系,深刻揭示旅游资源资产化的关键实现机制,进而深刻揭示旅游资源资本化的关键实现机制。

第二层面,深入分析基于旅行费用法的旅游资源游憩价值评估机理,基于线性回归函数、对数线性回归函数、线性对数回归函数、双对数回归函数进行旅游需求函数建模,进而在马歇尔消费者剩余理论视角下深入阐释旅行费用法评估旅游资源游憩价值的数理经济原理。并深入剖析基于条件价值法的旅游资源游憩价值评估机理,构建旅游资源游憩价值的支付意愿效用函数,对支付意愿效用函数进行参数估计,进而在希克斯消费者剩余理论视角下深入诠释条件价值法评估旅游资源游憩价值的数理经济原理。

第三层面,探索性地剖析资产评估理论视角下的旅游资源经营权价值评估机理,首先科学界定景区旅游资源资产的价值评估对象范围,接着深入分析景区旅游资源的产权主体经济权能,再探究旅游资源经营权价值资产评估方法的适宜性,进而揭示基于收益法的旅游资源经营权价值评估模型的适宜性。

(三)方法的改进与优化

针对目前旅游资源经济价值评估方法在可靠性与准确性上的不足,本书从旅游资源经济价值分层体系出发,根据不同评估方法的适用性与应用范畴,逐一改进了旅游资源游憩价值和经营权价值的两大评估方法。具体思路及相应理论和方法如下所述:

第一层面,旅游资源游憩价值评估优化研究。通过研究得出"国内现有的区间旅游费用法(zonal travel cost method,ZTCM)和旅行费用区间估计(travel cost interval analysis,TCIA)的可靠性与有效性值得商榷"的结论,进而改进了传统旅行费用法,提出高级个体旅行费用法(AITCM),在分析论证了 AITCM 的理论适用性与估值准确性的基础上来计算旅游资源游憩价值。高级个体旅行费用法是指基于消费者剩余理论和高级计量经济学理论,充分利用案例地景区实地调研或访谈得到的游憩次数、旅行费用、旅行时间、游览景点数、人口统计学变量等一手数据,并且基于高级计数模型估算出旅游者需求函数,进而测算出旅游者的总消费者剩余,再加总旅行费用后即为旅游资源游憩价值评估值,能够显著提高旅游资源估值的可靠性与准确性。

第二层面,旅游资源经营权价值评估优化研究。收益还原法是当前国内进行旅游资源经营权价值量化评估最主要的手段,但在其评估过程中出现了"预期收益"和"资本化率"这两个数值难以科学量化的问题。本书通过应用高级时间序列模型和多项式回归模型组成的组合计量模型准确量度景区预期收益;同时基于资本资产定价模型(CAPM)和加权平均资本成本(WACC)模型有效测度符合景区现实发展实际的折现率,进而将评估期内预期收益现值之和作为旅游资源经营权价值,能够显著提高经营权估值的可靠性与准确性。

二、研究方法

(一)文献研究法

全面搜集、梳理与分析国内外关于旅游资源经济价值评估理论与方法的研究文献,系统总结理论研究现状和发展动态,在梳理相关基础理论思想的基础上进行再思考,揭示其应用启示,为旅游资源经济价值评估理论创新和方法优化奠定基础。

(二)问卷调查法

基于国内外经典文献设计旅游资源游憩价值评估问卷题项,对浙江东钱湖旅游度假区进行详细的实地调研,同时对景区的旅游者随机进行旅行费用问卷调查,通过统计分析软件的综合运用,进行旅游资源游憩价值评估。

(三)高级统计分析方法

在旅游资源游憩价值评估模型建构中,应用截断 Poisson 模型对传统TCM 进行改进。在旅游资源经营权价值评估模型建构中,运用 ARIMA 模型和多项式回归模型进行预测,进行 HLN(Harvey,Leybourne & Newbold(1998))与 DM(Diebold & Mariano(1995))的"预测涵盖性检验",以选择性地进行组合式的综合预测,并应用 CAPM 和 WACC 模型进行资本化率的科学量化评估。

(四)比较和综合分析法

本书以旅游资源经济价值的理论内涵的廓清与建构为切入点,通过比较研究与综合分析,探究旅游资源经济价值的形成机理,构建旅游资源经济价值的资产化和资本化实现机制,揭示旅游资源经济价值的分层评估机理。

三、技术路线

本书通过典型案例景区的调研分析,围绕旅游资源经济价值的"形成机理—实现机制—评估机理—方法优化"的研究主线(详见图 1-1),综合运用实地调研、高级计量分析等多种研究方法,探究旅游资源经济价值的形成机理,构建旅游资源资产化和资本化实现机制,优化旅游资源经济价值分层评估模型。在文献归纳与理论建构的基础上,运用计量分析、比较分析和综合评价等相结合的方法,注重定性与定量分析相结合、过程演变与机理分析相结合、理论总结与实践应用相结合。

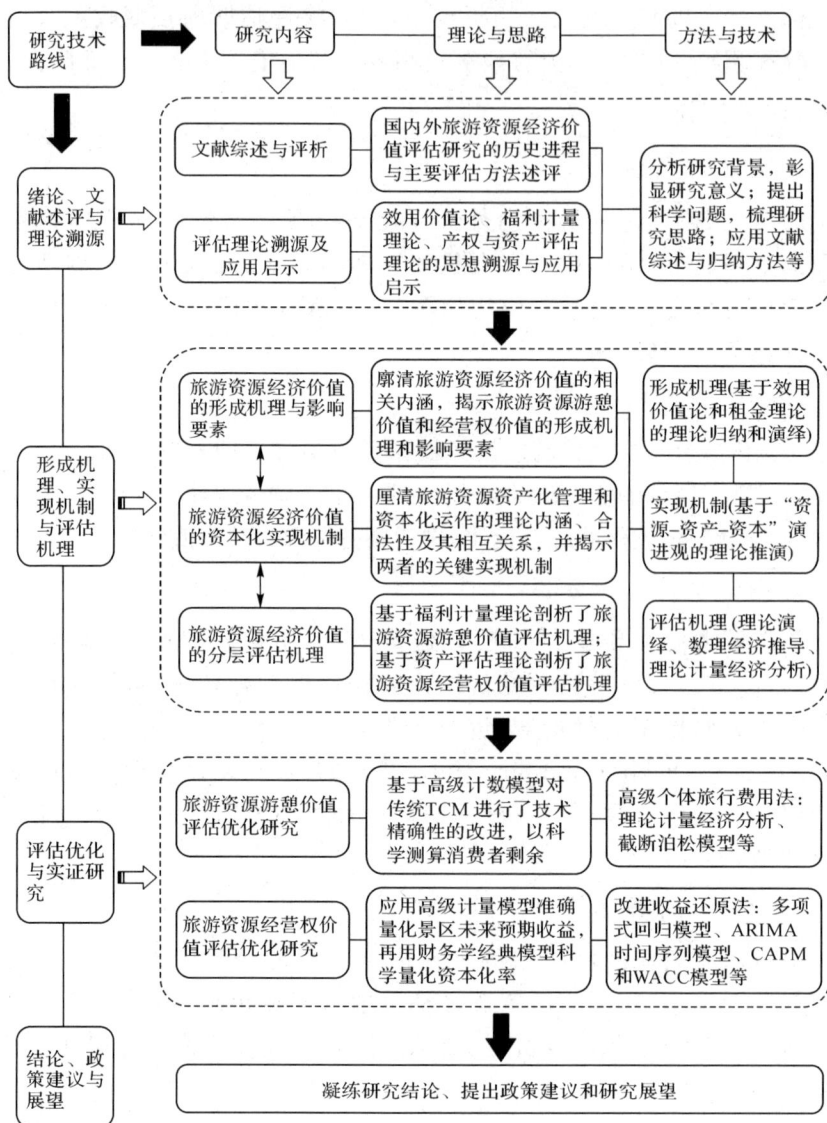

图 1-1 研究技术路线

第三节 研究特色与创新之处

一、研究特色

（一）研究视角与内容特色

本书以"旅游资源经济价值评估研究"为目标，通过"理论的完善与突破""机制的剖析与刻画""方法的改进与优化"三个层面，以突破旅游资源经济价值的形成机理、实现机制与评估机理的理论基础问题，并优化旅游资源游憩价值和经营权价值评估的实证分析问题，构成旅游资源价值评价研究的独特视角与内容特色。

（二）分析框架与思路特色

本书深入探讨旅游资源经济价值的评估理论与实证问题，以其形成机理研究为切入点，以其实现机制与评估机理分析为着力点，以其方法优化研究为落脚点，确立"形成机理—实现机制—评估机理—方法优化"四位一体的系统分析框架，构成本书的分析框架和研究思路特色。

二、创新之处

（一）揭示旅游资源经济价值的形成机理与评估机理

本书通过选择典型案例景区进行调研分析，综合运用多学科的相关理论，探索性地将资源要素与价值内容融为一体，厘清旅游资源经济价值的理论内涵，廓清旅游资源经济价值的系统结构，刻画旅游资源经济价值的形成机理，揭示旅游资源经济价值的作用机理，以期弥补国内外研究中对旅游资源经济价值的理论探讨不够深入的缺憾，建构出旅游资源经济价值评估的理论分析框架，为构建具有普适性的旅游资源经济价值分层评估模型提供理论指导和方法依据。

（二）建构旅游资源经济价值的资产化和资本化实现机制

以"资源、资产、资本"三位一体的新型旅游资源管理观为基础，深入阐释旅游资源资产化与资本化的合法性，厘清旅游资源的资源化、资产化、资本化的理论内涵之间的相互关系；揭示旅游资源经济价值的资产化实现机制包括明晰旅游资源产权和量化评估旅游资源经济价值；揭示旅游资源经济价值的资本化实现机制包括旅游资源经营权流转与旅游资源资产证券化，为我国适时建立一套可操作的旅游资源资产化管理和资本化运营体系提供理论支撑。

（三）优化旅游资源经济价值分层评估方法

应用高级计量模型对传统的旅行费用法进行修正，论证修正旅行费用法——高级个体旅行费用法（AITCM）的理论适用性和评估准确性，并应用AITCM 模型与方法，实现旅游资源游憩价值的科学评估；运用时间序列模型和多项式回归模型的组合预测研究，以预测准确性和涵盖性检验为标准，优化景区预期收益的预测模型；应用资本资产定价模型（CAPM）和加权平均资本成本（WACC）模型精确计量景区资本化率；进而准确地评估出旅游资源经营权价值，以期完善旅游资源经济价值分层评估方法体系。

第二章　文献综述与评析

第一节　旅游资源经济价值评估研究历程

一、国外旅游资源经济价值评估研究的演进历程

国外旅游资源经济价值评估研究大致形成了三段前后相继的演进历程。

（一）第一阶段（19世纪末至20世纪50年代）——理论初创期

国外旅游资源经济价值评估研究肇始于成本—收益分析理论（cost benefit analysis，CBA）。其后，成本—收益分析方法开始与福利经济学（welfare economics）相结合，公共产品效益评估开始将潜在市场信息纳入主要参考因素（Eckstein，1958）。

1947年，美国经济学家 Harold Hotelling 首次提出旅行费用法（travel cost method，TCM）的设想，其基于需求理论构建了旅游者对国家公园的游览比例与旅行距离的数量模型，应用数理方法得到旅游者需求函数，推算出国家公园的旅游者收益为旅行费用与消费者剩余的加总。这篇论文推动了后续旅行费用法的理论和实证研究。同年，经济学家 Ciriacy-Wantrup 首次提出条件价值法（contingent valuation method，CVM）的设想，认为能够通过直接询问方法来获得公众对于公共资源与物品的需求和支付意愿。这两种方法为旅游资源经济价值的货币化评估提供了研究思路与基础。

（二）第二阶段（20 世纪 60 年代至 20 世纪 90 年代）——体系渐成期

1967 年，资源经济学家 John Krutilla 在深入分析公共项目环境绩效和资源价值的基础上发表了《自然保护的再思考》，被视为资源经济学派的开山大作。同年，Ridker & Henning 最先应用享乐定价法（hedonic pricing method，HPM）研究了环境资源定价问题，其基本研究思路是建立环境资源的属性向量，构建相应的经济统计学的回归模型测算出环境资源属性的价格。

伴随着福利计量理论的时序演进，游憩价值评估方法的理论阐述更深入，实证应用也越来越国际化与多样化。在 20 世纪 70 年代，旅行费用法（TCM）越来越成为国外学术界评估自然/文化遗产地、国家公园的旅游资源游憩价值的主流方法。在国际旅游业悄然兴起并出现生态环境破坏问题的背景下，又一部大作——《自然环境经济学：商品性和舒适性资源价值研究》问世。该书由 John Krutilla 和 Anthony Fisher 合著，首次较为完整地构建了“舒适性资源的经济价值理论”，概括了舒适性资源的独特性、原真性、舒适性等性质。从 80 年代开始，基于旅游者支付意愿的条件价值法（CVM）的理论阐述与个案实证也逐渐增多，成为评估非利用价值的主流方法。

之后，在美国经济出现通货膨胀、公共财政支出锐减的背景下，美国学术界出现了国家公园旅游服务定价问题的研究热潮。Bowker et al.（1999）通过实地调研发现大部分居民认为旅游者应该为观赏国家公园旅游资源而支付一定费用给资源所有者。国家公园的旅游服务定价策略有赖于对旅游资源价值的准确评估。这些结合实践背景的学术成果使得国外越来越多国家的环境保护局与旅游发展部门主管意识到，论证旅游资源具有经济方面的价值是一个非常必要且非常迫切的经济要务，这关系到各国旅游经济发展战略的探讨制定、规范执行与实施绩效（Lee，1997）。

（三）第三阶段（21 世纪至今）——方法改进期

迈入 21 世纪后，旅游资源价值评估研究逐步呈现出两条演进路径：案例分析与计量实证。国外学者的案例研究地主要可以分为两类，一类集中在国家公园（Lee et al.，2002；Asafu-Adjaye，Tapsuwan，2008）、森林游憩区（Amirnejad et al.，2006）、湖泊游憩区（Fleming，Cook，2008）、滨海度假地（Park et al.，2002）、自然保护区（Mmopelwa et al.，2007）等自然景区；另一类集中在文化遗产（Walter，Giovanni，2000；Kim et al.，2007）、人类遗址（Ruijgrok，2006）、城市遗产（Anna et al.，2003）、纪念馆（Mousumi et al.，

2007)等人文景区。

而且,国外学者逐步专注于对旅游资源经济价值评估方法及其计量经济学模型的改进和案例实证,Hailu et al. (2000)提出了CVM的改进型——多方案条件价值法(multi-program contingent valuation method,MPCVM),地理信息系统(geographic information system,GIS)技术也被应用到享乐定价法(HPM)的游憩价值评估中(Kong et al.,2007)。逐步地,显示性偏好法中的旅行费用法和叙述性偏好法中的条件价值法成为国外公认的两种旅游资源经济价值评估方法,在实践中被越来越多地应用于评估旅游资源、生态环境和资源环境类公共物品的经济价值。不过,鉴于两大评估方法尚存不足之处,国外学者推荐使用TCM、CVM、HPM等方法两两组合而成的综合评估方法来提高旅游资源经济价值的评估准确性(Grossmann,2011)。

二、国内旅游资源经济价值评估研究的演进历程

国内旅游资源经济价值评估研究大致形成了两段前后相继的演进历程。

(一)第一阶段(20世纪80年代至20世纪末)——理论引入期

国内研究起步较晚,研究成果并不是很多,研究大致始于20世纪80年代,陆鼎煌等(1985)评估了张家界国家森林公园的游憩价值,孟永庆和陈应发(1994)介绍了国外评估森林游憩价值的包括价值法、成本法、费用法等8种具代表性的方法,艾运盛和张鸿雁(1996)指出了旅行费用法应用于游憩效益评价中存在的问题并提出了相应对策。随后,艾运盛等(1996)、程弘等(1997)、戴广翠等(1998)、靳乐山(1999)分别应用旅行费用法对武夷山风景名胜区游憩价值、兴隆山国家自然保护区森林资源游憩价值、我国森林旅游价值、圆明园环境服务价值进行了评估。总体而言,这一阶段的研究尚显单薄,以旅行费用法的推介和案例应用为主,主要评估森林资源、生态资源的游憩效益。

(二)第二阶段(21世纪初至今)——方法改进期

随着中国旅游业的迅速发展和景区特许经营权出让模式的兴起,国内旅游资源经济价值评估研究在理论和实证上都取得了一定的进展。在理论研究方面,刘坤等(2001)初步提出了旅游资源经济价值的涵义并分析了其重要性。随后,万绪才等(2003)界定了旅游资源经济价值的概念,李丰生(2005)初步建立了旅游资源经济价值体系。之后,刘敏等(2007)研究了我国景区经营权价值评估途径的选择,黄先开和刘敏(2012)进行了景区经营权价值评估方法的适宜性研究。

梁修存和丁登山（2002）、张红霞等（2006）、刘敏等（2008）、于洋等（2009）分别对国外旅游资源游憩价值评估进行了文献述评，王艳等（2005）、林文凯（2013）、查爱苹和邱洁威（2015）分别对国内外旅游资源经济价值评估进行了文献述评。在旅行费用法研究领域，李巍和李文军（2003）、张茵和蔡运龙（2004）、谢贤政和马中（2005）、周慧滨和左旦平（2006）、谢双玉等（2008）、赵玲等（2009）、查爱苹等（2010）、董雪旺等（2011）分别在旅行费用法的模型局限性、模型改进、模型间对比分析、研究信度、研究效度等方面体现了研究贡献。在条件价值法研究领域，张志强等（2003）、张茵等（2005）、赵军和杨凯（2006）、张翼飞和赵敏（2007）、崔卫华和林菲菲（2010）、董雪旺等（2011）、蔡志坚等（2011）、许丽忠等（2012）、查爱苹等（2013）分别对条件价值法的应用原则、应用案例异同、偏差与局限性分析、可靠性检验、有效性检验进行了总结和评述。在收益还原法研究领域，吴楚材等（2003）、李家兵和张江山（2003）、程绍文和徐樵利（2004）、喻燕和卢新海（2009）、喻燕（2010）分别应用收益还原法进行了景区游憩价值的案例评估。

总体而言，随着国内外学者对于旅游资源经济价值评估研究的不断拓展与深入，近几年已经逐渐形成三大评估方法：一是以旅行费用法为主的评估旅游资源使用价值的显示性偏好法；二是以条件价值法为主的评估旅游资源非使用价值的陈述性偏好法；三是以收益还原法为主的评估景区资产经济价值的资产评估法。而且，国内学者逐步开始在旅行费用法、条件价值法等评估方法的研究思路、测度模型、信效度检验等方面进行学术研究创新。

第二节　旅游资源经济价值的理论内涵研究述评

一、旅游资源经济价值的概念与构成要素

关于"旅游资源经济价值"的提法，国内学者先后提出过"游憩价值"（孟永庆，陈应发，1994）、"景区旅游价值"（陈浮，张捷，2001）、"旅游资源价值"（万绪才等，2003）、"旅游资源的旅游价值"（郭剑英，王乃昂，2004）、"旅游资源经济价值"（李丰生，2005）、"游憩利用价值"（许抄军等，2006）、"游憩资源旅游价值"（许丽忠等，2007）、"旅游资源总价值"（喻燕，2010）、"景区旅游总

经济价值"(周军等,2011)等许多种表述。即学者们对于旅游资源经济价值的定义与构成尚未达成一致意见。

在旅游资源经济价值的构成划分方面,国内外学者较多地倾向于利用价值和非利用价值二分法。Greeley et al.(1981)认为旅游资源的保存价值包括选择权价值、遗赠价值和存在价值。Walsh et al.(1984)认为旅游资源包含利用价值和保存价值,利用价值与游憩活动的消费者剩余联系紧密,保存价值则与旅游者代际获益显著相关。李丰生(2005)认为旅游资源经济价值包含利用价值和非利用价值两个组成部分。李京梅和刘铁鹰(2010)认为游憩资源的直接使用价值是指游憩资源直接创造的供游客直接使用(餐饮、住宿等)的市场化价值,游憩资源的间接使用价值是指以间接方式参与经济活动的生态系统服务价值。

由于旅游资源经济价值的提法不一,其内涵的界定也不尽相同。Liston-Heyes et al.(1995)界定了旅游资源游憩价值的含义:源于旅游资源及其环境的包含经济、社会和生态效益的总效益。陈浮和张捷(2001)认为景区旅游价值的概念性界定是满足旅游者身心需求的精神损益或效用,其操作性定义是基于旅游者游憩行为以旅游者旅行成本和消费者剩余的加总进行测度的替代价值;由于受客源市场、景观形态、环境变化等影响,旅游价值具有游移性、多元性和可耗性。万绪才等(2003)根据西方经济学价值论的价值本质原理,提出旅游资源价值是旅游者主观旅游偏好的反映,是具有旅游效用的物品在旅游方面的价值,具有历史性;旅游资源价值的货币化评估也就是评估旅游资源的经济价值,是旅游资源内在旅游价值的货币化表现。郭剑英和王乃昂(2004)提出旅游资源的旅游价值是旅游者通过景区旅游资源或环境的休闲游憩得到的个体福利总和,并认为该值是与旅游业大环境、行业政策、开发规划等紧密相连的随时序变动的旅游者支付意愿值。李丰生(2005)从价值哲学出发提出旅游资源经济价值是指其能够满足旅游者旅游需求的效益的货币衡量,具有增值性、潜在价值不易衡量性等特点,导致旅游资源经济价值增值的原因有供求关系的变化、旅游资源的开发经营的特殊性。詹丽等(2005)探索性地分析了文化旅游资源的特征与涵义,论证了文化旅游资源也是舒适型资源。

二、旅游资源经济价值评估的意义、影响因素与指标分析

在旅游资源经济价值评估的重要性与意义方面,纪益成(1998)、刘旺和张文忠(2002)、钟勉(2002)、敖荣军等(2003)、贺小荣等(2003)、谢茹

(2004)、胡北明等(2004)都在文中强调了旅游地资产经营价值评估的重要性,呼吁加强景区经营权评估方法研究。彭德成等(2002)将旅游资源的价值评估问题列为我国旅游研究前沿十大问题之一。

在旅游资源经济价值评估的影响因素与指标方面,叶浪(2002)分析了旅游资源经营权价格的五个形成因素。胡北明等(2004)初步构建了旅游资源经营权的价格评估的指标体系,涉及旅游资源自身价值、开发程度、开发条件和效益的评估指标。程绍文和徐樵利(2004)从地理学的视角出发构建了湖泊旅游地的评价指标体系、等级分级体系及湖泊旅游地的地价评估方法体系。李向明(2006)构建出旅游资源资产评估的非经济性和经济性评估指标体系,其中前者包括旅游资源本体条件、旅游地理环境条件、旅游客源市场条件、区域社会经济条件的评价指标,后者包括成本指标与收益指标。于洋等(2009)认为影响游憩价值评估的一般是评估方法的准确性与适用性。黄先开和刘敏(2012)初步构建了由途径、对象、方法、参数四个层次组成的景区经营权价值评估方法体系。

总体而言,旅游资源经济价值理论研究较薄弱,其研究重要性已逐步彰显,其理论内涵有待清晰界定。由于旅游资源经济价值的影响因素众多,目前国内外研究文献尚缺少对其影响要素的系统分析,且在旅游资源经济价值的形成规律与实现途径方面有待深入挖掘与探究。

第三节　旅游资源经济价值主要评估方法述评

国内外学者对旅游资源经济价值评估的实证研究主要集中于旅行费用法(TCM)、条件价值法(CVM)、收益还原法(ICM)等评估方法的原理、案例实证、信效度检验等方面。目前,关于旅游资源经济价值的评估方法主要有两种思路:一种是国外以显示偏好法(revealed preference approach, RPA)与陈述偏好法(stated preference approach, SPA)为主导的评估方法,主要包括旅行费用法(TCM)、条件价值法(CVM)等;另一种是国内以收益还原法(ICM)为主导的资产评估方法。

一、旅行费用法

旅行费用法属于显示性偏好法,亦即通过旅游者在景区旅游资源游憩过程中所产生的旅游成本支出行为显示旅游者内在的旅行偏好,进而据此推算出景区旅游资源游憩价值。旅行费用法基于消费者剩余理论和需求理论,是将旅游者的实际旅行支出加总消费者剩余作为景区旅游资源游憩价值,是被国内外学者广泛使用的三大主流景区旅游资源经济价值评估方法之一。

(一)TCM 模型的类型、性质及其应用

旅行费用法(TCM)源于 1947 年经济学家 Hotelling 的研究发现,并由 Clawson 于 1959 年创建。从 1966 年开始,国外学者逐步增加了应用 TCM 评估景区游憩价值的实证研究数量。而国内学者从 20 世纪 90 年代之后逐步增多了用 TCM 评估景区旅游资源游憩价值的实证研究数量。随着应用 TCM 评估景区旅游资源游憩价值研究的深入,国内外学者逐步提出具有创新性的 TCM 评估修正模型,大致可以划分为五种应用广泛的 TCM 评估模型。

1. 区域旅行费用法(ZTCM)

旅行费用法(TCM)源于美国经济学家 Hotelling(1947)的思想,Hotelling 研究发现客与旅游地的地理距离越远,其感受到的净效用就越少,即旅游者认为游览游憩地的价值小于其旅游花费;模拟了旅游者的需求曲线,并对其积分得到游憩地经济价值。其后,Clawson(1959)率先开发出区域旅行费用法(zonal travel cost method,ZTCM)。Clawson & Knetsch(1966)在其著作中进一步完善了 ZTCM,Burt & Brewer(1971)也应用 ZTCM 进行了案例实证。Smith(1975)进一步研究了 ZTCM 的旅游需求函数,比较分析了线性模型、半对数(semi-log)模型、双对数(double-log)模型中的最小二乘估计(ordinary least square,OLS)和最大似然估计(maximum likelihood estimation,MLE)。Batie et al. (1976)应用优于线性和双对数模型的半对数模型来构建 ZTCM 的旅游需求函数,使用最小二乘法(ordinary least square,OLS)来估计函数系数,以研究游艇休闲问题。Vaughan et al. (1982)实证研究得出半对数模型能够减少 ZTCM 的异质性偏差。Strong(1983)在 Bowes & Loomis(1980)基础上对被解释变量作 Box-Cox 转换,并应用加权最小二乘法(weighted least square,WLS)估计模型系数,同样得出半对数函数拟合效果好的实证结论。

ZTCM 按照游客的客源地划分为若干个区域,以区域人口出游比例为被解释变量,以按照客源地与目的地的距离来计算的旅行成本为解释变量,来构造旅游需求函数。其隐含假设是来自同一客源地的旅游者对游憩地的偏好一致,且旅行成本一样。ZTCM 的好处是其划分地域的做法可以使用统计年鉴数据等二手数据,节省了实地调研的时间和金钱。但其隐含假设与旅游出行方式多样化的现实不符。而且,由于区域内游客的异质性(heterogeneity)偏差,多元线性回归模型可能会产生多重共线性(multi-collinearity)问题。为了弥补 ZTCM 的不足,学者们开始探索新的 TCM 模型。

2. 个体旅行费用法(ITCM)

为了克服 ZTCM 的上述局限性,Brown & Nawas(1973)提出使用旅游者个体数据来代替区域统计数据,开发出了基于旅游者个体观测数据内在变化的个体旅行费用法(individual travel cost method,ITCM)。Gum & Martin(1975)以旅行次数为因变量,以旅行成本、旅行时间、人口统计学变量等为自变量,构建了基于一般线性回归模型的 ITCM。Cicchetti et al.(1976)进一步使用最小二乘法(OLS)对 ITCM 的旅游需求函数进行了计量经济学估计。McConnell(1977)应用 ITCM 分析了沙滩度假地的多目的地拥挤问题,其旅游需求函数使用了半对数模型。Wetzstein & Green(1978)则选择使用双对数模型来构建旅游需求函数,并使用 OLS 估计函数系数。Ziemer et al.(1980)构建了线性模型、二项式模型、半对数模型,并分别用 OLS 和经 Box-Cox 转换后的最大似然(maximum likelihood,ML)计量估计,得出半对数模型的拟合程度更好,并指出通过选择回归函数模型可以减少异质性偏差。1979 年,美国水资源理事会(Water Resources Council)认定 TCM 为水资源评估的标准方法。1982 年,TCM 被评估为美国联邦水资源发展最有效的两种价值评估方法之一。

诚然,ITCM 克服了 ZTCM 的一部分局限性,其优势是充分考虑了个体数据的内在变化,其数据利用效率高于 ZTCM,且评估模型更有效(Brown,Nawas,1973)。但是,正如 Shaw(1988)指出,ITCM 应用一手旅游者数据的特点使其存在非负整数、截断偏差(truncation bias)问题,即实地调研数据未包含潜在的游客样本,可能会高估消费者剩余。而且,ITCM 调研样本还倾向于更多地包含高重游率游客而产生内生分层(endogenous stratification)计量问题,即游览景区次数较多的旅游者更容易被选中成为实地调研的对象,这使得 ITCM 评估结果很可能出现高估的情形。此外,ITCM 较适用于单目的地评估,其在多目的地评估过程中需要有效解决多目的地替代性与相应旅行成本分摊问题。

3. 享乐旅行费用法(HTCM)

Ridker & Henning(1967)率先将基于要素价值理论(Lancaster,1966)

的享乐价格法引入环境经济学研究领域。Brown & Mendelsohn(1984)将享乐价格法和旅行费用法结合起来,形成了享乐旅行费用法(hedonic travel cost method,HTCM),其函数形式可以视为旅游需求函数的反函数,其优点是能够处理旅游地替代性问题。HTCM 把旅游地属性纳入游憩分析,将旅游地属性视为一起购买的不同物品,结合每个潜在旅游地属性束的旅行费用构建计量回归模型以测度旅游地属性价格。再比较分析旅游者在旅游地属性的不同价格条件下做出的旅游地决策,基于此构建旅游者对于旅游地质量属性的需求函数,进而评估游憩地经济价值。HTCM 的二阶段实施步骤之一是构建享乐价格函数,能够体现旅游地属性的边际变动引致的旅游者效用的变动。Cropper et al.(1993)的研究结果表明,较之 RUTCM,HTCM 能够更准确地测度旅游地的边际隐性价格。HTCM 的这个优点能够为旅游地经营者做出定价决策提供理论和实证参考依据。Pendleton & Mendelsohn(2000)比较分析了 HTCM 和 RUTCM,研究结果表明两者理论基础相同,对于旅游地属性变量纳入函数的处理方式不同,对于游憩需求函数的计量估计方法也不同,两者的适用性也存在差异。当然,HTCM 不可避免地存在不足之处。其一是 HTCM 评估旅游地经济价值的二阶段应用实施步骤可能造成可用统计信息的大量损失。其二是 HTCM 作为旅游需求供给非均衡模型会使得旅游地属性的边际价格出现负值。Bockstael et al.(1987)提出应当删去负值边际价格,使得 HTCM 能够契合效应函数的经济学逻辑。Smith & Kaoru(1987)顺着这一研究思路进一步研究发现负值边际价格对于被解释变量具有一定的解释能力,删去负值边际价格会出现拟合度不高等一系列计量问题。基于此,HTCM 在评估旅游地经济价值方面需要国内外学者进一步深入探讨研究。

4. 随机效用旅行费用法(RUTCM)

为了有效解决多目的地替代问题,Smith & Kaoru(1986)、Bockstael et al.(1987)先后应用随机效用旅行费用法(random utility travel cost method,RUTCM)评估旅游地游憩价值。随机效用旅行费用法基于随机效用理论和消费者选择理论,将旅游地区域内的游客接待量在多目的地景区中进行分配,测算给定条件下个体游客 i 到景区 j 游憩的概率。RUTCM 的离散选择模型中涵盖了景区属性变量和旅行费用变量,其优点是可以有效估计旅游者对于各备选景区的偏好,有效应对效用最大化条件下旅游者的多景区间选择问题,进而有效解决具有不同游憩特征的多个备选景区之间的替代性问题(Smith,Kaoru,1986)。

然而,RUTCM的常用模型是多项分对数模型(multinomial logit model)或嵌套多项分对数模型(nested multinomial logit model),其需要满足"非相关替代决策的独立性"前提(independence of irrelevant alternatives,IIA),即假设个体旅游者的旅行决策是独立决策,其在景区间的选择仅有赖于景区属性和旅行成本,与其他因素无关,不考虑其他游憩行为影响。这个IIA假设忽略了旅游者收入和闲暇时间两个重要影响因素,与现实情形不相吻合。而且,RUTCM游憩价值评估所要求的海量数据与复杂的计量模型在很大程度上限制了其应用范围的扩大。此外,RUTCM无法推导得出常规的旅游需求函数,如何测算出符合经济学理论和统计学规律的旅游价格弹性也需要未来进一步探讨。

5.旅行费用区间分析(TCIA)

为了克服ZTCM的同区域旅游者的旅行成本一致的假设局限,李巍和李文军(2003)提出了旅行费用区间分析(travel cost interval analysis,TCIA),不再把地理距离作为旅游者的划分标准,而是以个体的旅行成本为维度划分旅游者区间,这能够克服ZTCM的假设与交通多元化现实不符的不足。詹丽等(2005)、郝伟罡等(2007)、肖建红等(2011)、周军等(2011)、李湘豫等(2013)分别应用TCIA对文化旅游资源、自然保护区、旅游景区的游憩价值进行了评估。谢双玉等(2008)基于高等数学的积分理论视角对ZTCM和TCIA进行了比较分析,研究得出ZTCM的演算步骤与原理深刻地表征了黎曼(Riemann)积分的分割定义域的数学分析思想,TCIA的演算步骤与原理深刻地表征了勒贝格(Lebesgue)积分的分割值域的数学分析思想;基于积分理论的比较视角,TCIA优于ZTCM。

TCIA的优点是能够克服ZTCM的假设局限。但是,TCIA放弃使用旅游统计年鉴数据,其有赖于实地调研数据的收集与分析,这造成了研究时间与研究成本的增加。而且,TCIA估计旅游需求函数的样本量取决于旅行费用区间的划分数,造成样本量过少,其样本量一般少于统计学推荐样本量的最低数30,造成TCIA实施步骤中的回归分析难以符合严格意义上的统计学回归分析的要求,这会降低TCIA评估结果的可靠性。更进一步地,正如李巍和李文军(2003)在文末指出的那样,TCIA的旅游需求函数仅考虑旅行费用一个变量,无法纳入其他关键变量,这会使TCIA的评估结果产生较大偏差,其可靠性与有效性值得进一步论证。

(二)旅行费用的测度研究

在旅行费用法的应用过程中,构建旅游需求函数的关键是确定旅行价格,而由于旅行价格体现的是旅游者对于旅行的需求,这种需求或价格基本上是不可观测的,所以国内外学者们常用旅行费用作为旅行价格的测量变量。然而,旅行费用的统计测算具有一定的主观性,旅行费用与真实的旅行价格之间存在一定的统计误差。换言之,旅行费用法中的难点都是旅行费用的内隐性与不可观测性的外在表征(Randall,1994)。国内外学者对于旅行费用的统计精确性问题主要集中在旅行费用的数据获取与涵盖内容、旅行时间的机会成本测算、旅行费用的多目的地分配等三个方面。

1.旅行费用的数据获取与涵盖内容

第一,旅行费用的数据获取方面,国外 ITCM 研究的旅行费用数据一般通过案例地调研获取,ZTCM 研究的旅行费用数据一般直接来源于统计年鉴;国内 TCM 研究的旅行费用数据一般都通过案例地调研获取。实地调研方法获得的旅行费用数据精度一般略低于统计年鉴数据的精度,其可能存在内生分层偏差、抽样方式与抽样时间偏差(Shaw,1988;Stynes,White,2006)。首先,由于实地调研方法是对景区的现实旅游者进行旅行费用的抽样调查,其容易形成对高重游率的旅游者的过度抽样,形成内生分层(endogenous stratification)偏差。换句话说,高重游率的旅游者在实地调研中被抽样调查的概率较大,将这一抽样调查结果推广到总体旅游者样本容易夸大旅游者重游率,进而导致旅行费用法高估景区游憩价值。学者们一般采用计量经济学修正方法和入户调查方法来解决内生分层偏差。其次,实地调研方法获得的旅行费用数据可能存在抽样方式偏差。理想中的实地调研应当采取概率抽样方法,而囿于统计调查的现状,国内大部分的 TCM 实地调研采用的是非概率多段抽样方法,当研究样本不具有内部一致性时或许存在一定的数据偏差(董雪旺等,2011)。再次,旅行费用的实地调研可能存在调研时间偏差。一般而言,待调查的旅行费用应当为整个旅行的总花费,而抽样调查对象可能是尚未完成整个旅程的旅游者,旅游者回答的旅行费用可能是截至调查时间的旅行费用。为了消除这一偏差,调研样本应当选取将要完成整个旅程的旅游者或者让旅游者预估旅游总花费。

第二,旅行费用应当涵盖哪些货币花费是旅行费用法应用中的一个难点,因为旅行费用的构成内容不同,基于旅行费用测算得出的消费者剩余也就差异较大。若景区质量与游憩之间存在弱互补关系(weak complement),则游憩的补偿需求应当涵盖评估景区质量的一系列必要信息,因而旅行价格法(travel price method,TPM)是适宜的评估方法(Randall,1994)。然而,游憩是非同质物品(non-homogeneous good),旅游者对于游憩的需求不可观测,即旅行价格不可观测,因而采用旅行费用作为旅行价格的测算变量。

Fix & Loomis(1998)将旅游者在旅行中产生的货币支出归纳为旅行中成本和旅游现场花费两个部分,其一是旅行中成本,包括机票费、汽油费、汽车租用费、交通费等;其二是旅游现场花费,包括景区门票费、旅游经营项目花费、景区导游费、住宿费、餐饮费、自行车租用费等。Garrod & Willis(1999)区分了仅包含汽油费的旅行费用与包含汽油费、折旧费、保险费等旅行总费用,并实证研究得出基于汽油费用测算得到的消费者剩余仅为基于旅行总费用测算得到的消费者剩余的1/4~1/3。此外,除了旅行中成本和旅游现场花费之外,旅行费用还包括前述的旅行时间机会成本。

2. 旅行时间的机会成本测算

旅行费用是旅行费用法中测度消费者剩余的主要影响因素,其包括游憩活动的货币支出和旅行时间的机会成本,其中旅行时间机会成本因其在测算上的困难而成为一个学术界广泛争论的难题。学者们对于旅行时间机会成本争论的焦点主要包括其是否应当纳入旅行费用的必要性探讨、旅行时间究竟是按成本测算还是按照收益测算、旅行时间的机会成本的度量三个方面。

第一,旅行时间的机会成本是否纳入旅行费用的必要性方面。大部分学者都认同旅行时间的机会成本应当纳入旅行费用的观点,因为不考虑旅行时间的机会成本将导致基于旅行费用法的景区游憩价值评估值的低估(McConnell,1992)。在求解旅游需求函数计量模型的过程中,为了避免出现严重的多重共线性问题,一般不在计量模型中同时纳入具有强相关性的旅行时间机会成本与旅行费用,即旅行时间机会成本不作为解释变量纳入旅游需求函数中。为了在旅行费用法中体现旅行时间机会成本,国内外主流的做法是在旅行费用的统计中考虑旅行时间的机会成本。当然,也有个别作者持相反意见,Fleming & Cook(2008)在对白沙湖(Lake McKenzie)游憩价值评估的研究中指出,旅行时间的机会成本不需要包含在旅游者的游憩成本内。笔者认为在景区游憩价值评估中应当在旅行费用的统计中纳入旅行时间的机会成本,因为旅行时间相对于工作时间而言是一种闲暇时间,闲暇时间的成本收益比是旅游者出行决策的重要影响因素。

第二,在旅行时间究竟是按成本测算还是按照收益测算的探讨方面,大部分学者都认同旅行时间应当按照成本测算,并以工资率作为旅行时间的机会成本。在旅游者进行出行决策中,会考虑出行这段闲暇时间用在其他用途中能够得到的价值,这就是用货币度量的旅行时间的机会成本。不可避免地,个别作者的研究结论中提出了不同的看法,Chaudhry & Tewari (2006)的调研结果表明,仅 15.8％的受访旅游者认为去旅游地游玩存在放弃工作收益的机会成本。笔者认为这一结果的稳健性会受到调研对象、调研样本数量的较大制约。此外,旅行时间包括在旅途中的时间和现场游憩时间。旅游者一般都期望"旅少游多",即花在旅途中的时间尽可能地少,在景区游憩的时间尽可能地多。所以,在旅途中的时间一般被视为成本进行统计处理,现场游憩时间一般被视为收益进行统计处理。

第三,旅行时间的机会成本的度量方面,Knetsch(1963)首先提出将工资率作为旅行时间机会成本的测度变量。Smith & Kavangh(1969)认为由于存在旅行时间中的现场游憩时间应当被视作收益,所以旅行时间机会成本应当是平均工资率的一部分,而不是全部。对于旅行时间机会成本应当是平均工资率的多少比例,学者们意见不一。Cesario(1976)较早提出将工资率的 1/3 作为旅行时间机会成本,Willis & Benson(1989)则认为工资率的 30％～50％都比较合适。Layman et al.(1996)提出采用回归模型判决系数来选择适宜的工资率,即在包含不同工资率的回归模型中选择拟合程度最好的工资率。Rosenberger & Loomis(1999)也采用了类似的方法,选择对被解释变量的解释程度最高的 25％工资率作为旅行时间机会成本。我国学者一般都认同工资率的 1/3 作为其替代指标的观点。此外,Feather & Shaw(1999)采用享乐工资评估法度量旅行时间机会成本。Alvarez-Farizo et al.(2001)采用条件定价法(contingent rating approach)度量旅行时间机会成本。张冬青和宁宣熙(2006)采用修正的随机效用函数模型和新型模型参数标定算法基于京沪通道相关数据测度了旅客时间价值。

简而言之,国内外学者在旅行时间的机会成本是否应当纳入旅行费用的必要性、旅行时间究竟是按成本测算还是按照收益测算、旅行时间的机会成本测度等方面进行了深入探讨,然而值得注意的是各度量方法或多或少存在一定的不足之处,在选择度量方法时应当综合其优缺点进行判断选择以适宜于待评估案例地的游憩价值测算分析。

3. 旅行费用的多目的地分配

旅行费用法在多目的地评估过程中会出现多目的地替代性与相应旅行成本分摊问题。多目的地替代性问题是指旅游者在多个备选游憩地中如何进行出行选择,这一选择过程涉及旅游地属性、旅游地间的互补/替代关系等。旅行成本分摊问题是指个体游客的旅行费用如何在多个游憩地之间进行分配。学者们对于多目的地替代性与相应旅行成本分摊问题的争论大致形成了三种问题处理方式：忽略多旅游地的替代性、旅行费用在多个游憩地之间按比例分配、应用能够解决多目的地替代性的 RUTCM、HTCM 等模型。

第一种多目的地替代性处理方式就是不考虑多目的地的替代性，将所有研究样本都视为单一旅游地样本来处理（吕君等，2006；许抄军等，2006）。这一处理方式简单便捷，不过，Loomis et al.（2000）和 Kuosmanen et al.（2004）指出，忽略多景区游憩地的替代性也许会在估计旅游需求函数时难以得到准确参数值，并进一步影响游憩价值评估值的准确性与科学性。

第二种多目的地替代性处理方式就是在多旅游地之间按比例分配旅行费用。其具体的操作方式包括直接询问旅游者如何分配，多旅游地之间平均分配，基于停留时间、门票花费得多旅游地之间的简单加权分配（张茵，蔡运龙，2004；郭剑英，王乃昂，2004），基于层次分析法、熵权方法的多旅游地之间的复杂加权分配（郭剑英，王乃昂，2004；许丽忠等，2007）。其中，直接询问旅游者如何分配旅行费用这一方式由于数据采集较难而少有应用；多旅游地之间平均分配方式过于简单化，无法体现旅游者真实的旅行费用分配状况；简单加权分配方式易于操作，一定程度上能够体现旅游地之间的相对重要性，在现实调研中被广泛采用；复杂加权分配方式提高了旅行费用分配的精度，但是其更多地采纳了专家的意见，偏离了旅行费用法的显示偏好属性。

第三种多目的地替代性处理方式就是应用能够解决多目的地替代性的 RUTCM、HTCM 等模型。这些模型都将旅游地质量作为变量纳入旅游需求函数中。在测度旅游需求函数时，RUTCM、HTCM 应用高级统计模型能够考虑多旅游地的替代性。不过这样一来，旅游需求函数就变得非常复杂，其求解需要多组旅游线路数据和海量的观测值，其现实应用存在较大的难度。

（三）旅游需求函数的模型构建与计量

1. 旅游需求函数的模型构建

旅行费用法的应用关键之一是旅游需求函数的模型构建。由于旅游需求函数构建方式没有一个统一的标准，不同的建构方式会形成不同的旅游需求曲线。值得注意的是，旅游需求函数的构建不仅需要符合计量模型的数学基础，而且要重视其经济学意义。所以，旅游需求函数的构建不能仅考虑计量模型的判决系数 R^2，而且要考虑其他一系列因素：第一，遵循实证研究的基本步骤,通过被解释变量与解释变量间的散点图来估计大致的模型形式,并进行计量回归;第二,结合经济学理论与旅游学理论来选定适宜的模型形式;第三,基于实证计量经济学的研究规范,对计量回归模型的判决系数、F 检验、t 检验、Wald 检验、似然比检验、残差正态性检验等进行比较分析;第四,检验计量回归模型的多重共线性、异方差性、序列相关性、遗漏变量、内生性检验等问题,必要时对原有模型进行修正以保证计量回归结果的稳健性。

国内外相关文献梳理表明,线性函数、半对数函数和双对数函数是被广泛应用的三大类旅游需求函数形式。Ziemer(1980)、Ward & Loomis(1986)、Adamowicz et al. (1989)、Garrod & Willis(1999)都尝试评估不同的函数形式的选择对于资源价值评估的影响。国内外一部分学者认为线性对数和对数线性模型的显著性较好,推荐在 TCM 研究中优先选用(OECD,1996;孙睿君,钟笑寒,2005;赵强等,2009)。笔者认为,在旅游需求函数的模型构建时,应当综合考虑多种形式的函数,基于经济学、旅游学和统计学原理比较分析多个模型,择优选取最适宜的旅游需求函数。

2. 旅游需求函数的计量问题

旅游需求函数的解释变量主要包括旅游费用、旅游者收入、游览景点数,一般还包括性别、年龄、受教育程度等人口统计学变量。此外,旅游体验质量、客源地距离等也会影响旅游需求。一般而言,旅游需求函数应当包含影响游憩需求的主要变量。不过,包含过多影响因素的旅游需求计量模型容易出现多重共线性,即一个自变量与另一个自变量之间存在强相关关系。所以,选取旅游需求函数的自变量时,并不是纳入越多变量越好,应当根据案例地现实情况和评估目标进行适当的选择。

除了多重共线性,旅游需求函数模型还容易出现内生性(endogeneity)偏差(Randall,1994),即解释变量与被解释变量之间存在相互影响。例如,在区域旅行费用法中,被解释变量——旅游地的游览率可能不是只单方面地受到解释变量——旅行费用的影响,它可以提高出行效率、改善交通工具来反向影响旅行费用。这样旅游需求函数模型就会产生计量偏差,降低计量回归模型的有效性。Murdock(2006)构建了一个二阶段工具变量计量回归模型来消除内生性偏差。

(四)旅行费用法的有效性检验

TCM 的效度(validity)也被称为 TCM 的有效性,是指 TCM 调研的测度标准表征基本概念的内涵时的一致性程度。TCM 的效度主要包括内容效度、准则效度、结构效度等(Carson et al.,1996;艾尔·巴比,2000),其中备受国内外学者关注的是准则效度。

TCM 的准则效度是指 TCM 测度的评估值与另一个公允的标准指标进行比较以测度前者的有效性高低。在应用 TCM 评估旅游资源游憩价值的过程中,选定一个公允的准则指标一般很困难,因为当且仅当一种评估指标被学术界公认时才能够作为准则指标。而且,当 TCM 测度指标与标准指标都存在统计偏误时,只能测算 TCM 测度指标与标准指标之间的收敛效度。换言之,收敛效度是准则效度的替代方法,国外 TCM 研究学者常常将 TCM 评估结果与以 CVM 为典型的陈述偏好法的评估结果进行比较研究,研究结论说明两者的收敛效度较好(Carson et al.,1996)。

国外学术界普遍认为,TCM 较之 CVM 会得出偏高的旅游地游憩价值评估值。当然,对于旅游吸引力有限(即旅行成本较低)且生态服务能力显著(即支付意愿较高)的生态型旅游地,TCM 较之 CVM 会得出偏低的旅游地游憩价值评估值。Carson et al.(1996)对 1966—1994 年间 616 例的 CVM 与显示性偏好法的比较研究文献进行了综述,研究结果表明,CVM 评估结果与 TCM 评估结果的比较研究数量超过了 CVM 评估结果与所有显示偏好法评估结果的比较研究数量的 75%,71% 的 CVM 评估结果与 TCM 评估结果的比较研究的评估对象为旅游资源游憩价值。而且,该述评研究表明,CVM 与显示偏好法(RP)评估同一个研究对象的评估值差异不大,CVM 评估值一般略小于显示偏好法评估值,CVM 评估值与 RP 评估值的比值在95% 置信水平上的置信区间为 $0.81\sim0.96$,均值为 0.89,spearman 相关系数为 $0.78\sim0.92$。Pendleton & Mendelsohn(2000)比较分析了享乐旅行费用法(HTCM)和随机效用旅行费用法(RUTCM)的优势与不足,且实证结果表明两种评估方法都具有有效性。Chaudhry & Tewari(2006)分别应用TCM 和 CVM 评估印度城市森林的游憩使用价值,研究结果发现,CVM 评估值与 TCM 评估值之比为 0.022,收敛效度不理想。刘亚萍等(2006)应用TCM 和 CVM 评估武陵源风景区游憩价值,研究结果表明发现 TCM 游憩价值评估值是 CVM 游憩价值评估值的 $8\sim9$ 倍。郭剑英(2007)应用 TCM评估出 2007 年乐山大佛旅游资源游憩价值为 13.18 亿元,熊明均等(2007)应用 CVM 评估出 2007 年乐山大佛旅游资源非使用价值为 0.46 亿元,CVM 评估值/TCM 评估值为 0.0349。张茵和蔡运龙(2004)应用多目的地ZTCM 评估出 2003 年九寨沟旅游资源游憩价值为 15.61 亿元,张茵和蔡运

龙(2010)应用改进的 CVM 评估出 2003 年九寨沟旅游资源游憩价值为 4.05
亿～4.40 亿元,CVM 评估值/TCM 评估值为 0.2594～0.2819。

诚然,CVM 不是一种公允完美的准则指标,马中等(1999)、董雪旺等
(2011)都应用 CVM 评估中国旅游地的游憩价值,研究结果表明在发展中国
家应用 CVM 评估旅游地游憩价值倾向于得出偏低的评估值。所以,发展中
国家 CVM 研究文献中出现的 TCM 评估值与 CVM 评估值差异较大的情况
不能推导出应用 TCM 评估出游憩价值的估值一定偏高的结论。只能推论
出 TCM 与 CVM 在发展中国家的游憩价值评估应用可能在研究设计、实施
过程与统计分析时存在某些问题,TCM 与 CVM 的游憩价值评估结果在未
来进一步应用过程中应当得到更多的检验和验证。

综上所述,国内外最常见的 TCM 模型主要包括区域旅行费用法
(ZTCM)、个体旅行费用法(ITCM)、享乐旅行费用法(HTCM)、随机效应旅
行费用法(RUTCM)和旅行费用区间分析(TCIA),这五种 TCM 模型各有
适用性和优劣势。作为显示性偏好法典型的旅行费用法在应用中可能会存
在几个值得关注的容易产生研究偏误的问题,包括旅行费用的数据获取与
涵盖内容问题、旅行时间的机会成本测算问题、旅行费用的多目的地分配问
题、旅游需求函数的模型构建与计量问题等。但是,旅行费用法适用于评估
已开发景区的旅游资源游憩价值,其准确性和客观性尚可,适用程度较高,
特别是其可行性较强,被认可程度较高,已经成为景区旅游资源价值评估的
三大主流方法之一。

二、条件价值法

条件价值法属于陈述性偏好法,亦即通过旅游者对于景区旅游资源质
量改善的最大支付意愿(willingness to pay,WTP)或最小支付补偿(willing-
ness to accept,WTA)来体现旅游者内在的旅行偏好,进而依据旅游者意愿
支付行为推算出景区旅游资源游憩价值。条件价值法基于消费者剩余理论
和效用价值理论,是估算旅游者的 WTP 或 WTA,将旅游者 WTP 或 WTA
总和作为景区旅游资源游憩价值,是被国内外学者广泛使用的三大主流景
区旅游资源经济价值评估方法之一。

(一)CVM 调查问卷引导技术

条件价值法(CVM)WTP 值的得出有赖于实地调研问卷技术的引导。
以问卷引导技术为划分标准,CVM 可以分为连续型(continuous)和离散型
(discrete)两类。

连续型问卷格式包括反复投标博弈问卷格式（iterative bidding game）、开放式问卷格式（open-ended question format）、支付卡式问卷格式（payment card）。在反复投标博弈 CVM 调查过程中，调研者重复修改投标值以明确受访旅游者的 WTP。但由于其受投标初始值影响较大，且仅适用于面谈和电话访谈，故该问卷引导技术如今很少使用。开放式 CVM 调查需要受访旅游者自行报出 WTP，这会对部分受访旅游者造成困扰。因为受访者有时不熟悉待评估对象，难以说出自己的 WTP 或 WTA，所以他们拒绝回答该开放式问卷或提供的数值难以准确反映他们的 WTP（Loomis，Walsh，1997）。这个局限性也使开放式问卷格式在现今较少使用。支付卡问卷格式包括非锚定型（unanchored）和锚定型（anchored）两大类（Loomis et al.，1997）。在非锚定型支付卡式 CVM 调查过程中，受访旅游者需要从问卷的投标值集合中选择一个能够代表他们 WTP 的数值，也可自行报出能体现他们 WTP 的一个数值。在锚定型支付卡式 CVM 调查过程中，调研者询问受访旅游者在其他公共资源项目中的 WTP，目的是给正在进行的调研提供约束性背景资料。支付卡式问卷格式可以克服开放式问卷格式的不足，但其投标值范围的确定需要通过预调查来确定，以制定一个能够大致囊括受访旅游者 WTP 的投标值范围。

离散型问卷格式是指封闭式问卷格式（closed-ended question format），包含二分式选择（dichotomous choices）问卷格式和不协调性最小化（dissonance-minimizing）问卷格式。在二分式选择问卷格式的调研过程中，受访旅游者需要对给出的 WTP 回答"同意"或"不同意"，这并不能提供 WTP 的直接估计值，但比开放式问卷格式要求受访旅游者自行报出 WTP 更能模拟真实的旅游者最大支付意愿。Bishop & Heberlein（1979）最先引入二分式选择问卷格式以进行 CVM 评估。Hanemann（1984）构建了二分式问卷数据与 WTP 之间的数理函数关系，使得二分式选择问卷格式的应用范围开始扩展。美国国家海洋和大气管理局（NOAA）和美国蓝带 CVM 高级委员会（Blue-Ribbon Panel）推荐二分式选择问卷格式作为 CVM 研究的优先选择（Loomis，Walsh，1997）。如今，二分式选择问卷格式包含单边界（single-bound）（Bishop，Heberlein，1979；Hanemanne，1984；Cameron，1991）、双边界（double-bound）或公民复决投票（referendum）（Hanemann et al.，1991；Carson et al.，1998；Loomis et al.，2000；Chambers，Whitehead，2003）、三边界（triple-bound）或多边界（multiple-bound）（Ready et al.，1995；Bateman et al.，2001；Vossler，Mckee，2006）等多种格式。二分式选择问题格式已受到

CVM 学者的广泛关注和应用。

（二）CVM 的 WTP 与 WTA 估值及其不对称性

Hicks(1939)率先创新性地提出消费者剩余包含补偿变差和等价变差。在应用 CVM 评估景区游憩价值的过程中，补偿变差是指旅游者为了获得旅游资源或环境改善带来的一定效用而放弃的货币收入（WTP），等价变差是指旅游者为了弥补旅游资源或环境恶化带来的效用水平降低而被提供的货币补偿量（WTA）。一般而言，WTP 或 WTA 都可以测度旅游资源或环境变动时旅游者偏好的变动情况，但 CVM 评估景区旅游资源游憩价值的理论和实证研究都表明 WTA 一般会高于 WTP（Venkatachalam，2004）。Hammack & Brown(1974)进行了应用 WTP 与 WTA 测度旅游者支付意愿的数值比较分析，结果发现 WTA 旅游者支付意愿估值是 WTP 估值的 5 倍。

WTP 与 WTA 估值及其不对称性是 CVM 中常见的一个应用现象，国外学者多从公共物品理论、期望理论、禀赋效应等理论对其进行阐释。首先，应用 CVM 评估公共旅游资源游憩价值一般会存在 WTP 与 WTA 估值的不对称性。Willig(1976)指出收入效应会对应用 WTP 评估公共旅游资源游憩价值造成影响，而应用 WTA 进行估值时则不受此影响。Hanemann(1991)认为替代效应也会显著影响 WTP 与 WTA 估值及其不对称性。其次，国外学者也有应用前景理论解释 CVM 应用过程中的 WTP 与 WTA 估值及其不对称性。根据 Kahneman & Tversky(1973)的研究思路，就同一货币数量的损益而言，旅游者因旅游资源或环境恶化而减少的效用大于因旅游资源或环境改善而增加的效用，故旅游者在面对效用程度下降时，一般会期望得到更高的补偿。Thaler(1980)应用禀赋效用解释 CVM 应用过程中的 WTP 与 WTA 估值及其不对称性，提出这种不对称性可能源于风险决策下的消费者期望。

不仅如此，国外学者还从 CVM 实证案例应用的视角来解释 CVM 应用过程中的 WTP 与 WTA 估值及其不对称性。根据 Cumming et al.(1986)的研究结论，受访旅游者对于 CVM 评估旅游资源游憩价值案例的认知程度不仅会造成 CVM 的假想偏差与信息偏差，还会造成 WTP 与 WTA 估值的不对称性。而且他们还提出多次调研同一案例地、给予受访旅游者充分的问卷或访谈应答时间能够在某种意义上降低 WTP 与 WTA 估值的不对称性。

不可否认，WTP 与 WTA 估值的不对称性普遍存在于应用 CVM 评估旅游资源游憩价值的实证案例中,并受到一系列理论与实证因素的影响,但是国外学者一般认为这一不对称性不会对应用 CVM 评估旅游资源游憩价值的实证结果造成实质性影响。换言之,国外学者在 CVM 实证研究中多采用 WTP 这个指标表征旅游者意愿支付值,且能够接受 WTP 与 WTA 估值的不对称性产生的估值偏差。不过,也有国外学者提出相反的意见,Venkatachalam(2004)提出发展中国家一般更关注景区旅游资源或环境变动对景区周边社区的低收入群体的负面影响,因为这部分低收入者负担了旅游资源或环境恶化而产生的负外部性。所以基于福利损失的视角而言,发展中国家学者在应用 CVM 评估旅游资源游憩价值的实证研究中建议采用 WTA 这个指标表征旅游者意愿支付值。

(三)CVM 支付意愿的效用函数设定

CVM 研究准确得出受访旅游者 WTP 的另一关键是要设定准确的旅游者效用函数。综观国外 CVM 研究文献,其对于反应函数的设定可大致分为两类,包括间接效用函数(indirect utility function)和支出函数(expenditure function)。

Hanemann(1984)最先引入 McFadden (1973)提出的随机效用最大化原理(random utility maximization,RUM),将微观经济学理论应用于 CVM,研究了受访旅游者的支付偏好问题。他选择了受访旅游者的效用差异来阐释其偏好行为,即观察刻画受访旅游者在比较了不同情形的效用程度后做出的选择。他使用了 Bishop & Heberlein(1979)的调研数据,应用 RUM 原理研究了受访旅游者面对两种旅游资源或环境选择方案时的偏好行为,分析认为受访旅游者的效用函数为效用之差。在原旅游资源或环境质量和改善后的旅游资源或环境质量两种情形下,受访旅游者比较这两种情形下得到的效用程度以判断是否意愿支付该金额。即旅游资源或环境质量改善后给受访者带来的正效用差至少会等于或大于损失了支付金额给受访旅游者带来的负效用差。所以,Hanemann(1984)研究得出受访旅游者的反应函数应该设定为两种不同旅游资源或环境质量情形下个体间接效用函数的差,并进一步应用数理概率模型来估计效用差异下的福利函数。案例实证方面,Seller et al. (1985)、Bowker & Stoll(1988)、Kriström(1990)等在二分式 CVM 研究中都将 Hanemann(1984)提出的间接效用函数作为反应函数。

Cameron & James(1987)从另一个角度分析了二分式 CVM,将受访旅游者的人口特征学变量纳入评价函数中,按照受访旅游者的支出函数分析其偏好行为。区别于随机效用理论,其认为受访旅游者的行为反应不是依赖于两种旅游资源或环境质量下间接效用函数的差值,而是决定于个体支出函数的差值。在相同效用背景下,不同旅游资源或环境质量引致的受访旅游者个体支出的差异应当成为福利量度的指标。换言之,当调研者提供旅游资源或环境质量改善条件下的某一个金额,若受访旅游者愿意支付,则此意愿支付额至少等于或小于其在维持效用不变情况下个体支出函数的差额。案例实证方面,Loomis et al. (1991)、Cameron & Quiggin(1994)等在二分式 CVM 研究中都将 Cameron & James(1987)提出的支出函数作为反应函数。McConnell(1990)比较分析了间接效用函数和支出函数,研究得出其差异在于函数中的随机扰动项:当随机扰动项等于零时,间接效用函数和支出函数存在对偶关系;特别地,当个体效用函数为线性函数、边际效用为常数的情形下,两者将趋同。

（四）CVM 计量模型选择

由于旅游者现实偏好的不确定性(preference uncertainty),应用条件价值法(CVM)问卷引导技术获得的旅游者的支付意愿难以准确地体现旅游者对于景区旅游资源经济价值的认识,这会显著影响 CVM 评估值的准确性。这是国外旅游资源经济学研究中的一个热议问题。伴随着 CVM 实地调研问卷引导技术的推进,国外学者们提出并应用不同的统计学模型与计量经济学模型估计支付意愿函数,其目的是为了减少 CVM 中可能出现的偏差(Arrow et al. ,1993;Loomis & Walsh,1997;Bateman et al. ,1999)。

Cameron(1988)、Hanemann et al. (1991)分别应用最大似然估计(MLE)计量模型对非市场资源物品进行 CVM 价值评估。McConnell(1990)实证检验了 Logit 模型在 CVM 估值中的有效性。Kriström(1990)采用非参数估计法检验了生存函数(survival function)模型推导值在 CVM 应用中的有效性。Loomis et al. (1991)进一步选择 Logit 模型和 Probit 模型来检验 CVM 二分式问卷引导技术的有效性。Ready et al. (1995)、Loomis & Ekstrand(1998)分别应用概率统计模型来应对 CVM 中出现的由于随机性而产生的旅游者偏好不确定性问题。Kriström(1997)应用分段函数 Spike 模型来评估对环境资源的支付意愿。Hackl & Pruckner(1999)分别应用 Logit 模型、Probit 模型与最大似然函数对支付卡式和封闭式问卷引导技术评估值进行了比较研究,实证结果表明双边界封闭式 CVM 适宜选用 Spike 模型进行估计。

(五)CVM 的可能偏差及其解决方法

1. 假想偏差及其解决方法

CVM 的假想偏差(hypothetical bias)是指由于受访旅游者在假想市场条件下的 WTP 行为策略与在真实市场条件下的支付行为策略不一致而形成的 CVM 测度偏误;一部分国外 CVM 研究显示假想 WTP 会大于实际WTP,即存在假想偏差(Venkatachalam,2004)。CVM 假想偏差的形成原因包括受访旅游者对旅游地认知程度不高、受访旅游者对假想市场调研方式的不理解和不接受。选择大众了解的公共物品作为调研对象、准确界定CVM 评估对象、重复实验法都能够让受访旅游者更加了解调研方法和调研地的基本情况,以达到降低 CVM 假想偏差的目的(Lee,1997)。此外,Lee & Mjelde(2007)在韩国生态旅游资源 CVM 问卷设计中增加"捐赠"等支付方式以降低假想偏差。

2. 信息偏差及其解决方法

CVM 信息偏差(information bias)是指 CVM 调研者提供的评估物品的信息水平和性质会影响受访旅游者的真实偏好显示和支付行为策略,信息的不准确或缺失会影响受访旅游者做出准确的支付意愿(Bergsrtom et al.,1990),属于典型的调查者(researcher-based sources)的偏差。一般而言,信息偏差可能会导致 CVM 评估值偏低(Venkatachalam,2004)。受访旅游者一般需要了解案例地旅游资源的基本情况与该旅游资源的替代资源或互补资源信息(Ruijgork,2006;Andersson,2007;Kim et al.,2007)。所以,CVM 调研问卷的设计中要考虑纳入清晰、准确的调研案例地旅游资源的特征与基本信息,使得受访旅游者能够对待评估旅游资源有一个整体的认知。当然,调研问卷提供的评估对象信息不宜过多,厚厚的调研问卷可能使受访旅游者不愿意接受调研。调研问卷提供的信息含量边界依赖于 CVM 评估对象、评估目的与预算开支等。由于 CVM 调研问卷的篇幅所限,难以给予受访旅游者完整的背景信息(Oliver,1995)。如何在有限的 CVM 调研问卷中完整、清晰地呈现受访旅游者应当了解的评估基本信息,值得国内外学者未来进一步探讨分析。

3. 嵌入偏差及其解决方法

CVM 的嵌入性偏差(embedding bias)是指同一环境或资源物品单独评估时的 WTP 小于其作为更大评估对象的一部分时评估得到的 WTP(Kahneman,Knestch,1992)。国内外学者又称之为范围效应(scope effect)或部分—整体偏差(part-whole bias)。Mitchell & Carson(1989)指出嵌入性偏差仅在 CVM 评估非使用价值中出现,Kahneman & Knestch(1992)则提出 CVM 应用于公共资源使用价值评估时也存在嵌入性偏差。Carson et al.(2001)指出部分嵌入性偏差形成于旅游资源的替代性及其边际效用递减规律,部分嵌入性偏差的存在是由于受访旅游者的收入有限或者调研者的研究设计不完善。Smith & Osborne(1996)对以美国国家公园为案例地应用 CVM 评估其使用价值和非使用价值的研究进行了元分析,研究结果表明 CVM 的嵌入性偏差既具有统计有效性,又符合经济学原理。换言之,国外 CVM 元分析研究论证了 CVM 嵌入性偏差对于 CVM 估值准确性基本无影响。在减少 CVM 嵌入性偏差的解决途径方面,国内外学者大致提出了以下四种方式:准确描述调研案例地、简明扼要地介绍待评估旅游资源的改善方案、图文并茂的调研问卷设计、允许修正最大支付意愿值。

4. 策略性偏差及其解决方法

CVM 的策略性偏差(strategic bias)是指受访旅游者由于某些原因试图影响调研结果,在接受调查时不显示真实支付意愿,刻意提高或降低 WTP 值,属于典型的受访者(respondent-based sources)偏差。策略性偏差的形式主要包括"搭便车"、谨慎偏差、过度承诺、奉承偏差等(董雪旺等,2011)。其中,"搭便车"是指受访旅游者认为其他旅游者的整体会产生较大的支付意愿,他们无须再支付而报出偏低的意愿支付值;谨慎偏差是指受访旅游者担心需要真实支付而报出偏低的意愿支付值;过度承诺是指由于假想市场条件下受访旅游者不必真实支付而报出偏高的意愿支付值;奉承偏差是指受访旅游者碍于调研者的身份与情面而报出偏高的意愿支付值。Carson et al.(2001)给出了三点理由说明策略性偏差对于 CVM 估值准确性影响不大:首先,由于 CVM 个体调研时间较短,大多数受访旅游者会报出符合内心第一反应的支付意愿值,不会刻意报出偏高或偏低的支付意愿值;其次,绝大部分 CVM 调研都采用面对面的问卷调查或访谈形式,受访旅游者基本了解调查仅用于研究目的;最后,CVM 调研问卷中的题项会提醒受访旅游者收入约束的存在,受访旅游者一般不会报出偏高的支付意愿。Venkatacha-lam(2004)的 CVM 研究综述也表明多数国外研究人员认为策略偏差不会影响 CVM 的估值有效性。

5. 排序偏差及其解决方法

CVM 排序偏差(order effect)是指在评估多个旅游资源游憩价值的调研问卷中,各题项的不同出现顺序对 CVM 评估结果的影响。Kahneman &

Knestch(1992)、Boyle,et al.(1996)先后探讨分析了排序偏差对 CVM 评估准确性与有效性的影响。分析结果显示,受访旅游者越了解调研地旅游资源的基本情况就越不会受到问卷题项的影响,也就是说排序偏差就越小(Venkatachalam,2004)。Carson et al.(2001)指出 CVM 的排序偏差或许源于受访旅游者的收入约束与待评估旅游资源的替代性,或许源于调研者本身设计的 CVM 问卷内部一致性较差。在减少 CVM 排序误差方面,其又提出了四点建议:一是在受访旅游者填写问卷前简明扼要地告诉其填写流程与要点;二是提醒受访旅游者仔细阅读前后题项后对比参照回答;三是给予受访旅游者修正意愿支付报价的机会;四是调研者对于调研有效问卷的适当统计处理。

6. 调查方式偏差及其解决方法

CVM 广泛采用的三种调查方式为面对面调查、电话调查和邮寄调查。基于 CVM 的旅游地游憩价值准确评估有赖于调查方式的准确选择。常见的 CVM 调查方式偏差包括样本结构性偏差、社会称许性偏差、热望偏差和无响应偏差(Amirnejad et al.,2006)。其中,样本结构性偏差是指 CVM 研究设计中调研样本的选取与待评估对象不一致引起的评估结果偏误,例如评估游憩价值的 CVM 调研对象应当为旅游者,评估非使用价值的 CVM 调研对象应当为当地居民(董雪旺等,2011);社会称许性偏差是指受访旅游者对于不同的调查方式给出了不同的意愿支付值而形成了评估结果偏差;热望偏差是指受访旅游者对被评估对象非常感兴趣而倾向于给出偏积极的支付意愿回答;无响应偏差是指调研过程中部分受访者由于某些原因拒绝配合调研而导致的 CVM 样本选取误差。Maguire(2009)比较分析了面对面调查、电话调查和邮寄调查后得出结论,选择 CVM 调查方式的一个关键因素是受访者的收入状况,不同的调查方式会显著影响同一个评估对象的 CVM 评估值,调查方式会影响受访者的支付意愿及其真实旅行决策。美国海洋与大气管理局(NOAA)推荐三种常用 CVM 调查方式中的面对面调查。基于此,国内外旅游资源游憩价值研究大部分沿用了面对面调查方式来进行CVM 调研(Lee,Han,2002)。

可见,CVM 的应用过程中确实可能存在较多的偏差,这使得CVM 的估值准确性与有效性难免会受到部分学者的质疑。为了从整体上减少 CVM 的可能偏差,国内外学者还梳理出了一系列指导 CVM 研究设计与应用实施的基本准则与要义,其中最具代表性且最有影响的是美国海洋与大气管理局(NOAA)归纳的 15 条 CVM 环境资源价值评估准则(董雪旺等,2011)。

这 15 条评估准则同样适用于指导旅游资源游憩价值评估研究。

(六)CVM 信度检验

Carson(2000)述评了 1966—2000 年国外千余篇 CVM 研究文献,这些成果显示 CVM 理论体系已基本构建,信度和效度检验研究成为进一步研究的热点。近十年来,国内 CVM 研究也逐步增加了信度和效度检验的研究篇幅(许丽忠等,2007;董雪旺等,2011)。CVM 的信度又被称为 CVM 的可靠性,指在不同的时刻应用同一种 CVM 评估同一旅游资源价值时,其评估结果的稳定性、可重复性和一致性。试验—复试法(test-retest)是 CVM 信度检验的标准方法,又可分为重复受访者法和重复目标人群法(查爱苹等,2013)。

重复受访者法是指应用同一 CVM 对同一组受访者进行相隔一段时间的两次调查,测度两次调查的 WTP 值的相似程度,以检验受访者偏好的一致性。该方法的调研样本要求较严格,必须相隔一段时间调研同一组受访者,而且务必设计一个恰当的时间间隔,以规避受访者回想起前一次实验的支付意愿,即消除回忆效应(recall effect)。如果两次 CVM 调查中受访者普遍存在回忆效应,那么即使两次试验的 WTP 值一致也无法证明 CVM 具有研究信度。此外,应用 CVM 评估旅游资源游憩价值时,受访者为旅游者,难以二次取样,所以国内应用 CVM 评估旅游资源游憩价值研究的信度检验都采用了另一种试验—复试法——重复目标人群法。

重复目标人群法是指应用同一 CVM 对同一目标人群的两组不同受访者进行相隔一段时间的两次调查,测度两次调查的 WTP 值的相似程度,以检验受访者偏好的一致性。Carson et al.(2001)认为采用 CVM 重复目标人群法能够规避回忆效应的影响,还能够有效解决如何选定时间间隔的问题。许丽忠等(2007)应用 CVM 评估武夷山非使用价值的信度检验中,选择了环评班学员作为 CVM 信度检验的受访者,两次调查的时间间隔为半年。董雪旺等(2011)应用 CVM 评估九寨沟游憩价值的信度检验中,选择了游客作为信度检验的受访者,两次调查的时间间隔为一年。董冬等(2011)应用 CVM 评估九华山林木资源游憩价值的信度检验中,同样选择了游客作为信度检验的受访者,两次调查的时间间隔为 4 个月。上述三篇国内文献 CVM 信度检验研究结果都表明 CVM 的信度较好,这与国外大部分研究得出的 CVM 具有良好信度的研究结论相吻合。

(七)CVM 效度检验

CVM 的效度又被称为 CVM 的有效性,是指 CVM 调研的测度标准表征基本概念的内涵时的一致性程度。CVM 的效度主要包括预测效度、内容效度、理论效度、准则效度、收敛效度等(Mitchell,Carson,1989;艾尔·巴比,2000),其中预测效度和收敛效度最为重要。

1. 预测效度

CVM 预测效度是指 CVM 测度出来的受访者对于资源物品福利变化的陈述支付意愿对其真实支付意愿的有效预测程度。国外 CVM 预测效度检验方法主要包括三类:其一是将 CVM 的受访者 WTP 值与公民复决投票(referendum approach)结果进行比较分析,Vossler & Kerkvliet(2003)采用了这种方法检验 CVM 的预测效度;其二是将 CVM 的受访者 WTP 值与真实拍卖结果进行比较分析,Loomis et al.(1997)采用了这种实验方法检验 CVM 的预测效度;其三是将 CVM 的受访者 WTP 值与真实捐款行为进行对比分析,Seip & Strand(1992)、Christie(2007)、许丽忠等(2009)都采用了这种实验室方法检验 CVM 的预测效度。就基于 CVM 的旅游资源游憩价值评估而言,第三种方法比较便捷易行,第一种方法数据难以获得,第二种方法不太适宜。

鉴于旅游者对于旅游资源改善方案的支付意愿难以获得,Cummings 等(1986)开创性地提出了 CVM 预测效度的主流测度变量——校正因子 CF(calibration factor),其将 CF 定义为受访者在假想市场上的陈述支付意愿(SWTP)与其在真实市场下的表现支付意愿(RWTP)之比,即校正因子 CF 测度的是受访者的陈述与表现支付意愿的不一致程度。循着这一研究思路,List & Gallet(2001)率先采用元分析方法较系统地梳理了国外 29 篇 CVM 预测效度研究论文,综合这些文献得出的校正因子 CF 均值为 3.05,并发现当 CVM 评估公共资源价值时校正因子 CF 值较大。Little & Berrens(2004)在此基础上又进一步研究了 CVM 的预测效度检验。Murphy et al.(2005)述评了以 WTP 为表征变量的 CVM 预测效度检验文献,研究结论显示校正因子 CF 均值为 2.60,公共资源或私有资源的物品属性不会显著影响校正因子 CF。

2. 内容效度

CVM 的内容效度是指 CVM 调研问卷中的题项是否能够清晰、一致地表征所要测度的研究内容,包括调研问卷的题项清晰明了、无歧义,调研者设计的问题不包含调研者的判断倾向、无诱导性的问题,调研问卷的实施过程严格按照 CVM 的指导方针等。CVM 的内容效度的检验方式有受访者拒绝回应的比例、有效问卷的比例、检验调查问卷的奉承偏差等(张茵,蔡运龙,2005)。其中,受访者拒绝回应调查的主要影响因素包括调查问卷太厚、开放式问题太多、面对邮寄方式和在线填写方式、支付方式太少、受访者性格特征。Meyerhoff & Liebe(2010)应用元分析方法分析了国外应用 CVM 评估环境资源价值的 157 篇研究文献,发现现有研究要么忽略受访者拒绝回应调查这一现象,要么一笔带过这一现象、不作深入分析,然而这些文献的研究结论是受访者拒绝回应调查这一现象不会影响 CVM 评估结果;并提出在检验 CVM 内容效度的过程中需要对拒绝回应的受访者数量、受访者拒绝回应比例、识别拒绝回应的受访者的方式进行简明扼要的说明,特别要说明受访者拒绝回应调查这一现象是否会影响 CVM 评估结果的准确性。董雪旺等(2011)应用 CVM 评估九寨沟游憩价值的研究结论显示,假想偏差、信息偏差、较高的受访者拒绝回应比例都会导致 CVM 的游憩价值评估值偏低。

3. 理论效度

CVM 的理论效度是指 CVM 资源价值评估结果与经济学原理的契合性,其检验方法包括测度 WTP 与其他解释变量的相关关系、是否符合经济学原理、测度嵌入效应等。Smith & Osborne(1996)研究证实了 CVM 的研究设计、调研过程与评估结论符合经济学理论。Lee & Han(2002)应用 CVM 评估了韩国国家公园的使用价值和保存价值,同样都从经济学视角阐释了评估模型与结论。

4. 准则效度

CVM 的准则效度是指 CVM 测度的评估值与另一个公允的标准指标进行比较以测度前者的有效性高低。在应用 CVM 评估旅游资源游憩价值的过程中,选定一个公允的准则指标一般很困难,因为当且仅当一种评估指标被学术界公认时才能够作为准则指标。而且,当 CVM 测度指标与标准指标都存在统计偏误时,只能测算 CVM 测度指标与标准指标之间的收敛效度。换言之,收敛效度是准则效度的替代方法,国外 CVM 研究学者常常将 CVM 评估结果与以 TCM 为典型的显示偏好法的评估结果进行比较研究,研究结论说明两者的收敛效度较好(Carson et al.,1996)。Cummings et al.(1986)再次强调以 TCM 为典型的显示偏好法的评估结果不一定就是标杆或准则,将 CVM 评估结果与显示偏好法评估结果进行比较研究,与其说是测度准则效度,还不如说是测度收敛效度。

5.收敛效度

CVM 的收敛效度指对同一待评估对象采用 CVM 和另一种方法分别进行评估,比较两者结果的一致性程度。国内外学者一般将 CVM 评估结果与以 TCM 为典型的显示偏好法或与选择实验法(choice experiments,CE)的评估结果进行比较分析以检验 CVM 的收敛效度。

国外学者在评估 CVM 的收敛效度方面,Loomis et al.(1991)基于置信区间(confidence interval)分析法比较研究了 TCM 和 CVM 的游憩价值评估结果。Carson et al.(1996)对 1966—1994 年间 616 例的 CVM 与显示性偏好法(RP)的比较研究文献进行了综述,研究结果表明,CVM 与显示偏好法评估同一个研究对象的评估值差异不大,进而给出了 CVM 具有良好的收敛效度的稳健性研究结论。相比较而言,选择实验法(CE)应用于旅游资源游憩价值评估的案例研究鲜见于国内外相关文献。与 CVM 相比,CE 具有假想偏差小、同时测度多个旅游资源福利变动等优点,不过嵌入性偏差、样本结构偏差等难以完全消除(Choi et al.,2010)。Boxall et al.(1996)在分别应用 CVM 与 CE 评估游憩价值时发现两者差异较大,深入分析后得出结论,若 CE 中注明不存在替代物,则 CVM 与 CE 的评估结果将比较一致,两者能够表现出收敛效度。List & Gallet(2001)进行了包含 29 组数据的实验研究,得出意愿支付值与实际支付值之间存在显著差异。Horowitz & McConnell(2002)基于 30 多年时序的 50 个横截面案例,比较研究了 CVM 的 WTA 与 WTP 在公共资源物品中的评估值差异,得出 WTA/WTP 稍高、意愿估值与真实估值差异不大的研究结论。Foster & Mourato(2003)比较研究了选择实验法(CE)与 CVM 的评估值,实证结果表明 CE 估值的敏感性更高。Sanz et al.(2003)分别应用参数估计法、半参数估计法、非参数估计法评估了西班牙国家自然博物馆的文化遗产游憩价值,实证结果表明 3 种方法的组合估计更有效。Isik(2004)梳理比较了已有文献的 WTA/WTP 比值,分析发现 CVM 评估中的效用函数选择和偏好不确定性会显著影响评估结果。Bengochea-Morancho et al.(2005)对自然环境经济价值评估值进行了参数和非参数估计,研究结果表明 WTP 值较之 WTA 值对实证计量模型更易波动。Nayga et al.(2005)采用真实物品与货币等值交易的方式减少了 CVM 评估中的 WTA/WTP 比值,验证了 CVM 的效度。

国内学者在评估 CVM 的收敛效度方面,郭剑英和王乃昂(2004)应用 TCM 评估出 2001 年敦煌旅游资源游憩价值为 7.896 亿元,郭剑英和王乃昂(2005)应用 CVM 评估出 2002 年敦煌旅游资源非使用价值为 0.12 亿元，CVM 评估值/TCM 评估值为 0.0152。许丽忠等(2007)应用 TCM 评估出 2002 年武夷山景区游憩资源旅游价值为 22.03 亿元，许丽忠等(2007)应用 CVM 评估出 2006 年武夷山景区游憩资源旅游价值为 32.42 亿元，CVM 评估值/TCM 评估值为 1.4716。李京梅等(2010)应用 TCM 和 CVM 评估出 2009 年青岛海滨游憩价值分别为 569 亿元与 451 亿元，CVM 评估值/TCM 评估值为 0.7926。董雪旺等(2011)的研究也发现，应用 TCM 评估出的 2009 年九寨沟游憩价值为 48.9 亿元，应用 CVM 评估出的 2009 年九寨沟游憩价值为 3.46 亿元，CVM 评估值/TCM 评估值为 0.0708，即九寨沟 CVM 评估研究不具有良好的收敛效度。闫伟等(2011)应用 TCM 评估出的胶州湾湿地资源游憩价值为 8.05 亿元/年，应用 CVM 评估出的胶州湾湿地资源游憩价值为 6.26 亿元/年，两种方法的评估值比较接近。上述大部分国内 CVM 与 TCM 的比较研究结果证实了发展中国家旅游资源游憩价值的 CVM 评估值与 TCM 评估值的差异较之发达国家偏大，应用 CVM 在发展中国家评估旅游资源游憩价值倾向于得到偏低的评估值。

综上所述，应用 CVM 准确评估旅游资源游憩价值首先要得出真实的旅游者意愿支付值，CVM 调查问卷引导技术主要包括连续型与离散型两大类，而近几年离散型引导技术应用更广泛。与此同时，调查者要结合受访旅游者的整体情况和待评估旅游资源或环境的质量情况选择 WTP 或者 WTA，以尽可能地消除 WTP 与 WTA 的估值不准确性。在 CVM 支付意愿的效用函数设定方面，间接效用函数和支出函数是两者主要选择，当个体效用函数为线性函数、边际效用为常数的情形下，两者趋同。在进一步的 CVM 计量模型选择方面，应当根据待评估旅游资源或环境的特征进行选择，备选模型主要包括生存函数模型、模糊数学模型、Logit 模型、Probit 模型、Spike 模型等。然后，需要准确识别并着手解决 CVM 评估应用实践中可能存在的假象偏差、信息偏差、嵌入偏差、策略性偏差、排序偏差、调查方式偏差等。进而再进行 CVM 的信度检验以及预测效度、内容效度、理论效度、准则效度、收敛效度等效度检验。

三、收益还原法

(一)收益还原法评估原理及其案例应用

收益还原法以其充分的理论依据，在国内外被广泛地用于收益性地产的估值，并被引入到景区经营权价值的评估上。鉴于我国的旅游资源估值具有特殊性,且旅游资源的开发与投融资迫切需要景区旅游资源经营权的科学估值,收益还原法逐渐成为评估景区旅游资源经营权价值的一种可选方法。收益还原法是指在综合考虑旅游地资源禀赋、地理区位、社会经济发展水平的基础上评估景区开发价值和产权价值(程绍文,徐樵利,2004)。收益还原法的方法类型都属于资产评估方法,亦即通过旅游资源经营权带来的预期收益流来评估其在评估时点的公允价值。收益还原法的内在逻辑是:有完全信息的买者的出价不会大于资产未来预期收益的现值。收益还原法的理论基础是地租理论和生产要素分配理论,其方法思路是估算未来预期收益和资本化率,将未来收益期内各期的收益现值总和作为景区旅游资源经营权价值。收益还原法的优点在于其无须抽样调查,数据与测算相对客观,计算简单。但其预测景区预期收益及其相应资本化率的主观性较强,评估结果存在分歧。此外,收益还原法需要较多的景区旅游资源收益历史数据,且由于牵涉到景区未来几年旅游收益值的预测和资本化率的测算,其计算复杂性较高,而且只能适用于经营了一段年限的处于发展期或者成熟期的景区。因而,收益还原法在我国景区旅游资源经营权价值评估应用中受到较大的局限。

李家兵、张江山(2003)应用收益还原法评估了武夷山风景区游憩价值。曹辉(2007)分别运用成本法和收益法测算分析了福建省灵石山国家森林公园的旅游资源经营权价值,研究结果表明基于成本法的案例地森林公园旅游资源经营权评估价值为 1765.65 万元,基于收益法的旅游资源经营权评估价值为 3176.14 万元。喻燕、卢新海(2009)应用条件价值法和收益还原法分别测算九华山旅游资源的非使用价值和使用价值。喻燕(2010)应用收益还原法测算出 2008 年黄山景区旅游资源使用价值为 1385.71 亿元,应用条件价值法测算出 2008 年黄山景区旅游资源非使用价值为 182.03 亿元。李卫华(2011)在分析了收益现值法原理的基础上评估了案例地景区经营权价值。

国内收益还原法应用于景区经营权出让定价研究领域,王炳贵和曹辉(1999)采用收益现值法对森林景观资产进行了评价。叶浪(2002)着重分析了旅游资源经营权价格的形成因素。吴楚材等(2003)实例分析了现行市价法与收益现值法在森林旅游资源资产评估中的应用。程绍文和徐樵利(2004)构建了湖泊旅游地的评价指标体系和地价评估方法体系,并用收益还原法实证估算了武汉市东湖风景区的出让价值。胡北明等(2004)构建了旅游资源经营权的价格评估的指标体系,并提出了收益现值法、成本法等两种估价方法。李向明(2006)构建出旅游资源资产评估指标体系,探讨了旅游资源资产的形成和评估方法。刘敏等(2007)基于景区旅游资源经营权资产评估方法的前提条件、价值类型与准确性的分析,提出景区旅游资源经营权价值应当采用三大资产评估法中的收益法。黄先开、刘敏(2012)在初步构建景区经营权价值评估方法体系基础上,根据评估方法本身特点、方法科学性、所需资料等综合分析出面向不同对象的具体评估方法。折现现金流量法较适宜成熟型景区的评估,开发初期的景区在具备详细资料的前提下可采用折现现金流量法,或可采用收益还原法,潜在景区在参考同地区类似景区假设开发的前提下采用收益权益法较合适。

(二)资本化率的科学量化研究述评

资本化率是收益还原法中的两大关键参数之一,是投资者在投资风险一定的情况下对投资所期望的回报率(周春波,林璧属,2013)。国外资本化率科学量化研究进程大致可分为三个前后相继的时序演进阶段:第一阶段是19世纪90年代到20世纪40年代,主要研究方向是收益还原法及其关键参数的理论阐述。1890年,阿尔弗雷德·马歇尔(Alfred Marshall)率先创新性提出收益还原法的早期模型——收益资本化法的理论原理及其测度方式。1930年,欧文·费雪(Irving Fisher)在其专著中阐述了收益资本化法测算的理论原理,并创新性地提出将利率作为收益资本化法中的资本化率。第二阶段是20世纪50年代到20世纪70年代,主要研究方向是资本化率的定义、特征、度量公式等内容。1959年,Ellwood在前人基础上新创了Ellwood抵押权益法,亦即基于加权平均资本成本模型新纳入权益以测算出基准比率,进而再结合资产价值的变动值测算出资本化率,这一方法能够将企业逐期的现金流量都折算成具有可比性的现值。第三阶段是20世纪80年代至今,主要研究方向是基于数理模型的资本化率量化测度。在1980年之后,国外学者逐渐关注构建数理模型来剖析与诠释资本化率的经济学意义,并进一步深入探讨资本化率的量化测算。

总资本化率法、求和法、一揽子投资法、总收入乘数法这四种方法是国外较常用的资本化率量化测度方法(周春波,林璧属,2013)。第一,总资本化率法是指收集公开交易市场上待评估资产的具有可比性的类似资产的财务数据,包括可比资产的交易价格、交易时间、净利润等,进行比较分析后测算出资本化率(Garrigan,Parsons,1997)。第二,求和法是以银行定期存款利率或短期国债利率为典型的无风险利率加上风险调整值来作为资本化率

(Ross,1976)。第三,一揽子投资法则是首先明确资本结构,清晰划分抵押贷款与自有资本,再依据抵押贷款与自有资本的占比进行加权计算抵押贷款与自有资本收益率,并以此加权平均收益率作为资本化率(温茨巴奇等,2002)。第四,总收入乘数法则需要先测算待评估资产所在房地产企业的总营业收入,再乘以一个综合考虑地产类型、区位、开发条件、社会经济条件等得出的调整数来作为房地产价值(Hendershott,MacGregor,2005)。不仅如此,国外学者还经常选用公允的资本成本来测度资本化率。资本成本是将收益期限内被评估资产的预期现金流量折算成现值的贴现率(Modigliani,Miller,1958;Solomon,1963)。资本成本的实证测度模型可大致划分为两大类:一是基于公开交易市场风险的贴现模型,包括资本资产定价模型(Sharpe,1964)、套利定价理论(Ross,1976)、三因素模型(Fama,French,1993)等。二是基于公开交易市场价格和企业财务时间序列数据的收益率模型,包括 DDM 模型(Gordon,Shapiro,1956)、GLS 模型(Gebhardt,et al.,2003)、CT 模型(Claus,Thomas,2001)、OJN 模型(Ohlson,Juettner-Nauroth,2005)等。

由于资本化率内涵的复杂性及其评估模型的多样性,国外还没有出现一套公允的能够被资产评估界或财务学界广泛认可的资本化率量化测度机制。当然,国外资产评估官方或半官方机构都会发布测算资本化率的规定或条例,其中最具典型性的是《国际评估准则》和《欧洲评估准则》。《国际评估准则》规定"专业资产评估机构应当综合考虑利率、可比投资收益率和市场风险,以准确测算资本化率,资本化率的统计口径应当与预期收益的统计口径相一致"(王晶等,2011)。《欧洲评估准则》规定"在体现投资资本的成本时,资本化率应当与现金流预测中的评估假设相一致;在评估企业价值时,资本化率应当能够反映加权平均资金成本(WACC);在评估权益价值时,资本化率应当能够反映权益回报率"(王晶等,2011)。此外,日本学者常用"资本成本接近法"求取资本化率。在国外一些发达国家,由于对国债实行长期固定利率,所以资本资产定价模型(CAPM)是被广泛应用的资本化率量化测度方法。

在国内资本化率的量化测度研究中,其主要测度方法包括市场提取法、安全利率加风险调整值法、投资收益率排序插入法、投资复合收益率法等(龚水燕,黄秀梅,2003),其测度的基本原理都是锁定具有不确定性的投资风险。不仅如此,国内学者在述评国内外现有资本化率量化测度方法的前提下,基于数理经济学和计量经济学的模型构建思路,对安全利率加风险调整法、投资复合收益法等国内资产评估实践案例应用广泛的测度方法进行了修正或改进（李斌，2004；王来福，2005）。此外，国内部分研究人员还借助模糊数学法、灰色预测模型、蒙特卡洛方法、人工神经网络模型等方法建立较复杂的数量模型来测算资本化率。

综观国内外资本化率量化测度研究，学者们对资本化率的内涵、特性、数理经济原理、测度模型等进行了广泛而深入的探讨，并逐步呈现出多角度的研究态势，为应用收益还原法评估景区经营权价值奠定了良好的理论和应用基础。但现有国内外文献也存在如下不足之处：首先，国内外文献的资本化率研究样本以房地产为代表的固定资产为主，鲜见将景区旅游资源作为研究对象的理论或实证研究。其次，尽管国内外学者基于数理经济学原理新创出一系列看似"科学"的测度资本化率的评估方法，但是这些方法大多仅具有理论意义。换言之，由于这些新创测度模型过分强调模型的复杂性，国内外资产评估实务界对这些新创的资产化率评估方法往往"敬而远之"，很少真正地把这些新创模型应用于评估实践中。如何测算得出具有普适性的研究偏差较小的我国景区资本化率均值，提高景区经营权等资产价值评估的准确性，并得到评估实务界的广泛认可，才是景区资本化率量化测度研究的重要突破口。

第四节　总结与思考

一、国内外研究比较

旅游资源经济价值评估一直是旅游学的研究热点之一。初期的研究主要涉及旅游资源经济价值的概念、构成要素等理论内涵；其后，国外学者重点关注 TCM、CVM 这两种广泛使用的旅游资源游憩价值评估方法的理论和个案研究；国内学者也逐步引入国外应用较成熟的 TCM、CVM 并进行案例地评估研究。近 10 年来，国外学术界关于 TCM 和 CVM 的研究重点已经从理论探索和个案研究向 TCM 和 CVM 可靠性与有效性的探讨转向，并着力于方法本身及其实施规范的改进；国内学术界开始关注 TCM 和 CVM 的偏差分析与信效度检验，也有学者开始探讨旅游资源经营权价值评估的影响因素问题。这一阶段的研究兼有定性与定量研究，并逐步呈现出多角度的研究态势，为旅游资源经济价值的深入研究奠定了良好的理论和应用基础。但是,由于旅游资源经济价值的内涵具有复杂性,以致对旅游资源经济价值的影响要素并未形成一致认识,对旅游资源经济价值的形成规律也不明确,以致未能形成一套适合我国国情的旅游资源经济价值评估体系。

具体而言,在旅游资源经济价值的理论架构方面,国外研究者将旅游资源经济价值划分为使用价值与非使用价值两大类;国内学者基本认可了由三个层次构成的包含使用价值和非使用价值的旅游资源经济价值分类,并构建出旅游资源资产评估的非经济性和经济性评估指标体系。在旅游资源经济价值的评价方法方面,国外以显示偏好法(RPA)与陈述偏好法(SPA)为主导,这一评价方法适用于评估旅游资源的游憩价值,而不适用于评估我国景区旅游资源经营中独特的所有权与经营权分离的经营权出让价格,这是由于我国旅游资源的社会主义公有制所决定的。在国内三大资产评估法中,收益法较适用于旅游资源经营权价值评估。国外学者在旅行费用法和条件价值法的理论模型方面进行了精准的数理推导性的深入研究,在案例实证方面进行了不同空间尺度下多种景区或旅游资源类型的深入分析。而国内学者较多地直接套用国外较成熟的旅行费用法和条件价值法的衍生模型,将其应用于多种类型景区的旅游资源的经济价值评估,少有在研究方法上的修正或改进。部分国内相关研究的贡献仅仅体现在研究样本的差异上,其主要研究结论与国外相关文献并无二致。

进一步地,国外关于旅游资源经济价值评估领域主要集中于旅游资源游憩价值,其研究起步较早,研究成果较多,评估方法运用也较为成熟,评估过程正向规范化、系统化方向发展,旅游资源游憩价值评估形成了较完备的理论体系,研究成果也常被用于指导政府及景区管理部门的政策制定和经营决策。同时,其他学科最新研究成果的融入加快了国外评估理论和方法的创新,形成了以 TCM 和 CVM 为主流的旅游资源游憩价值评估方法体系。相对来说,国内研究较为滞后,在方法上以借鉴国外成熟的 TCM 和 CVM 评估方法为主,缺乏对基础理论的深入探索和思考。国内在旅游资源经济价值研究中,就旅游资源游憩价值评估而言,基本沿用国外的 TCM、CVM 方法;在旅游资源经营权价值评估中,主要采用包括收益还原法(ICM)等的资产评估方法,在变量选取、模型建构、参数估计等方面紧跟国外学术研究前沿,但在评估数据的获取、基础理论的探索以及评估方法的创新方面上仍有待进一步研究完善。

二、总体评价与思考

由于旅游资源经济价值的内涵具有复杂性,理论研究方面,缺乏对旅游资源经济价值的内涵、影响因素、评估机理、实现路径等的深入理论探讨。实证研究方面,国内外学者广泛应用的两大主流评估方法 TCM 和 CVM 都不适用于旅游资源经营权价值的评估,仅适用于旅游资源游憩价值评估;而且,国内现有的区间旅行费用法(ZTCM)和旅行费用区间估计(TCIA)的可靠性与有效性值得商榷,收益还原法(ICM)因在景区预期收益预测和折现率估算上的较大分歧导致评估结果差异甚大。因此,学术界亟待对旅游资源经济价值的深入理论分析和对传统评估方法改进的实证研究,以形成中国特色的旅游资源经济价值评估理论与方法体系。

通过对国内外相关文献的梳理,为本研究提供了如下三点启示:第一,TCM 研究中的旅行费用替代偏差、现场抽样的计量问题、时间机会成本估计问题、多目的地选择与费用分配问题、需求函数的计量问题等产生的偏差难以全部消除,而 CVM 研究中存在的假想偏差、信息偏差、抗议性偏差、策略性偏差、引导技术选择偏差等更难以克服。这表明需要进一步研判 TCM 与 CVM 评估不同类型景区游憩价值的适用性得出较适宜的方法,并对其进行研究思路上的创新或者评估技术精确性上的改进,使之更具客观性与有效性。第二,在评估方法的应用过程中,越来越多的学者开始关注方法的适用性问题,景区旅游资源构成的复杂性和旅游资源经济价值评估的多样性需要我们采取针对性的符合景区特征的探索,尤其是在数据获取、模型构建、参数估计、假设检验等方面。第三,国内外学者进行多方法的比较与综合研究的趋势越来越明显,这说明用单一的方法并不能完全解决旅游资源经济价值评估问题,应该对不同的价值构成选择最合适的评估方法,才能保证评估的科学性。

更进一步地,笔者认为,只有将经济学中的效用价值论、福利计量理论、产权理论、资产评估理论,与现有的旅游资源经济价值评估方法紧密结合,通过对旅游资源经济价值的理论内涵、形成机理、影响因素进行深入的分析,通过对旅游资源经济价值的实现路径的刻画与分析,特别是通过数理经济学理论和应用计量经济学技术紧密结合的综合应用研究,对旅游资源经济价值进行分层评估,并根据不同价值评估需求采用不同的评估方法,才能提高评估的科学性,才是旅游资源经济价值研究的重要突破口。

第三章 旅游资源经济价值评估理论溯源

第一节 效用价值论思想溯源

一、效用价值论的学术流派与理论思想演进

效用价值论是以人对物品效用的评价来说明物品价值,经历了从一般效用价值论到边际效用价值论的转变,逐步成为西方经济学的理论支柱之一。1738年,瑞士数学家伯努利(Daniel Bernoulli)的开创性大作《风险度量新理论阐述》(*Specimen Theoriae Novae de Mensura Sortis*)中首次描述了边际效用及其性质。伯努利指出物品价值不取决于价格,而取决于效用。物品价格一般不会因人而异,但物品效用会因人而异。随后,意大利经济学家加里安尼(Fernando Galiani)(1751)在其经典专著《货币论》(*DellaMoneta*)中论述了价值是物品稀少性与物品对人的效用之间的比例。换言之,物品价值形成于其稀缺程度和人们对其效用的评价。紧接着,法国学者孔狄亚克(Étienne Bonnot de Condillac)(1776)在其经典之作《贸易与政府》(*Le Commerce et le Gouvernement*)中扩展了效用思想。孔狄亚克强调了价值理论的重要性,也认为物品价值形成离不开效用与稀少性,并进一步分析得出价值内容由效用构成,价值多少取决于稀少性。1854年,德国学者戈森(Hermann Heinrich Gossen)深入研究了效用价值论,探索性地提出人们的经济行为由物品对人们的边际效用决定,并总结出"戈森三大定理"。戈森

第一定理又称欲望递减定理,即在拥有物品数递增时,人们对此物品的欲望递减。戈森第二定理又称效用对等定理,即人们对多物品的拥有数量应对等于其对人们的欲望满足程度。戈森第三定理,即人们在先前欲望满足前提下需要获得新享乐或充实先前享乐。

19 世纪 70 年代,英国、奥地利、法国的 3 位经济学家杰文斯(William Stanley Jevons)、门格尔(Carl Menger)、瓦尔拉斯(Léon Walras)一同开创性地初步构建了边际效用价值论。该理论思想缘起于价值问题的探讨,并进一步扩展到生产和分配问题的研究。这三位经济学家从主观性视角阐释了商品价值,他们认为使用价值的概念不准确,应当用主观价值的概念来替代,并把主观价值定义为物品对人们福利的增进程度。他们也认为交换价值的概念不准确,应当在前面加上"客观"两字,并将其定义为消费者对物品的购买力。而且,客观交换价值取决于主观价值。大约十年后,边际效用价值论进一步分化为两个学术流派,其一是以"边际革命"三杰之一的门格尔及其弟子庞巴维克(Eugen Bohm-Bawerk)和维塞尔(Friedrich Freiherr von Wieser)为代表的奥地利学派。奥地利学派在测度主观价值量时,发现了商品价值取决于边际效用量的客观规律。该学派明确论证了,物品稀缺性和人们对该物品的边际效用决定物品价值,而不是生产耗费的社会必要劳动量决定物品价值。1871 年,门格尔撰写了奥地利学派的理论奠基之作——《国民经济学原理》,其重视价值理论的心理分析。门格尔引导价值理论分析视角从传统的欲望分析转向对满足欲望的分析上,批判了价值理论中的客观主义理论。他揭示了人们的主观评价如何影响竞争性的市场发现过程并决定市场价格。庞巴维克分别于 1884 年和 1889 年出版了具有广泛影响力的专著《资本利息理论的历史和批判》《资本实证论》,主张政治经济学的研究问题是人类欲望与满足欲望物品之间的关系,即人们对物品在消费中的心理反应关系。庞巴维克论述了商品价值取决于人们的主观评价,物品的稀缺性属性引致人们的主观评价而使其具有价值,并提出生产资料价值取决于消费品的边际效用。在客观交换价值方面,他认为买卖双方对物品的主观评价不同,市场交换价格的确定取决于边际对偶的主观评价。1889年,维塞尔出版了《自然价值》一书,从主观估值这一事实演绎、研究了生产分配活动,提出关于"机会成本"的概念。

边际效用价值论的另一个学术流派是以"边际革命"三杰中的杰文斯、瓦尔拉斯及他们的继承者帕累托(Vilfredo Pareto)为代表的数理经济学派。1871 年,经济学大师杰文斯在其代表性专著《政治经济学理论》中应用导数表征边际效用,应用数学方法推导了两种商品间的交换均衡价格的产生过程。1874 年,经济学大师瓦尔拉斯在其经典专著《纯粹经济学要义》中,基于边际效用价值论深入探讨了市场上所有商品的供给、需求和价格相互依存、相互制约,达到均衡状态的价格决定过程,构建了一般均衡论的理论体系。

数理经济学派倾向于使用数学符号和方法来阐释边际效用论,包含基数和序数效用论两个数理分析架构。在帕累托之前,仅仅存在基数效用论一个数理分析架构。帕累托创新性地廓清了基数效用和序数效用的理论内涵边界,并创新性地凝练出序数效用价值理论,亦即假设商品效用能够以序数测度,从而克服了边际论的边际效用量化难题。此后,新古典学派代表人物马歇尔基于供求论渐进式、集成式地比较分析了各种价值论,创立了供求价值论。之后,萨缪尔森(Paul A. Samuelson)以探究经济学的数学基础为落脚点,开创性地整合了这一理论。克拉克(John Bates Clark)以静态经济学为研究对象,系统论述了边际生产率说,标志着边际主义学说的完成。边际理论首先从价值论开始,然后推广至生产理论和分配理论,进而革新了西方经济理论体系,边际学派也成为 20 世纪初西方经济学的最重要学派之一(于新,2010)。

二、效用价值论应用于旅游资源游憩价值理论分析的启示

基于效用价值论的基本思想,旅行费用法根据旅游者对于旅游资源的效用构建出旅游需求函数,进而计算出马歇尔消费者剩余,以静态地反映旅游资源游憩价值。在旅行费用法的应用过程中,旅行次数被用以表征旅游者对旅游资源的福利获得,对个体福利的追求反映了旅游资源这种准公共物品的经济效益的最大化问题,所以可以用旅行费用法间接计算旅游资源游憩价值。旅行次数可以用来评估旅游者对旅游资源的效用或需求,通过显示性调查数据反映出旅游者行为偏好,它表现旅游资源当前调查时的一种效用或需求状态,这种研究方法就是传统的旅行费用法研究。

条件价值法是一种基于效用价值论的结构化问卷调查技术,可以用来揭示旅游者对旅游资源这种准公共物品的游憩价值的认知。它是基于问卷实证调查,对受访旅游者提供几种假定的非市场旅游资源的市场交易条件,询问受访旅游者从一种旅游资源质量状态改善到另一种状态时的最大意愿支付(WTP),或一种旅游资源质量状态退化到另一种状态时的最低货币补偿(WTA)。换言之,陈述性调查数据可以通过旅游者的意愿偏好间接反映旅游资源破坏或者改善后的效用或需求状态,可以采用条件价值法研究。

故应用显示性偏好和陈述性偏好数据,采用旅游需求函数或意愿支付函数能够分析出旅游资源改善引致的游憩价值情况。

第二节　福利计量理论思想溯源

一、福利计量理论的思想演进与经济学原理

福利计量理论是西方经济学的重要组成部分,其被广泛地应用于比较与检验经济行为,并为政府制定经济政策、企业制定微观战略提供理论和实证依据。杰文斯、门格尔、瓦尔拉斯创立边际效用价值学说,提出边际效用递减规律(许崴,2009)。庞巴维克基于资本利息的实证视角创新了边际效用价值论,奠定了福利效用计量的经济学基础。1890年,马歇尔创新性地提出"消费者剩余"这一名词,并给出了其概念性定义:消费者从购买行为得到的效用与失去的购买货币的效用之间的差。1920年,庇古(Arthur Cecil Pigou)《福利经济学》的出版,标志着福利经济学作为一门学科的诞生。庇古依据消费者意愿支付的货币量来量化效用值,将消费者购买行为得到的效用与失去的购买货币的效用相联系,基于此推导出消费者需求曲线,创新性地提出了庇古福利经济学的理论分析框架。20世纪30年代,罗宾斯(Lionel C. Robbins)受经验主义哲学影响,质疑基数效用论内涵的主观性,否定效用能够在不同消费者之间量化比较,试图创新研究工具以量化探究社会福利计量难题。与此同时,希克斯(John Richard Hicks)基于帕累托的学术思想创新性地凝练出序数效用论、帕累托最优等福利经济学的基本思想与理论,这极大地推进了福利经济学的发展。有别于基数效用论,序数效用论的基本思想是消费者基于购买各种商品的欲望序列进行相应的商品购买决策。希克斯比较分析了序数效用论与无差异曲线,进一步量度了收入效应和替代效应,进而推演得出消费者需求曲线。

（一）福利计量与马歇尔消费者剩余原理

庇古(1920)认为个体福利取决于其满足程度,财产、知识、情感等都会增加这种满足程度,其和就是个体福利。为了解决福利的准确测算问题,庇古提出福利的概念性定义是能够直接或间接用货币单位测度的经济福利。由于经济福利的变动能够体现福利主体的效用并以此推断资源配置状况,所以福利计量理论分支也逐步上升为福利经济学的主流学术分支。

1. 衡量福利变化的经典工具——马歇尔消费者剩余

在福利计量理论中,量度福利变化的经典做法就是测度马歇尔消费者剩余(Marshallian consumer surplus)。在不考虑财富效应这一特定条件下,使用市场需求曲线左侧的面积衡量消费者的福利。如果某商品的需求函数 $x(p)$ 是其自身价格的函数,那么对 $x(t)$ 在 p^0 到 p' 的价格积分区间进行的定积分就是消费者剩余:

$$CS = \int_{p^0}^{p'} x(t)\,\mathrm{d}t$$

上式就是需求曲线左侧位于价格线 p^0 和 p' 之间的面积。容易证明当消费者的偏好是拟线性效用函数形式时,消费者剩余能够精确量度福利变动。更进一步地,当效用是拟线性的,补偿变差(compensating variation,CV)等于等价变差(equivalent variation,EV),而且又等于消费者剩余的积分。就一般形式的效用函数而言,补偿变差不等于等价变差,消费者剩余不再是福利变动的精准量度方法,但却是更精准量度方法的合理近似。下面笔者进一步阐释这一福利计量理论的数理思想。

2. 基于拟线性效用函数的马歇尔消费者剩余精确测度

循着瓦里安(2002)的推演路径,假设某效用函数的形式在单调变换后是

$$U(x_1, x_2, \cdots, x_k) = x_1 + u(x_2, x_3, \cdots, x_k)$$

即该效用函数就其中一种商品而言是线性的,而就其他商品而言不是线性的,则它就是拟线性效用函数(quasi-linear utility function)。当 $k=2$ 时,效用函数的形式为 $x_1 + u(x_2)$,假定 $u(x_2)$ 为严格凹函数。更一般地,$k=2$ 条件下所得的结论可以推广到任意数量的商品种类上。

我们考虑下列形式效用函数的效用最大化问题:

$$\max_{x_1, x_2}[x_1 + u(x_2)] \quad \text{s. t.} \quad x_1 + p_2 x_2 = m$$

将约束条件代入目标函数,可将上述问题化简为一个无约束的最优化问题:

$$\max_{x_2}[u(x_2) + m - p_2 x_2]$$

这个问题的一阶条件为

$$u'(x_2) = p_2$$

这个式子要求商品 2 的边际效用等于它的价格。

由一阶条件可知,商品 2 的需求只是它自身价格的函数,因此我们可以将需求函数写为 $x_2(p_2)$。于是商品 1 的需求函数可从 $x_1 = m - p_2 x_2(p_2)$ 预

算线求出。将这些需求函数代入效用函数就可得到间接效用函数：

$$v(p_2,m)=u[x_2(p_2)]+m-p_2x_2(p_2)=v(p_2)+m$$

其中 $v(p_2)=u[x_2(p_2)]-p_2x_2(p_2)$

当然，如果更严格地审视这一求解过程，我们会发现商品 2 的需求难以完全独立于所有价格和收入水平的收入。若收入很小，商品 2 的需求定会受到需求的约束。

将上述效用最大化问题换成能够明确识别 x_1 的非负约束的表述形式：

$$\max_{x_1,x_2}[x_1+u(x_2)] \quad \text{s.t.} \quad x_1+p_2x_2=m,x_1\geqslant0$$

求解上式需分两种情况：第一种情况 $x_1>0$，上式的解与前面的效用最大化问题的解一致，即商品 2 的需求仅取决于其自身价格，与收入无关；第二种情况 $x_1=0$，则间接效用由 $u(m/p_2)$ 给出。试想消费者从初始收入 $m=0$ 开始逐步增加其收入。效用的增额是 $u'(m/p_2)/p_2$。若这个比值大于 1，则消费者将初始的一元钱用于购买商品 2 比用于购买商品 1 更好。且消费者会继续将钱用于购买商品 2，直到额外一元钱的边际效用恰好等于 1，亦即直到商品给予消费者的边际效用等于商品价格。然后，所有额外收入都用于购买商品 1。

由于拟线性效用函数的需求结构简明扼要，即在消费者收入较高时，其需求仅取决于商品价格，无须考虑收入效应，所以拟线性效用函数被广泛应用于福利经济学的理论与实证分析。容易证明，拟线性效用函数会简化市场均衡分析。拟线性效用函数适用于收入需求弹性较小的商品。换言之，当消费者收入变动时，消费者对收入需求弹性很小的商品需求很少，任何收入的增加都被消费者用于其他商品的消费。

而且，拟线性效用函数的另一个应用优势是简化可积函数的积分问题。由于反需求函数为 $p_2(x_2)=u'(x_2)$，这说明通过积分能够从反需求函数推导得出与商品 2 的特定消费水平相伴的效用：

$$u(x_2)-u(0)=\int_0^{x_2}u'(t)\mathrm{d}t=\int_0^{x_2}p_2(t)\mathrm{d}t$$

选择消费 x_1 的总效用包含消费商品 2 的效用，加上消费商品 1 的效用：

$$u[x_2(p_2)]+m-p_2x_2(p_2)=\int_0^{x_2}p_2(t)\mathrm{d}t+m-p_2x_2(p_2)$$

若不考虑常数 m，上式方程右边正是商品 2 需求曲线下方的面积减去用于购买商品 2 的货币支出。也就是说，这是商品 2 需求曲线左侧的面积。

从间接效用函数 $v(p_2)+m$ 开始分析也能推导出上述结论。根据罗伊

法则 $x_2(p_2) = -v(p_2)$，将这个式子积分可得

$$v(p_2) + m = \int_{p_2}^{\infty} x_2(t)\mathrm{d}t + m$$

这是需求曲线左侧、价格线 p_2 以上的面积。这正好是需求函数左侧面积的另一种表述方式。

（二）福利计量与希克斯消费者剩余原理

1. 衡量福利变化的精确工具——补偿变差和等价变差

由于消费者状况会随着经济环境的变化而变动，经济学家希望能够客观量度经济环境变动影响消费者状况变动的程度。福利变动的经典量化工具是马歇尔消费者剩余的量度。但是，消费者剩余当且仅当需求函数是拟线性效用形式时才能精准量度福利变动。由于补偿的价格效应是对称的，马歇尔需求用希克斯补偿需求替代，能够解决路径依赖难题（李蕊伊，董捷，2010）。基于希克斯剩余的补偿变差和等价变差能够精准量度福利变动。

福利变动的理想衡量方法至少应能准确量度政策变动导致的效用变动。假设有两个预算 (p^0, m^0) 和 (p', m')，它们代表某消费者在不同政策框架下面对的价格和收入。一般地，福利经济学家将 (p^0, m^0) 视为现状，将 (p', m') 视为变化后的情形。从 (p^0, m^0) 变化到 (p', m') 导致的福利变化，就能够应用间接效用之差来测度：

$$v(p', m') - v(p^0, m^0)$$

如果上式的效用之差为正，则从消费者的立场而言政策变动是合理的；如果上式的效用之差为负，则适宜维持现行政策。

由于效用理论的实质在于偏好的序数比较，因而难以找到类似于基数性质的效用变动量化方法。但是，在一定条件下，我们能够使用货币衡量消费者的福利变动。因为宏观经济决策者希望掌握各种可能政策变动导致的福利变动程度，以便掌握各种可能政策的经济后果。或者微观经济主体想比较分析不同消费者的既得利益与所付成本。基于上述背景，经济学家提出了一种"标准"的效用差值测度方法，即应用以货币测度的效用函数（money metric utility function）和以货币测度的间接效用函数（money metric indirect utility function）。

2. 基于货币测度（间接）效用函数的希克斯消费者剩余精确测度

货币测度效用函数，又被称为"直接补偿函数"，其给出了消费者应当拥有多少货币才能使其效用和他消费商品束 x 一样好。遵循萨缪尔森（1947）的阐释，货币测度效用函数在数学上相当于求解下列问题：

$$\min_{z} pz \quad \text{s. t. } u(z) \geqslant u(x)$$

货币测度效用函数的一种定义方法是 $m(p,x) \equiv e(p,u(x))$。容易看出，如果 x 不变，则 $u(x)$ 也不变，因此 $m(p,x)$ 的行为与支出函数的行为一致：它对于价格 p 是单调的、齐次的、凹的等。进一步分析可得，当 p 不变时，$m(p,x)$ 其实就是一个效用函数。原因如下：价格不变时，支出函数是效用水平的增函数，如果消费者想获得更高的效用水平，就必须支出更多的货币。更一般地，如果偏好是连续的、局部非饱和的，则支出函数是 u 的严格增函数。

货币测度间接效用函数，又被称为"间接补偿函数"，其给出了当价格为 p 时，消费者至少应拥有多少货币，才能使他的效用水平和当价格为 q、收入为 m 时的效用水平相等。货币测度间接效用函数的表达式为：$\mu(p;q,m) \equiv e(p,v(q,m))$。换言之，$\mu(p;q,m)$ 衡量当价格为 p 时消费者需要多少钱才能使他的效用水平和当价格为 q、收入为 m 时的效用水平相等。和上文直接补偿函数情形相似，$\mu(p;q,m)$ 形式上是一个关于 p 的支出函数，其实它是一个基于价格 q 和收入 m 的间接效用函数。因为它事实上是间接效用函数的单调变换。

因此，从上两段可知 $\mu(q;p,m)$ 的定义为 $e(q;v(p,m))$，$\mu(q;p,m)$ 量度的是在价格为 q 时消费者应当需要多少收入，才能和他在价格 p 和收入 m 的效用水平相等。从效用的这种衡量方法，能够推导出上述效用的差值变为

$$\mu(q;p',m') - \mu(q;p^0,m^0)$$

进一步考虑基价 q 的两种选择，能够令 q 为 p^0 或 p'。希克斯（1939）创新性地提出了以下两种衡量效用差值的方法：

$$CV = \mu(p';p',m') - \mu(p';p^0,m^0) = m' - \mu(p';p^0,m^0)$$

$$EV = \mu(p^0;p',m') - \mu(p^0;p^0,m^0) = \mu(p^0;p',m') - m^0$$

第一种衡量方法称为补偿变差。这种方法使用新价格作为基础价格，它求解的是收入如何变动才能补偿价格变动对消费者的影响。由于补偿发生在政策变化之后，因而补偿变化使用变化之后的价格。第二种衡量方法称为等价变差。这种方法使用当前价格作为基础价格，它求解的是在当前价格水平下收入如何变动，才能等价于政策变化对效用的影响。

补偿变差和等价变差是条件价值法中衡量旅游者福利变动的标准方法。其测算方法一般有两种，其一是解偏微分方程组的测算方法，即通过观察旅游需求行为 $x(p,m)$ 解偏微分方程组来复原 $\mu(q;p,m)$ 代表的偏好问

题。给定任一旅游需求行为,可以解出可积分方程组的解,从而推导出相关的货币度量效用函数。理论上,对于满足可积条件的任何函数,我们都可以根据旅游需求函数(包括线性、非线性以及半对数函数)求出以货币度量的效用函数。其二是函数求导的测算方法。考虑到解偏微分方程组的数学运算较复杂,福利经济学家往往采用另一种参数估计的函数求导思路:首先确定间接效用函数的函数形式,然后根据罗伊恒等式推导出需求函数的函数形式。

补偿变差(CV)和等价变差(EV)都能够精确量度价格变动引起的福利效应。两者大小一般不同,因为货币的价值取决于其相关价格。不过,两者的符号总是一致的,因为两者测度的是相同的效用差值,仅仅是效用函数不同而已。

那么,补偿变差(CV)和等价变差(EV)哪种方法更适宜?这要取决于研究环境和研究问题。如果想解决在新价格下的补偿方案的问题,那么使用补偿变差可能更合理。不过,如果只是想合理衡量"支付意愿",那么等价变差的方法可能更好。原因有二:其一,等价变差衡量的是在当前价格下的收入变动,而且对于决策者来说,使用货币现值进行判断相较于使用假想价格判断更容易。其二,在多政策比较时,如果使用补偿变差方法,则每个政策的基价都不同,而等价变差使用当前价格,使得每个政策的基价统一。若评价的项目较多,使用等价变差的方法可能更合适。

综上所述,如果需求函数可观测,而且需求函数满足效用最大化的条件,那么补偿变差和等价变差也可观测。可观测的需求行为能够用建构福利变动的衡量方法,然后使用这种方法比较各个备选政策。

二、福利计量理论应用于旅游资源游憩价值评估的启示

福利计量理论揭示了旅行费用法的消费者剩余(CS)与条件价值法的等价变差(EV)、补偿变差(CV)之间的相互关系。

当旅游效用函数为拟线性效用函数时,旅游者消费者剩余是补偿变差和等价变差的精确衡量。当旅游效用函数不是拟线性效用函数时,旅游者消费者剩余是补偿变差和等价变差的合理近似。

进一步地,假定旅游商品 1 的价格从 p^0 变为 p',收入不变 $m = p^0 = m'$。在这种情形下,我们根据补偿变差和等价变差的定义和 $\mu(p; p, m) \equiv m$,将补偿变差和等价变差写为

$$CV = \mu(p'; p', m) - \mu(p'; p^0, m) = \mu(p^0; p^0, m) - \mu(p'; p^0, m)$$

$$EV = \mu(p^0;p',m) - \mu(p^0;p^0,m) = \mu(p^0;p',m) - \mu(p';p',m)$$

由于其他价格都被假定不变,再令 $u^0 = v(p^0,m)$ 和 $u' = v(p',m)$,并且使用货币度量效用函数的定义可以推导出:

$$CV = e(p^0,u^0) - e(p',u^0)$$
$$EV = e(p^0,u') - e(p',u')$$

最后,使用希克斯需求函数是支出函数的导数的微观经济学原理,得到 $h(p,u) \equiv \partial e/\partial p$,进一步将上式写为

$$EV = e(p^0,u') - e(p',u') = \int_{p'}^{p^0} h(p,u')\mathrm{d}p$$

$$CV = e(p^0,u^0) - e(p',u^0) = \int_{p'}^{p^0} h(p,u^0)\mathrm{d}p$$

从这些式子可知,补偿变差是与初始效用水平相伴的希克斯需求函数的积分,等价变差是与最终效用水平相伴的希克斯需求函数的积分。旅游者福利的正确衡量是对需求曲线积分,从经济学原理上看使用希克斯需求曲线优于马歇尔需求曲线。

我们可以使用上式推导出一个有用的界限。由斯勒茨基方程可知:

$$\frac{\partial h(p,u)}{\partial p} = \frac{\partial x(p,m)}{\partial p} + \frac{\partial x(p,m)}{\partial m} x(p,m)$$

因为旅游商品是正常商品,希克斯需求曲线的导数就会大于马歇尔需求曲线的导数。由此可知,马歇尔需求曲线左侧的面积以希克斯需求曲线左侧的面积为界。在我们描述的情形中 $p^0 > p'$,因此所有的面积都是正的。由此可知,CVM 的等价变差(EV)大于 TCM 的消费者剩余(CS)大于 CVM 的补偿变差(CV),亦即 EV>CS>CV。

第三节　产权理论思想溯源

一、产权理论的思想演进与学术流派

(一)产权理论的思想演进

现代产权理论的思想渊源可追溯到古典经济学家亚当·斯密(Adam Smith)于 1776 年出版的专著《国民财富的性质和原因的研究》(*An Inquiry into the Nature and Causes of the Wealth of Nations*)(简称《国富论》)中的私有制思想。《国富论》中有这样一段话:"每个人都努力为其拥有的资本寻

找最优用途。诚然,他们仅考虑自身利益,而非社会利益,但其自利行为却会实现社会的最优利益。"由此可知,亚当·斯密是赞同私有制度的,究其本质是由于他代表了资产阶级的阶级利益。但亚当·斯密没有深入研究私有产权问题。直到 20 世纪二三十年代,制度经济学派的奈特(Frank Hyneman Knight)(1921)和康芒斯(John Rogers Commons)(1934)才正式将产权理论引入经济学的研究框架。奈特于 1921 年出版了专著《风险、不确定性和利润》(*Risk Uncertainty and Profits*),他认为企业制度运行的基础是私有产权的界定,企业的运作模式是"资本雇佣劳动",即由资产所有者取得企业控制权,因为资产所有者在面对不确定的外部竞争环境时会采取一系列风险行为,其对资本增值或损失承担风险责任。企业控制权应当与风险履责权一致,这能够在一定程度上减少机会主义行为。1934 年,康芒斯出版了专著《制度经济学》(*Institutional Economics*)。书中突出了产权交易的重要性,认为人与人之间的经济活动皆缘起于产权交易,而交易规则的制定决定了交易的经济效率。交易规则的制定或构建的根本条件是要编写承认私有产权专属性的法律条文,法律条文对私有产权专属性的界定越明确,交易规则下的产权交易效率越高(徐颖,2004)。

现代产权理论的形成以科斯(Ronald Harry Coase)于 1937 年发表的《企业的性质》(*The Nature of the Firm*)为标志。科斯认为"产权是对必然发生的不相容的使用权进行选择的权利的分配"。科斯在这里强调,产权是"实施一定行为的权力"。1960 年,科斯发表了《社会成本问题》一文。简而言之,科斯(1960)研究的是产权初始界定与帕累托最优的相关性问题,即在不存在交易成本的情形下,产权的初始界定不影响资源配置的帕累托最优状态。张五常(Steven N. S. Cheung)(1969)通过对台湾土地改革下的佃农理论实证检验证实了科斯的这一理论。科斯(1960)的鸿文刊出后,部分经济学者将其归纳总结为"科斯定理",但对其内在涵义却未达成一致意见。其中争议最大的问题是科斯一文没有考虑到产权初始界定对当事人财富水平的影响。Demsetz(1967)以"科斯文中的例子都是生产者,所以不存在收入效应"这一论点为科斯辩护。Varian(1990)则用数学语言对科斯定理进行精确的再定义,并指出只有在效用函数形式是拟线性效用时,科斯定理的论断才能成立。然而,瑕不掩瑜,科斯定理的主要贡献在于推广了市场机制有效性的普适界域,正面论述了产权的消除外部性、降低交易成本从而在制度上保证资源配置最优的重大经济作用。

（二）产权理论的三大分支学派

1966 年，Stigler 最先把科斯的理论概括为"科斯定理"。由于科斯本人未对其思想直接进行概括，导致 60 年代以后西方学者对科斯定理进行了三种不同视角的阐释，形成了三个产权理论的分支学派：一是以 Schultze（1977）为代表的自由竞争学派，强调在完全竞争市场条件下进行产权间的交换；二是以 Williamson（1979）为代表的交易费用经济学派，强调科斯定理的核心是交易费用；三是以 Buchanan（1983）为代表的公共选择学派，强调产权能够自由交换（刘伟，平新乔，1989；吉余峰，1995；何伦志，王德全，2004）。

第一，以 Schultze（1977）为代表的自由竞争学派，认为除了外部性，市场机制仍有垄断等其他关键因素会破坏市场交易。有鉴于此，Schultze（1977）领导的自由竞争学派将科斯定理定义为：只要交易发生于完全竞争的市场中，那么初始的合法产权配置与资源配置的有效性无关。

第二，以 Williamson（1979）为代表的交易成本经济学派，认为市场运行和资源配置的有效性，关键取决于交易自由度、交易成本这两个重要因素。狭义交易成本是为履行契约所付出的各种成本。在特定情形下，狭义交易成本可能高到能够阻碍市场交易的正常进行。广义交易成本是为谈判、履行合同和搜集信息所要付出的各种成本。据此，Williamson（1979）领导的该学派将科斯定理定义为：只要交易成本为零，那么初始的合法权利配置与资源配置的有效性无关。换言之，降低交易成本是明晰产权界定、制定与实施法律、完善制度政策的首要目标。

第三，以 Buchanan（1983）为代表的公共选择学派，其基于 Wicksell 的契约理论演化而来，质疑资源配置的帕累托最优理论，提出法律制度、所有权是契约制定与履行的关键因素。权利除了占有权能外，还有管理、使用、遗赠转让、收益、剩余财产处置等权利，所以资源交易实质上是合法的权利间的交换。据此，Buchanan（1983）等人将科斯定理定义为：只要交易自愿，那么初始的合法权利的配置与资源配置有效性无关，亦即产权界定清晰和产权可自由转让能够实现资源配置有效性。

（三）G－H－M 财产权理论

基于交易费用经济学，Grossman & Hart（1986）、Hart & Moore（1990）提出了不完全合同理论（又称 G－H－M 财产权理论）。Hart 等人认为由于现实世界随时随地都存在不确定性，存在交易成本，尤其是法院等第三方的不可证实性使得合同是不完全的——不可能在初始合同中对全部的可能事件及其对策做出详尽可行的规定。这说明应当有人拥有"剩余控制权"(residual rights of control),以便在那些初始合同没有规定的可能事件出现时做出针对性的决策。换言之,由于合同是不完全的,因此合同中除了可以事前规定的具体权利之外,还有事前无法规定的剩余权利,这部分权利就是所谓的剩余控制权。展开来说,剩余控制权就是有关资产在初始合同未规定的情形之下如何被使用的排他性决策权,而且这种权利天然地归资产所有者拥有。

合同的不完全会显著影响企业所有者、投资者、经营者的激励效率与投资效率。尤其在专用性资产投资中,由于合同不完全,缔约各方都会担心在自己做出初始投资后其他合约方没有跟进投资或者趁机提出更严苛的不平等条约。故缔约各方的初始投资水平一般无法达到最优投资水平。如此一来,由于这种合同不完全可能造成的关系性投资"套牢"问题,缔约各方都不希望首先进行关系性投资,尽管这种关系性投资对于缔约各方都是有利的,这就进而造成了企业激励机制的扭曲。为了避免这种低效的情形出现,适宜的解决措施是事前确定哪一方能够拥有剩余控制权。

G—H—M财产权理论认为,剩余控制权应当配置给专有性投资或关系性投资最多的一方,而且要给予相应的剩余索取权。剩余控制权与剩余索取权的不一致配置会降低投资效率。由于这种富有创见性的合同不完全观,再加上风险偏好中性、事后再谈判的不确定性等研究假设,G—H—M理论就突破了完全合同理论的传统分析框架,专注于研究企业产权的内在结构,基于创新性视角解释产权残缺,探讨资产剩余控制权和剩余索取权的最优安排。据此,G—H—M的不完全合同理论也被称为"G—H—M财产权理论"——基于社会福利视角研究最优的财产权结构。

(四)产权的内涵界定

现代产权理论对于产权的内涵界定主要形成了两种研究视角。其一是基于产权的经济学意义视角,以 Demsetz(1967)和 Alchian & Allen(1977)为代表。Demsetz(1967)提出产权是从人与人之间的关系衍生出的"行为权",而非"所有权",亦即"使自己或他人受益或受损的权利"。Alchian & Allen(1977)指出"产权是一种通过社会强制而实现的对某种经济物品的多种用途进行选择的权利"。其二是基于产权的法权性质视角,以贝尔和 Nicholson(1992)为代表,指出产权是一组权利束,是围绕所有权衍生出来的有关财产权利的划分和组合。贝尔指出"产权的实质是不同所有者不让除他自己以外的任何人占有、使用、控制某物的能力,是意志的专有领域,是使用或滥用的权利"(严启发,1995)。Nicholson(1992)提出"产权是所有者和所有权的各项权利的法律安排"。

菲吕博顿(Eirik G. Furubotn)和瑞切特(Rudolf Richter)(1998)则提出了更广为接受的产权的概念性定义:"产权不是人与物的关系,而是由于物的存在和使用而引起的人们之间的一些被人认可的行为关系。"即循着科斯的理论逻辑,产权与物权之间存在差异。首先,产权是人与物的关系引致的人与人之间利益关系方面的权利。而物权仅指法律赋予个体占有某物的排他性权利,纯粹是法律赋予个体某物的归属标志。其次,产权的逻辑落脚点在于经济活动中人与人之间的行为,而物权的逻辑落脚点在于对个体占有某物的状态刻画。最后,较之物权,产权的内涵外延更广,如以特定方式使用他人财产的权利(例如使用他人公司里面空调的权利)、摆脱遭受侵害的权利(例如公共场合被动吸二手烟)等都是产权的形式。

(五)产权的基本属性

西方学者按照产权是否"完整",将产权分为私有产权、共有产权和国有产权三类,完整产权就是指产权具有排他性、有限性、可分解性与可交易性(叶祥松,2001)。亦即产权所有者必须同时具有排他的使用权、收入的独享权、自由的转让权。反之则称为产权"残缺"。

首先,产权具有排他性,指产权主体在行使对某一特定资源的一束权利时,排斥了其他产权主体对同一资源行使相同的权利。资产所有者的重要权利之一就是其排斥他人使用资产的能力。排他性使得产权能让所有者产生有效使用资产的激励。

其次,产权具有有限性,指各产权主体对其所拥有的产权具有明晰的界限和限度。具体而言,各产权主体所拥有的产权的附着物是个有清晰边界的财产;某个特定财产都有一个特定的量;各产权主体所拥有的产权的权能有明确的边界;各产权主体所拥有的产权权能受时空限制。

再次,产权具有可分解性,指产权的各项权项可以隶属不同主体的性质。法律意义上的产权包括占有、使用、收益、处分四项权能,这些权能既可归属为同一主体,也可分属不同主体。产权可分解性是提升资产使用效率、实现资源有效配置的前提。

最后,产权具有可交易性,这是指产权在不同主体之间的让渡与流转,既可以一次性整体让渡产权将其作为整体交易,也可以把产权的权能拆分或组合起来进行有条件的部分转让交易。产权的可交易性源于产权内在属性、可分解性与有限性。

（六）产权的功能

第一，外部性的内部化。Demsetz(1967)指出产权功能之一为内部化源于稀缺性导致的对资源使用的竞争性需求而引致的外部性。内部化外部性的基本途径就是界定产权。产权界定后，产权人就能够根据所拥有的产权权能清晰界定行为行使和利益交易的边界，这能最大限度地减少不确定性。通过产权交易能够使资源流向利用效率最高之处，并逐步实现外部性的内部化。产权的这一功能源于明晰和界定产权能够节省交易费用，提高资源配置效率。

第二，产权的激励和约束功能。Demsetz(1967)指出产权功能之一为帮助产权人形成其与他人交易时的合理预期。产权作为一种社会工具，它规范和制约着人们的占有行为和合理行为，实质上是一套约束和激励机制。如果产权人在行使产权权能过程中损害了他人利益，产权人就需进行相应补偿。简而言之，产权就是个人依据权能在权衡成本和收益之后而采取的行动的集合，所以产权安排决定了激励效果、行为方式和资源配置效率。

第三，产权的资源配置功能。产权的排他性、可分解性和可交易性这三个性质说明了产权具有资源配置的功能，而要发挥这一功能必须靠产权界定和产权交易这两个过程来实现，两者前后相继，相辅相成（叶祥松，2001）。产权界定是产权交易的前提，产权交易和资源有效配置则推动了产权界定的演进。

第四，产权的收益分配功能。产权的这项功能源于产权的每项权能都蕴含收益，这也是产权人能够取得收益分配的依据。所以产权的界定也伴随着利益的分配。在科斯的零交易费用的假设中，虽然权利的初始安排对资源配置的效率没有影响，但对收入分配必然有一定影响。

二、产权理论应用于旅游资源经营权价值理论分析的启示

（一）产权理论视角下的景区旅游资源经营权出让模式

景区是旅游休闲产业的内核和旅游空间组织的核心构成。截至 2011 年，我国已有各类旅游景区 20976 家。其中 90％以上都属于公共资源类景区，分属风景名胜区、自然保护区、森林公园、地质公园和文物保护单位 5 个交叉体系内，占国土面积达到 16％以上（吴文智，2007；国家旅游局规划财务

司,2012)。在公共景区的发展进程中,学术界曾出现对其经营模式的论争,一方支持"国家公园论"(郑玉歆等,1999),强调公共景区资源的非市场价值,强烈建议将美国的非市场化的"国家公园模式"应用到我国的公共景区管理模式;另一方则支持"产权转移论"(张凌云,2000;王兴斌,2002),强调公共景区资源的经济属性,主张公共景区应当实施"所有权、经营权、管理权三权分离"的市场化治理,即支持经营权出让模式。如今,"产权转移论"主导着公共景区经营模式发展进程(徐嵩龄,2003)。时至今日,旅游资源经营权已经成为能够产生预期收益的无形资产,旅游资源经营权出让模式已经成为我国景区旅游资源投资与开发的主要模式之一。

(二)产权理论视角下旅游资源产权的实质

产权理论有助于厘清旅游资源产权的涵义与界定原则,为进一步研究旅游资源经营权提供理论支撑。我国《物权法》规定,所有权是最重要的物权,包含占有、使用、收益、处分四项权能,其法律视角下的内涵基本上与(财)产权一致。但随着社会主义市场经济的深入发展,经济学视角下的产权内涵就逐渐深化,其内涵边界大大超过了所有权的内涵边界。也就是说,产权不再仅指所有权,而是一组包含各种权利的权利束。将经济学产权内涵应用到旅游资源产权的涵义界定中,笔者发现旅游资源产权和所有权尽管都是主客体之间的财产权利关系,但旅游资源所有权着意于人与旅游资源的关系,主张的是主体对于旅游资源的排他性支配权。而旅游资源产权则着意于对旅游资源权利行使基础上的人与人的关系,主张的是各主体对旅游资源的各项权利行使而引起的相互行为关系。

进一步将旅游资源产权概念内涵放入景区运营的现实背景中。现阶段,我国景区旅游资源大多属于归国家或集体所有的准公共物品。其中,国有旅游资源所有者代表是国务院,集体旅游资源所有者代表是农村集体经济组织。值得关注的是,在景区具体运营中,景区所属的政府机构而非国务院或农村集体经济组织拥有了占有权、使用权、收益权等部分产权,即此时的景区旅游资源产权具有有限性、可分解性、可交易性等属性,这也从侧面反映出我国景区旅游资源所有权仅仅体现了法律意义上的人与物的归属关系,而非实际的对景区旅游资源的排他性支配权。

根据上述界定,笔者提出景区旅游资源所有权仅仅体现了法律意义的人与物的归属关系,但在景区实际运营背景框架内而言,拥有旅游资源的实际控制权(占有权、使用权等)比拥有旅游资源的法律所有权更重要。具体而言,虽然国务院是国有旅游资源所有权代表者,但最终是由景区所属的政府机构拥有景区实际的占有权和使用权。更进一步地,拥有景区旅游资源所有权并不等于拥有旅游资源全部产权,而事实上是由国务院下属的各级政府及其隶属机构或机构代理人拥有景区旅游资源部分产权,即拥有景区旅游资源剩余控制权。谢茹(2006)和吴文智(2011)也认为,风景名胜区产权是一种剩余控制权,是由包括经营权等一系列权利共同组成的权利束。旅游资源归国有或集体所有,只是从物权角度明确了旅游资源所有权的法律归属但并未解决景区旅游资源产权问题。此外,旅游资源所有者和各环节代理人都仅各获得一部分产权。

（三）产权理论视角下旅游资源所有权、管理权和经营权的实质

我国景区旅游资源一般为国有或集体所有,其中国有旅游资源的所有权、管理权和经营权的相互关系最为复杂。而且,国有旅游资源产权的实现路径中还存在法律界定模糊、经营权与行政管理权的权能交叉重叠、激励机制尚未构建等问题。因此,本书重点分析国有旅游资源产权的所有权、管理权与经营权。

旅游资源所有权,即法律意义上的旅游资源财产权,指所有权人依法对旅游资源享有占有、使用、收益、处分的权利。旅游资源所有权的主体是旅游资源所有权人,客体是旅游资源,内容是所有权人对旅游资源享有的排他性支配的权利和非所有权人不得侵犯的义务(叶浪,2004)。现阶段,我国景区旅游资源一般为国有或者集体所有,其所有权代表分别为国务院和农村集体经济组织。而且,由于所有权代表往往难以直接行使占有与使用权能,其一般会将旅游资源所有权的一部分占有、使用与收益权能层层委托给各级政府或相关行政机构。

旅游资源(行政)管理权,是一种行政意义上的旅游资源产权。现行法律规定旅游资源管理权主体可以是建设部门、文物保护部门、宗教部门、林业部门、风景名胜区管理机构等。旅游资源管理权的内容具体包括三个方面:第一,参与编制景区旅游发展规划。按照《旅游法》第3章第18条的相关规定,景区旅游资源行政管理机构应当参与编制"旅游资源保护和利用的要求和措施""旅游产品开发""旅游服务质量提升"等景区旅游资源相关规划。第二,旅游资源与环境保护。景区行政管理机构应当根据旅游资源的特性建立相应的旅游资源与环境保护标准,以保障景区旅游资源的可持续发展。第三,旅游开发规制。尽管景区旅游资源行政管理机构不直接参与

景区旅游投资与开发等经营性活动,但是其需要监督开发商的旅游资源开发活动,以保障旅游资源不遭到不可恢复性地破坏。

旅游资源经营权,即经济意义上的旅游资源产权,是指自然人或法人通过给付对价取得的所有者让渡的由旅游资源所有权派生的用益物权。旅游资源经营权具有四个特征:第一,期限性。旅游资源经营权都有一定的出让年限,一般为30~40年。第二,有偿性。经营权人获得旅游资源经营权一般需要支付给出让人一定的费用。第三,从属性。旅游资源经营权是依托所有权中的占有、使用、收益三项权能的基础上设立的。第四,附条件性。一般而言,旅游资源经营权出让合同中都包含有一定的附加条件。

第四节　资产评估理论思想溯源

一、资产评估理论的逻辑起点与分析框架

西方国家的资产评估因市场交易需要而逐步发展,其作为一种有组织、有理论指导的专业服务活动始于19世纪中后期,迄今已有一百多年的历史,并于20世纪40年代后在世界各国得到较大发展。20世纪70年代以后,世界各国的资产评估理论与实践开始趋于规范化和国际化,其标志是西方发达国家制定的资产评估准则的出现。资产评估准则是资产评估行业发展到一定阶段的产物,是一国资产评估理论和实践经验高度凝练的成果。英、美两国资产评估行业发展较早,英国于1974年成立了评估和估价准则委员会,并于1976年制定了第一部《评估指南》,之后进行了多次修订。美国于1986年制定了第一部《专业评估执业统一准则》(USPAP),之后每年进行修订。近20年来,西方发达国家为适应经济全球化发展的需要,在制定国际性和区域性评估准则方面进行了有益的探索。目前在国际评估界具有较大影响的评估准则有:国际评估准则委员会(International Valuation Standards Council,IVSC)制定的《国际评估准则》(IVS);欧洲评估师联合会(The European Group of Valuers' Associations,TEGoVA)制定的《欧洲评估准则》(EVS);美国评估促进会(Appraisal Foundation,AF)制定的《专业评估执业统一准则》(USPAP);英国皇家特许测量师学会(Royal Institution of Chartered Surveyor,RICS)制定的《评估与估价指南》。

我国资产评估始于20世纪80年代末期,是伴随着我国经济国情的发

展并借鉴西方资产评估理论而发展起来的(余炳文,姜云鹏,2013)。1991年,国务院 91 号令《国有资产评估管理办法》发布,该办法对资产评估的范围、组织管理、评估程序、评估方法以及法律责任等做了全面系统的规定。1996 年,《资产评估操作规范意见(试行)》颁布实施,使中国资产评估理论与实践进入科学化、规范化操作的新阶段。2004 年,财政部发布了《资产评估准则——基本准则》《资产评估职业道德准则——基本准则》,进一步推动了我国资产评估理论与实践的健康发展。2007 年,财政部颁布了 15 项资产评估准则,标志着中国资产评估准则体系已初步建立。2008 年,中国资产评估协会发布了《资产评估准则——无形资产》《企业国有资产评估报告指南》和《专利资产评估指导意见》3 项新评估准则,进一步完善了中国资产评估准则体系。如今,国内资产评估已形成了涵盖不同领域、目的、类型的交叉多元化的评估格局(余炳文,姜云鹏,2013)。随着资产评估理论与实务的不断发展,为特定经济行为如旅游资源定价等而进行的评估已经成为资产评估的重要组成部分。

(一)资产评估理论的逻辑起点

资产评估的逻辑起点是资产评估理论的起始范畴,其内涵贯穿于整个理论,以助于形成学科分析框架。我国学者对于资产评估的逻辑起点的内涵尚未形成一致意见,大致出现了三种主流观点,并进一步形成不同的资产评估理论框架构建方式与路径。其一主张资产价值逻辑起点观。郑炳南和刘永清(2000)首先提出资产评估的逻辑起点是资产价值,资产评估法评估的就是公允价值或者要素价值。崔茜和王建中(2008)基于科学研究纲领方法论,构建了资产评估三角结构和二维理论模型,认可资产价值是逻辑起点。余炳文和姜云鹏(2013)基于哲学的逻辑起点涵义向外推演,并立足于资产评估概念,认同价值发现是逻辑起点的观点。其二主张评估目的逻辑起点观。余海宗等(2001)首先提出资产评估的逻辑起点是评估目的。伍忠信和吴战篪(2002)基于会计理论与资产评估理论的耦合性视角赞同资产评估的逻辑起点是评估目的。赵剑锋(2013)认为评估目的由评估性质与功能决定,其天然是资产评估逻辑起点。其三主张评估环境逻辑起点观。王景升(2005)基于评估环境的影响效应提出资产评估的逻辑起点是评估环境,再由其通过多层要素结构及其内在关系建构资产评估框架。

(二)资产评估理论的框架构建

资产评估的理论框架是国内外学者对资产评估的主观解释与思考结

构,理论框架的构建对于资产评估是否能够成为一门真正独立的学科至关重要。国内外学者对于资产评估的理论框架尚未形成一致意见。国外学者很少给出严密的资产评估的理论框架与结构,其中最具代表性的当数《国际评估准则》(IVS)的涵盖概念、守则、类型、指南等八大部分的结构体系。这八个部分之间没有严密的层级或者递进的相关关系,但其理论结构仍然是一个国际上公认的资产评估理论体系。相较于国外,国内学者基于不同方法论或视角提出了相异的理论框架,对此资产评估基础理论问题进行了探索性研究,以期准确定位各资产评估要素的作用,廓清资产评估的理论边界。郑炳南和刘永清(2000)提出了"评估目标——评估标准——评估方法——评估结果"的资产评估理论框架。余海宗等(2001)基于"目的—假设—原理—准则"的演进视角构建了包含概念、原理、准则、方法的资产评估理论框架。王景升(2005)基于学科理论结构研究视角,构建了"评估起点——评估基本理论——评估规范理论——评估应用理论——评估其他理论"的资产评估理论框架。崔茜和王建中(2008)基于科学研究纲领方法论,构建了"概念与假设——基本理论——规范理论"的资产评估三角结构模型,并进一步提出了"核心硬核——保护带"二维理论框架模型。刘梦琴(2012)基于资产评估的应用经济学学科归属,构建了包含资产评估技术规范理论(评估目的和评估依据)、资产评估实务操作理论(评估基础理论和评估方法)、资产评估行为主体理论(评估主体理论和对象理论)的资产评估理论框架。赵剑锋(2013)基于财务学研究视角,沿着"逻辑起点——理论前提——理论基础——理论主体"的分析视角,构建了"评估目的——评估假设——价值类型——评估方法体系"的资产评估理论框架。余炳文和姜云鹏(2013)基于哲学的逻辑起点涵义向外推演,并立足于资产评估的质的规定性,构建了以评估价值为逻辑起点,以评估要素为内在核心,以各评估规范为外部核心,以制度、经济、文化为评估环境的四级资产评估理论框架。

(三)资产评估客体及其特征

资产是资产评估的客体。《国际评估准则》、《美国评估工作准则与职业道德准则》、国内《资产评估》教材一般都从会计学的角度来定义资产,认为"资产是指企业过去的交易或者事项形成的、由企业拥有或者控制的、预期会给企业带来经济利益的资源"。国内外资产评估界认为资产具有三个主要特征:第一,资产必须为主体拥有或者控制,亦即主体拥有某项资源的所有权,或者主体虽不拥有所有权却能控制该项资源。第二,该资产预期会给主体带来未来经济利益,也就是说该资产预期能够直接或间接给主体带来现金或其等价物。第三,该资产必须能以货币计量。若无法以货币计量,则不能被确认为资产评估中的资产。

机器、设备、建筑物等有形资产和专利权、特许权、土地使用权等无形资产,在资产权属发生改变时,需要专业评估师评估得出其公允价值才能确定交易价格。这些适宜进行资产评估的资产一般具有如下特征:

第一,资产的专用性较强。资产的专用性越强,其他资产就越难替代该资产。进一步地,资产交易市场上将缺少能与该资产相类比的可替代资产的交易价格。换言之,资产交易市场中先前的可类比资产的交易价格的参考价值不大,难以"随行就市"地确定该资产的交易价格。专用性越强,资产的替代物越少,价格的确定就越依赖于评估。对于这类专用性较强的资产,交易双方都希望在现实交易前对交易资产的价值有一个大致的了解,这就需要专业资产评估机构和人员对该资产进行客观科学的评估以得出一个该资产的公允价值,亦即资产评估成为一种客观需要。

第二,交易频率较低。企业购买资产的目的通常是为了扩大再生产,以实现企业的价值增值。特别地,房屋建筑物、大型设施设备等有形资产和特许权、土地使用权等无形资产主要是作为企业的生产要素投入企业运营过程的,与一般消费品的市场交易相比,其交易一般发生在资产的权属变动时,因而交易频率较低。正是这一原因,该类资产的前一次与后一次市场交易间的时间间隔较长。由于在这一较长的时间间隔中,市场环境一般会发生较大变化,这使得该类资产的上一次交易价格对其后一次交易价格的参考作用大大降低。所以该类资产每进行一次交易,都要对其进行重新评估,以客观真实地体现其公允价值。

第三,信息不完全。在待交易资产的产权变动过程中,主要涉及资产的卖方和买方。一种情形是,在双方交易前,资产的卖方一般清楚该资产的价值,而资产的买方很可能不太清楚该资产的价值。在这种资产价值的信息不对称条件下,资产的卖方倾向于虚报较高的资产价值以期获得较高的资产交易收益。另一种情形是,资产的买卖双方仅仅了解该资产的历史价值,而对其现行价值却不太清楚。在这种资产价值的信息不完全条件下,资产的买卖双方难以确定该资产的公允价值,这会严重阻碍该资产的顺利交易。因此,对于这一类价值信息不完全的资产,迫切需要一个占有较多市场交易信息的具有客观性和独立性的权威中介机构对该资产进行价值评估以确定一个交易双方都能认可的公允价值。

第四，资产交易数额较大。一般而言，待交易资产的价值数额越大，对资产交易双方的经济影响也越大，交易双方都希望在公平公允的前提下进行资产交易，由此就产生了对待评估资产的价值信息的需求。而且，待交易资产的价值数额越大，其资产评估费用占资产交易价格的比重就越小，委托方就越能够承担这一笔资产评估费用。更何况资产评估费用一般远低于在缺少评估信息条件下交易所带来的货币损失，这也是资产评估行业兴起的重要原因之一。

（四）资产评估目的

资产评估理论家一般都认为资产评估的目的是确定资产在一定时间和条件下的价值，但对价值的理解却看法不一，进而导致了评估程序和评估结果的分野。主流的观点认为评估目的有两层含义：其一认为评估目的是为了得到"市场价值"，即理性谨慎的自愿买方与买方在评估基准日进行的公平市场交易中的资产权益转让的货币化数额。市场价值反映了市场整体对被评估资产效用的综合判断，其是交易假设条件下与资产最佳用途相对应的价值。持"市场价值"观的学者一般认为价值应该概念化为一种概率分布而非确定的现象，资产评估的目的是通过比较类似资产的历史交易价格，或者分析该资产的重置成本和折旧，或者预测该资产的预期现金流现值，而捕捉到资产在某一价格区间成交的概率，其评估得到的往往是公允价值。

其二认为评估目的是为了得到"非市场价值"，即不同时具备或满足资产评估市场价值定义的价值形式总和，一般包括在用价值、持续经营价值、残余价值等。简而言之，评估资产非市场价值即基于特定对象对相关因素的主观预测的前提下，评估资产对特定对象的价值。这里的价值可以看作一种价格或收益率，表示为特定交易对象的必要资产收购成本的百分比。持"非市场价值"观的学者认为资产评估并不需要一个资产交易市场，它只考虑特定潜在买方的预期收益率及该收益率决定的可接受价格（例如投资价值）。与"市场价值"观不同的是，非市场价值是非市场基础，并强调资产对于特定交易对象的价值，因而其评估得到的往往是"特定价值"而非"公允价格"。

（五）资产评估价值类型

价值类型理论是资产评估理论的重要组成部分。国际评估准则和各国的评估准则都要求评估师必须根据评估目的选择恰当的价值类型,并在评估报告中对所选择的价值类型予以明确说明并给出定义。一般地,资产评估中的价值是一个交换价值范畴,它反映了可供交易的商品/服务与买卖双方之间的货币数量关系。资产评估的价值类型是指资产评估价值的类别,是资产评估价值的质的规定性,即评估价值内涵,是每一项评估价值的具体价值尺度。

资产评估的价值类型按照资产评估的运行条件和评估结果使用范围可分为市场价值和市场价值以外的价值两大类(《国际评估准则》)。根据《国际评估准则》《专业评估执业统一准则》(美国)以及国外资产评估相关论著,非市场价值包括持续经营价值、保险价值、课税价值等。

资产评估的价值类型按照资产评估的"估价标准"可分为重置成本、收益现值、现行市价和清算价格等类型。重置成本是指现行条件下按资产原有功能重置资产,并以该资产处于在用状态所耗费的成本。收益现值是指根据资产未来预期获利能力的大小,按照"以利求本"的思维将未来一系列的预期收益流全部折现成现值,加总求得评估值,即根据资产未来的预期获利能力以适当的折现率或本金化率将未来的收益折成现值。现行市价是指资产在公开市场上的销售价格。清算价格是指企业破产或清算时,在规定的时间内以变卖企业资产的方式来清偿债务、分配剩余权益状态下的非正常成本价格,一般低于资产的重置成本,更低于市价。

(六)资产评估方法

国内外资产评估方法主要包括成本法、市场法和收益法三大类,其他相关方法可以看作是这三类方法的延伸与变形(周友梅等,2010)。

第一,成本法,是指根据被评估资产的重置成本扣除各种损耗以确定其评估价值的方法,源于 Adam Smith、David Ricardo、Karl Marx 等古典经济学家的劳动价值论(杨丹,1999)。具体而言,商品具有使用价值和价值二重性,劳动包含具体劳动和抽象劳动二重性。资产价值是由不变资本、可变资本和剩余价值三部分组成,不变资本是原有价值的转移,可变资本和剩余价值是工人新创造的价值。资产的价值由凝聚到资产中的物化劳动和活劳动所决定,可以通过资产的重置成本获得。成本法的基本逻辑是:在信息完全条件下,买者对某资产的出价不会超过建造一个具有可比性的替代品的成本。成本法的简明计算公式是:

资产评估价值＝重置成本－各种贬值。

其中,重置成本的估算方法包括重置核算法、市场询价法、价格指数法、功能价值法、综合比例法;实体性贬值的估算方法包括观察法、使用年限法、修复费用法;功能性贬值的估算则区分是由超额资本造成抑或是超额运营成本造成;经济性贬值的估算方法包括间接计算法、直接计算法(周友梅等,2010)。

第二,市场法,是指比较被评估资产与类似资产,将后者的交易价格进行调整得到前者的评估价值,源于马歇尔的均衡价格论,用供求方程的相互作用解释市场。市场法必须具备公开市场和可比资产交易活动这两大基本前提。市场法的基本逻辑是:在信息完全条件下,买者对某资产的出价不会超过取得可替代资产的价格。市场法的简明计算公式是:

资产评估价值＝可比资产的售价±调整数。

其中,市场法可分为直接比较法和类比调整法两大类。直接比较法包括现行市价法、市价折扣法、功能价值类比法、价格指数法、成新率价格调整法;类比调整法包括市场售价类比法、成本市价法、市盈率乘数法(周友梅等,2010)。

第三,收益法,是指估测被评估资产预期收益并折算成现值的方法,源于重视消费心理探究的维也纳学派的边际效用论,应用现金流或净收益的折现总和作为资产评估价值。庞巴维克(1884)甚至把利息率看作是"放弃资本现期使用的报酬和决定未来商品现值的折现率"。收益法的应用涉及未来各期预期收益、资本化率、评估期限这三大要素,其应用的前提条件是前两大要素都能用货币计量,第三个要素能够量化确定。收益法的基本逻辑是:在信息完全条件下,买者对某资产的出价不会大于该资产未来预期净收益的现值。收益法的简明计算公式是

资产评估价值＝未来资产净收益/折现率。

（七）资产评估要素间相互关系

资产评估的要素主要包括评估假设、对象、目的、时点、程序、原则、方法、结果、价值类型、评估管理等(周友梅等,2010;余炳文,姜云鹏,2013)。明确构成要素及其相互关系是构建资产评估框架体系的前提。评估假设、对象与目的是三个资产评估关键要素。资产评估假设是对资产评估领域的客观存在情形与发展趋势做出的合乎逻辑的认定。资产评估的最基本假设包括交易假设、公开市场假设与持续使用假设。评估假设是资产评估的前提条件,会影响评估程序和评估原则,间接影响评估方法和评估结果。评估

对象即资产评估的客体——资产,其影响评估程序、评估原则和评估方法。不同的评估对象其评估程序、评估方法可能差异甚大。评估目的包括一般目的和特定目的,一般目的是评估资产在评估时点的公允价值,特定目的是资产业务对评估结果用途的具体要求。评估目的直接决定价值类型,进而影响评估程序、方法和原则(周友梅等,2010;余炳文,姜云鹏,2013)。此外,评估原则影响评估方法,评估方法影响评估程序,同时评估时点也影响评估方法。最后根据评估程序、评估原则等限制条件,以最适宜方法进行测度,得出评估结果。

二、资产评估理论应用于旅游资源经营权价值评估的启示

国内外资产评估方法主要包含市场法、成本法和收益法,其相互间的比较分析有助于深刻理解这三种资产评估法的深刻涵义(详见表 3-1)。这三种资产评估法的理论可以分别追溯到马歇尔均衡价格论、马克思劳动价值论和奥地利学派的边际效用论。其中,成本法与收益法分属两个对立的经济学理论学派衍生出来的方法,市场法与收益法都属于边际效用论的分支学派衍生出来的方法。这三种资产评估法的基本逻辑分别是买者对某资产的出价不会超过可替代资产价格、替代品重置成本、资产预期收益现值。具体而言,市场法是比较被评估资产与类似资产,将后者的交易价格进行调整得到前者的评估价值,成本法根据被评估资产的重置成本扣除各种损耗以确定其评估价值,收益法估测收益期限内被评估资产预期收益并折算成现值。方法思路的不同也决定了这三种资产评估法的评估程序和关键参数的大相径庭。就前提条件而言,市场法基于公开市场与可比资产,成本法基于成本资料与资产可重置,收益法基于预期收益和资本化率可量化。在适用范围方面,市场法着眼于资产现行价值,主要适用于单项可比性资产的评估;成本法着眼于资产历史成本,主要适用于可重置固定资产的评估;收益法着眼于资产未来收益能力,主要适用于整体资产和无形资产评估。而且,这三种资产评估法在评估实践中各有千秋。市场法的优势在于资产类比的操作途径简单直接,但参照资产难寻;成本法的优势在于着眼于重置成本使其考虑因素较全面,但计算复杂性较高;收益法着眼于预期收益使其易为各方接受,但预期收益和资本化率难以准确测算。

表 3-1　资产评估方法的比较

	市场法	成本法	收益法
理论溯源	均衡价格论	劳动价值论	边际效用论
基本逻辑	拥有完全信息的买者对某资产的出价不会超过取得可替代资产的价格	拥有完全信息的买者对某资产的出价不会超过在附近建造一个可接受的替代品的成本	拥有完全信息的买者对某资产的出价不会大于该资产未来预期收益的现值
方法思路	利用市场上类似资产的近期交易价格,经过比较分析以估测资产价值	根据被评估资产的重置成本扣除各种损耗以确定其评估价值	估测收益期限内被评估资产预期收益并折算成现值
前提条件	活跃的公开市场、可比的资产及其交易活动、参考交易时间间隔不长	完备的成本资料、资产可再生或可复制、资产具有贬值特性	预期收益与风险可预测并可货币化;获利年限可预测
主要适用范围	多用于产权交易、投资参股、税基评估	多用于设施设备等固定资产、资产补偿	多用于无形资产、企业整体资产、资源评估
评估程序	选择参照物、选择比较因素、对比指标、量化并调整差异、综合估值	测算资产重置成本、扣除各项损耗、综合估值	收集资料、确定收益期限、预测预期收益、确定资本化率、综合估值
关键参数	被评估资产、参照资产、量化的对比指标	重置成本、实体性贬值、功能性贬值、经济性贬值	预期收益、收益年限、资本化率
优点	资产类比的操作途径简单直接	考虑因素较全面、着眼于重置成本和损耗代价	着眼于预期收益,易为各方接受
缺点	参照资产难寻、缺乏公开交易市场、资料数据难寻	计算复杂性较高、各种损耗难以准确测算	预期收益和资本化率难以准确测算

国内外资产评估界一般认为资产具有必须为主体拥有或者控制、预期会给主体带来未来经济利益、必须能以货币计量等三个主要特征。对照着这三条资产特征,笔者发现旅游资源经营权同样具有为经营权人所拥有、并能够给经营权人带来预期净收益且能够测度其货币化价值这三个特征,故旅游资源经营权具有资产主要特征。而且,资产评估界一般认为适宜进行资产评估的资产一般具有专用性较强、交易频率较低、信息不完全、交易数额较大等四个主要特征。对照着这四条特征审视景区旅游资源经营权,笔者发现旅游资源经营权只能用于特定旅游资源的经营,所以其专有性较强;由于旅游资源经营权蕴含的经营期限一般为30~40年,所以其交易频率较低;由于国内尚无正式的旅游资源经营权交易市场,所以其交易双方往往处于信息不完全的情形;由于旅游资源经营权涉及30~40年收益年限内的旅游资源收益,其交易数额一般较大。所以,旅游资源

经营权适宜进行资产评估。成本法、市场法和收益法这三种资产评估法基于不同的理论基础和技术思路，各有优缺点，探究这三种资产评估法评估旅游资源经营权的适宜性理应成为旅游资源经营权评估机理研究篇章所要解决的关键科学问题。

第四章　旅游资源经济价值的形成机理与影响要素

综观国内外旅游资源经济价值的评估文献,其测算的旅游资源经济价值一般为旅游资源的游憩价值或非使用价值。一方面,从理论分析层面上看,旅游资源的非使用价值主要包括选择价值、遗产价值和存在价值,其明显属于非经济价值,不应纳入旅游资源经济价值的范畴。另一方面,从实务应用层面上看,景区经营者普遍认为旅游资源游憩价值评估值过大,难以即刻应用到景区管理实践中;而在景区经营权出让背景下旅游资源经营权的货币化评估已经成为国内旅游开发商最为关心的问题,亦即旅游资源游憩价值似乎也不应等同于旅游资源经济价值。有鉴于此,笔者拟对现有文献深入研究和评估实践经验总结的基础上,依据核心特征廓清景区、旅游资源及其经济价值的理论内涵,基于效用价值论和租金理论探索性地剖析旅游资源经济价值的形成机理,并分析旅游资源经济价值的主要影响因素,以期沿着"理论内涵—形成机理—影响要素"的研究脉络,系统性地提出旅游资源经济价值的一个新的理论分析框架。

第一节　旅游资源经济价值的理论内涵廓清

一、景区的理论内涵廓清

国内外学者普遍不重视景区的基础理论研究,这使得景区的概念性定义、核心特征、类型、经济属性等基础理论问题一直悬而未决。然而这些基础理论问题直接关系到旅游学科的科学性与旅游学作为一门独立学科的必然性,必须加以深入探讨。笔者不揣愚钝,拟就此问题略述己见,以期为廓清景区内涵带来些许启示。

(一)国外代表性景区定义的评述

目前,国外文献中与景区(scenic spot)相关的名称有 visitor attractions、national park 等。其中前者大致与国内"旅游吸引物"这一名词的涵义相当,而后者一般译为"国家公园",其是国家财政直接拨款的国家级公园,用以保护国家的自然与文化遗产。国外学者关于旅游景区的概念界定大致可归为以下四类。

第一,基于功能性的视角界定景区。Middleton(1988)认为景区是一个由指定人员长期管理经营的,为旅游者提供享受、消遣、娱乐、受教育机会的地方。这一定义是早期景区概念界定中的代表性定义,不过没有突出景区构成中的旅游资源这一内核。

第二,基于经营者供给的视角界定景区。Swarbrooke(1999)认为旅游景区应该是一个专门性的独立场所,或是一个能够吸引大量旅游者闲暇时来短期游览的有明确地域界线、交通便利的经营性区域。这是一个非常具有典型性的国外景区定义,只是似乎也没有突出景区的最核心构成——旅游资源。

第三,基于旅游者需求的视角界定景区。Gee et al.(1997)认为景区是依托天气、风景、文化或活动而满足一个特定顾客群和市场的偏好的一个区域。这一定义具有很好的典型性,不过似乎将"特定顾客群"改为"旅游者"会更贴切。

第四,基于复合视角界定景区。Walsh-Heron & Stevens(1990)认为景区应是有特色活动的地点或场所(祝亚,2010),具备为吸引旅游者而经营、为旅游者在可自由支配时间内提供愉悦体验、按旅游者需求进行管理、提供配套设施与服务并使旅游者满意等特点。这一定义大致涵盖了景区的基本特征,然而其太过冗长以致无法算作严格意义上的景区定义。

(二)国内代表性景区定义的评述

在我国,从 2000 年起,相继出现了一些具有代表性和影响力的界定"景区"概念的观点。国内关于景区的概念界定大致可归为以下四类。

第一,基于需求或供给的视角界定景区。李天元(2002)在其经典教材《旅游学》中提出:"任何一个可供旅游者或者来访游客参观游览或开展其他休闲活动的场所都可以成为旅游景点。"这一定义是早期景区概念界定中的代表性定义,曾引起国内学者广泛关注。

第二,基于功能性的视角界定景区。此种角度强调景观的价值能够给游客带来的体验。王德刚(2004)认为旅游景区是以旅游资源为主体,开展参观游览、娱乐休闲、康体健身等活动和服务的一切场所和设施。这一定义也代表了一类突出景区功能性的典型旅游资源定义。

第三,基于区域性的视角界定景区。此种视角主要强调旅游景区在地域上构成、活动和管理等方面的特性。邹统钎(2006)认为,旅游景区是依托旅游吸引物从事旅游休闲经营活动的有明确地域范围的区域。这一定义具有高度的概括性和典型性,体现了作者对于景区相关理论的深刻理解。

第四,基于混合视角界定景区。张凌云(2010)对景区进行了界定:"旅游景区以吸引游客为目的,为游客提供一种消磨时间或度假的方式,开发游客需求,为满足游客需求进行管理,并提供相应的设施和服务。"这个定义具有很好的典型性,体现了作者在景区理论研究方面的独到见解。

此外,国标 GB/T 17775—1999 将旅游区定义为:"有统一管理机构,范围明确,具有参观、游览、度假、康乐、求知等功能,并提供相应旅游服务设施的独立单位。"国标 GB/T 17775—2003 将旅游景区定义为:"旅游景区是以旅游及其相关活动为主要功能或主要功能之一的空间或地域。"

尚须言明的是,尽管国内外学者提出了具有典型性的景区定义,但这些定义的涵盖内容却不尽相同,部分定义的涵盖范围相互交叉,极个别呈现了包含与被包含的关系。换言之,国内外学者迄今为止仍未在景区概念界定上形成共识,这对景区管理理论分析框架的建构造成了很大阻碍。

(三)景区概念的试界定——基于核心特征的精准刻画

那么,究竟如何精准界定景区内涵呢? 笔者力图从景区的核心特征入手展开探讨,以避免其概念界定的偏差与泛化,以期能为景区概念的厘清提供一种分析思路。

第一,在景区的形成过程中,旅游资源起着内核的作用。景区是由旅游资源、旅游配套设施、旅游服务及一定地域空间构成,在此之中,旅游资源是吸引旅游者游憩景区的动力源泉,其促使旅游者做出景区游憩的旅游决策。若景区无法供给旅游资源,就不会有旅游者,景区的发展就无从谈起。换言之,景区依托旅游资源能够对旅游者产生某种吸引力,能激发其产生旅游动机。若某个空间场所对潜在或现实的旅游者不具有这种吸引力,则其不能被归类为景区。景区的这一特征是从经营者供给的角度去认识的,故笔者将这一特征称之为景区的供给特征。

第二,景区能够满足旅游者愉悦休憩等体验。体验化是休闲时代旅游发展的基本取向,旅游是旅游者离开惯常地到异地去接受跨文化的审美,享受闲憩,并通过一系列感官刺激和心灵感受,获取精神的成长的过程(林璧属,2006)。景区不仅仅需要对旅游者具有吸引力以吸引其前来游憩,而且需要满足现实的旅游者在景区内的休闲、娱乐、游览、观光、度假、康体等需求。亦即旅游者可以通过游憩景区获得愉悦休憩等体验。通过这一体验过程,不同类型的旅游者能够满足一个层次或多个层次的需求,例如旅游者能够通过美食或住宿体验满足生理需要,或通过康乐健身体验满足健康安全需求,或通过景区游憩过程中与家人的温馨体验满足情感与归属的需要,或通过景区游憩过程中与其他旅游者的互动交往体验满足尊重的需要,或通过景区游憩过程中充实自我体验满足自我实现的需要。景区的这一特征是从旅游者需求的角度去认识的,故笔者将这一特征称之为景区的需求特征。

第三,景区应当拥有必要附属设施,并提供相应旅游服务。作为一种服务场所,景区满足旅游者体验或需求的必不可少的硬件基础就是必要附属设施,例如交通设施、通信设施、餐饮设施、住宿设施、商业街等。上述硬件是景区满足旅游者体验或需求的必要基础。而且,景区应当向现实中的旅游者提供必要的旅游服务,例如售检票服务、导览服务、购物服务、停车场服务、交通服务、旅游咨询服务、餐饮服务等,使旅游者真正得到休闲舒适等一系列高质量的旅游体验。景区的这一特征是从旅游服务的角度去认识的,故笔者将这一特征称之为景区的服务特征。

第四,景区存在于一定的地域空间,无法任意移动。景区基本特征之一就在于其边界清晰、所处空间相对固定。正是景区所具有的地域性特征决定了旅游活动的暂时性与异地性的特征。亦即旅游不仅源于一种文化和环境的差异性,也在于时间和地域的跨越中对其他差异性文化和环境的体验(林璧属,2006)。景区的地域空间是相对固定的,当然笔者不排除部分景区会提高投资水平,以致拓展了地域空间。此外,某品牌人造景区可能会在几个城市相继建造开发,由于人造景区一旦建成后就无法移动,且没有改变旅游者仍要前往异地景区进行旅游的事实,这种情况没有在根本上改变景区的不可移动性。景区的这一特征是从地域空间的角度去认识的,故笔者将这一特征称之为景区的地域特征。

按照上述对于景区的供给特征、需求特征、服务特征与地域特征,笔者对景区的概念性定义界定如下：

景区是指依托旅游资源发展演化而成的能够满足旅游者体验并能提供必要附属设施和服务的地域空间载体。

（四）景区的类型划分

国内学者对于景区的分类标准大致能够归为三类。

一是按景区旅游资源所属级别划分，一般可分为五个等级：第一等级即世界遗产；第二等级包括国家级风景名胜区等国家级景区；第三等级包括省级风景名胜区等省级景区；第四等级包括市县级风景名胜区等市县级景区。

二是按景区质量等级划分，将旅游景区（点）划分为 AAAAA 级、AAAA 级、AAA 级、AA 级、A 级等 5 个等级。这是规范性标准化最高的全国景区质量等级评定体系，其更加注重体现人本主义，把握游客的普遍心理需求，突出以游客为中心的主旨。

三是按景区资源属性划分，可分为自然景区、人文景区与人造景区。当然，在我国许多景区是自然和人文合一的，自然景区和人文景区的划分并不是绝对的。笔者把主要依托自然旅游资源的景区归类为自然景区，例如风景名胜区[①]、自然保护区[②]、森林公园[③]、地质公园[④]等；把主要依托人文旅游资源的景区归类为人文景区，例如文物保护单位[⑤]、博物馆[⑥]等；把主要依托于人造景观等旅游吸引物的景区归类为人造景区，例如主题公园[⑦]、旅游度

[①]　指具有观赏、文化或者科学价值，自然、人文景观比较集中，环境优美，可供人们游览或者进行科学、文化活动的区域。

[②]　指对有代表性的自然生态系统、珍稀濒危野生动植物物种的天然集中分布区、有特殊意义的自然遗迹等保护对象所在的陆地、陆地水体或者海域，依法划出一定面积予以特殊保护和管理的区域。

[③]　指以大面积人工林或天然林为主体而建设的公园。

[④]　指以具有特殊地质科学意义、较高的美学观赏价值的地质遗迹为主体，并融合其他自然与人文景观而构成的一种独特的自然区域。

[⑤]　指具有历史、艺术、科学价值的古文化遗址、古墓葬、古建筑、石窟寺、石刻、壁画、近现代重要史迹和代表性建筑等不可移动文物。

[⑥]　征集、保藏、陈列和研究代表自然和人类的实物，并为公众提供知识、教育和欣赏的文化教育机构。

[⑦]　指根据某个特定的主题，采用现代科学技术和多层次活动设置方式，集诸多娱乐活动、休闲要素和服务接待设施于一体的现代旅游景区。

假区①等。

综上所述,笔者通过景区的质的规定性捕捉到景区的四大核心特征:一是景区的形成以旅游资源为内核;二是景区能够满足旅游者愉悦休憩等体验;三是景区应当拥有必要附属设施并提供相应旅游服务;四是景区存在于一定的地域空间,无法任意移动。而且,景区能够按照资源所属级别、景区质量等级、资源属性等划分为相应的类别。故本书的研究对象包含自然景区、人文景区与人工景区,并称为景区②。

（五）景区的经济属性阐释

精准刻画景区经济属性有助于深入研究景区旅游资源经济价值,进而有助于其评估方法的选择与匹配。但是,国内学术界对于景区的经济属性阐释不尽相同,大致能够划分为四种观点。

第一种观点认为公共景区具有纯公共产品性质,应当采用政府提供、政府生产的方式进行供给,不允许出让景区经营权。郑玉歆等(1999)强调国家名胜风景区是特殊的公共资源,应由国家行使所有权和管理权,不能转让和出售。

第二种观点提出公共景区具有准公共产品性质,应当采用政府提供、私人生产的方式进行供给,允许出让景区经营权。彭德成(2003)认为一个依托风景名胜或国家文物的设立门票的公共景区是准公共产品,故景区的经营可以介于市场化与政府运营之间,但是在此过程中政府规制必不可少。张朝枝等(2004)认为国家风景名胜区和世界遗产的经济属性会因面对主体的不同而不同,对遗产资源开发者而言,世界遗产地具有竞争性和非排他性,属于公共池塘资源;对旅游者而言,世界遗产地具有排他性和非竞争性,属于俱乐部物品。依绍华(2006)也认为自然景区资源属于同时具有公益性和经营性的准公共物品。谢茹(2006)将风景名胜区产品定义为特殊的准公共产品,并阐明了其引入市场机制的可能性与限定性。郭淳凡(2009)认为资源依托型景区的经济属性与所在国家的社会经济发展水平和制度安排紧密联系,发达国家的资源依托型景区是公共产品,我国的资源依托型景区是

---

①　指具有良好的资源与环境条件,能够满足游客休憩、康体、运动、益智、娱乐等休闲需求的,相对完整的度假设施聚集区。

②　由于研究对象的包容性,书中学者们对有关"国家公园""风景名胜区""地质公园""自然保护区""森林公园"等公共性景区所做的研究工作,都是本书进一步研究的基础,笔者都将其纳入"景区"的范畴。

准公共产品,用户导向型景区是私人产品。吴文智(2011)认为我国公共景区具有准公共物品和垄断性资源双重特征,政府对公共景区实施规制存在合理性与必要性。

第三种观点主张景区是资源国有的私人产品,能够企业化运营。唐凌(2005)提出景区在开始收门票后,就产生了竞争性和排他性,应当属于私人产品;而从社会福利来看,现阶段我国尚无法对公共景区提供高额的财政补贴使其免收门票,更何况我国景区门票费用只是旅游者旅游成本中的一小部分,故使全民都享有景区旅游产品这种公共物品状态难以实现。

第四种观点认为景区的经济属性随情景而变。马梅(2003)的分析结果表明:在瞬时游憩量不大的条件下,不收门票的国家公园游憩产品是纯公共产品,而收门票的国家公园游憩产品则是准公共产品;在瞬时游憩量大的条件下,收门票的国家公园游憩产品具有排他性和竞争性,是私人产品;国家公园内的经营性项目和旅游产品具有排他性和竞争性,也是私人产品。

本研究倾向于第二种观点——公共景区具有准公共产品性质,应当采用政府提供、私人生产的方式进行供给,允许出让景区旅游资源经营权。在现实中,纯公共物品很少,许多公共物品在消费中后期出现了竞争性或排他性而成为准公共物品。准公共物品类似于 Buchanan(1983)提出的俱乐部物品:

俱乐部物品具有对外排他性和非竞争性,其只能由按照一定规则建立的俱乐部里面的成员一起享有,且在适宜阈值范围内边际成员的加入不影响其他成员效用。但若成员数量明显高于适宜阈值,则边际成员的加入会影响原成员的效用;若成员数量明显低于适宜阈值,则平均摊销成本过高也会影响俱乐部成员效用。景区在其未收门票时是符合公共利益并为旅游者共同使用的非排他性物品,但是在旅游者人数达到一定程度时就出现拥挤性,就会出现一定的竞争性,而且在收取门票后景区就出现了一定程度上的排他性,因而景区属于准公共产品。从社会福利来看,由于我国公共景区数量超过 2 万家(吴文智,2011),而实行国家财政全额支持的美国国家公园管理局(NPS)负责管理的美国国家公园数量仅 400 家左右,所以现阶段我国尚无法对公共景区提供高额的财政补贴使其免收门票,更何况我国景区门票费用只是旅游者旅游成本中的一小部分。旅游者必须购买门票才能进行景区游憩,这就使得购票旅游者将未购票旅游者排除在景区游憩之外,出现了排他性。当景区内的购票旅游者数量达到拥挤点时,购票旅游者的景区内游憩舒适度就可能被适度破坏,亦即购票旅游者之间就出现了竞争性。

不过景区管理者理应时刻关注景区承载力并采取相应限流措施缓解拥挤问题，以保护景区景观和生态环境，并保障景区旅游者较高质量的愉悦游憩体验。

二、旅游资源的理论内涵廓清

旅游资源是旅游产品和旅游活动的核心要素，是旅游系统中的核心构成部分，是旅游业生存与发展的本原物质基础。迄今为止，由于旅游资源这一对象物内在特质的复杂性，旅游学者对于旅游资源这一核心概念的界定尚未达成一致。究竟旅游资源的定义是什么？旅游资源的核心特征有哪些？这些基础理论问题直接影响到旅游学科的科学性，关系重大，不可不详加探讨。笔者不揣浅陋，拟就此问题略述己见，不求获得圆满的答案，只求为国内的旅游资源学基础理论研究提供一丝思考线索。

(一)代表性旅游资源定义的评述[①]

国外学者倾向于将"旅游吸引物"作为"旅游资源"的代名词。而国内学者也基于多种视角提出了"旅游资源"的概念性定义，其中不乏颇具影响力的经典定义。

郭来喜在其1985年出版的专著《人文地理学概论》中，认为"凡是能为人们提供旅游观赏、知识乐趣、度假休闲、娱乐休息、探险猎奇、考察研究以及人民友好往来和消磨闲暇时间的客体和劳务，都可称为旅游资源，是发展旅游业的物质基础。"这一定义是早期的代表性定义，在20世纪80年代曾引起热议。

李天元在1991年提出："凡是能够造就对旅游者具有吸引力环境的自然因素、社会因素或其他任何因素，都可构成旅游资源。"[②]这一具有代表性的定义引起了国内学者的广泛重视，体现了作者对于旅游基础理论的深刻理解。

保继刚等在其1993年出版的经典教科书《旅游地理学》中提出"旅游资源是指对旅游者具有吸引力的自然存在和历史文化遗产，以及直接用于旅游目的的人工创造物"。这个定义具有很好的典型性，显示出作者深厚的理

---

① 限于篇幅，本书仅对具有较强代表性与较大影响力的经典旅游资源定义逐一评述，其他旅游资源定义大多可看作是这些经典旅游资源定义的变动不大的延伸与扩展。

② 在李天元教授后来出版的经典教科书《旅游学》(2011年第三版)中对"旅游资源"的定义稍作了调整，认为："凡是能够造就对旅游者具有吸引力环境的自然事物、文化事物、社会事物或其他任何客观事物，都可构成旅游资源。"

论功力。

杨振之 1996 年在其专著《旅游资源开发》中提出:"所谓旅游资源,对旅游者来说,就是旅游目的地及有关旅游的一切服务和设施。"这一定义也代表了一类很有典型性的定义,将旅游资源看作是囊括了旅游目的地和旅游服务涵义的综合体。

谢彦君在其 1999 年出版的经典教科书《基础旅游学》中提出"旅游资源是指客观地存在于一定地域空间并因其所具有的审美和愉悦价值而使旅游者为之向往的自然存在、历史文化遗产或社会现象"[①]。这是一个逻辑缜密的高质量定义,体现了作者对旅游基础理论的独到见解。

在充分考虑了国内学者对旅游资源的概念界定的基础上,国家标准《旅游资源分类、调查与评价》(GB/T18972—2003)中给出了一个主流界定:"自然界和人类社会凡能对旅游者产生吸引力,可以为旅游业开发利用,并可产生经济效益、社会效益和环境效益的各种事物和因素"。这一国家规范性质的技术性定义在旅游资源实务操作中具有重要的意义。

值得关注的是,尽管上述学者提出了具有代表性的旅游资源概念,但这些旅游资源的内涵与边界却不尽相同,部分定义的涵盖范围相互交织,极个别呈现了包含与被包含的关系。也就是说,时至今日,国内外学者尚未对旅游资源的概念达成一致意见。倘若不能提出令人信服的旅游资源概念,任何旅游资源相关的理论和实证研究都显得缺少点什么。

(二)旅游资源概念的试界定——基于核心特征的概念建构

那么,究竟如何公允而又不失准确地定义旅游资源呢?笔者力图从旅游资源的质的规定性入手展开探讨,以避免其概念界定的偏差与泛化,不求获得突破性进展,只期能为旅游资源基础理论研究添砖加瓦。

首先,旅游资源作为旅游活动的对象物,可以因非旅游目的而客观存在,也可以伴随着旅游产业的产生而产生。旅游资源中的自然存在和人文遗产是先于旅游业而客观实在的自然和人文因素,其含有除旅游价值外的一种或多种价值。换言之,在旅游业出现之前,这些自然存在和人文遗产都是客观存在的,能够归属于非旅游的类别,只是由于人们价值观的变迁而在一定历史时期被归类到旅游资源中。而旅游资源中的人工创造物则是人们

[①] 之后,谢彦君教授在该著作的 2011 年第三版中对"旅游资源"的定义稍作了调整,认为:"旅游资源是指先于旅游而客观地存在于一定地域空间并因其对潜在旅游者所具有的休闲体验价值而可供旅游产业加以开发的潜在财富形态。"

为了满足旅游者游憩需求而自造出来的。无论是地文景观、水域风光,还是遗址遗迹、建筑园林、主题公园,都是物质的。就算是社会风俗、礼仪、节庆等看似无形的文化遗产,也产生于物质基础,并依附于物质基础而存在。旅游资源的这一特征是从客观存在的角度去认识的,故笔者将这一特征称为旅游资源的客观实在特征。

其次,旅游资源必须对于潜在或现实的旅游者具有吸引力。亦即旅游资源凭借其外在形态和内含特征能够对旅游者产生某种吸引力,能激发其产生旅游动机。如果对潜在或现实的旅游者不具有这种吸引力的任何资源形式都无法称之为旅游资源。旅游资源作为旅游客体,与旅游者这一旅游主体之间的关系紧密相连,无法离开一方而定义另一方。西方旅游学者将"旅游吸引物"作为"旅游资源"的替代物,足以说明对旅游者具有吸引力是界定某一资源能否成为旅游资源的前提条件。旅游资源的这一特征是从需求的角度去认识的,故笔者将这一特征称之为旅游资源的需求特征。

最后,旅游资源可供旅游业开发利用。旅游资源到底能否被旅游业加以开发利用,是国内学者在界定旅游资源的概念时的争论热点,其观点大致能够分为两方:一方声称不应该将"能被旅游业加以开发利用"作为界定旅游资源的前提条件,因为这样显然是将旅游资源理解成了作为生产要素的"旅游业资源"(李天元,2011,等);另一方声称旅游资源能为旅游业加以开发利用,并产生三大效益(GB/T 17775—2003,等)。笔者认为旅游资源可供旅游业加以开发,但不是所有的旅游资源都能产生现实的经济效益、社会效益与环境效益。原因如下:旅游资源的存在状态包含潜在的待开发的状态和部分已开发但未完全开发的状态。潜在的待开发的旅游资源是处于本真状态的旅游资源,尚未经过人们的开发而转变为资源依托型旅游产品,在这一情形下,该类潜在旅游资源不一定都会产生现实的经济效益、社会效益与环境效益,可能只具有潜在的经济效益、社会效益或环境效益。旅游资源的这一特征是从供给的角度去认识的,故笔者将这一特征称为旅游资源的供给特征。

按照上述对于旅游资源的客观实在特征、需求特征、供给特征的精准刻画,笔者对旅游资源的概念性定义界定如下:

旅游资源是指客观实在地对潜在的或现实的旅游者具有吸引力且可供旅游业开发利用的自然存在、人文遗产与人工创造物。

(三)旅游资源类型的再划分——基于资源权属的内涵解构

基于不同的视角可以对旅游资源进行不同的分类。按旅游资源的成因划分,可分为自然、人文与人工旅游资源;按旅游资源的游憩方式划分,可分为观光型、度假型、求知型、探险型旅游资源等;按旅游资源的本体质量等级划分,可分为世界级、国家级、省级、市级旅游资源等。

为了更加清晰地展现旅游资源的具体存在形式,笔者在应用较广的国标《旅游资源分类、调查与评价》的基础上小幅修正了旅游资源分类,删去了"G 旅游商品",因为笔者认为"G 旅游商品"(基本等同于旅游纪念品)是伴随着旅游活动而出现的,属于旅游产品,但不属于旅游资源;也删去了"FB 单体活动场馆",因为笔者认为体育健身场馆、歌舞游乐场馆等单体活动场馆既不属于自然存在也不属于人文遗产或主题公园,充其量最多算作旅游吸引物①,而不属于旅游资源。修正后的旅游资源分类表能够符合笔者界定的旅游资源的概念性定义。

尚须言明的是,基于资源权属旅游资源可划分为公共旅游资源、准公共旅游资源和经营性旅游资源。

公共旅游资源是指社会上每一旅游者都能够消费,且不能排斥或影响其他旅游者对其消费的旅游资源,其具有非排他性和非竞争性。所谓非排他性,即每一旅游者都能够无偿观光游览公共旅游资源,任一旅游者无法排斥其他旅游者共同游览公共旅游资源。所谓非竞争性,包含边际供给成本为零和边际拥挤成本为零两个层面。第一层面意味着,拥有公共旅游资源的景区每增加一位旅游者的供给成本为零,经营者一般不会因为旅游者增加而增加相应支出。这里隐含的信息是,边际供给成本为零的公共旅游资源一定是不易损坏的,否则随着旅游者的增多,公共景区必定会增加边际供给成本。第二层面意味着,公共景区的旅游者人数总是保持在一定的适宜水平上,每个旅游者的游览旅游资源的游憩活动不会影响其他旅游者的游憩活动质量。这里隐含的信息是,边际供给成本为零的公共旅游资源的品味度或者吸引力有限,总是能够维持适中的持续旅游流。试想如果某公共旅游资源的品味度或者吸引力很大,那么公共景区内的旅游者数量一定会超过景区的承载力,造成一定程度的拥挤现象。

与公共旅游资源相对应,准公共旅游资源具有竞争性与排他性的其中之一。一方面,具有竞争性和非排他性的准公共旅游资源意味着拥有该旅

---

① 只要能够反映当地社会、经济、文化的独特的景物或特有的风貌,具有一定的美感和欣赏性,具备交通的可达性和旅游接待能力,能对旅游者产生吸引力,都有可能成为"旅游吸引物"(林壁属,2009)。

游资源的公共景区一般不收门票,这样就能使广大旅游者共同无偿游览该旅游资源。而且该景区的边际供给成本或边际拥挤成本至少有一个不为零。另一方面,具有排他性和非竞争性的准公共旅游资源意味着拥有该旅游资源的公共景区一般收取高额门票,使得购票旅游者能够排斥未购票旅游者游览该旅游资源,而且较高价格的门票控制了景区的旅游者人数,使得景区内不会出现拥挤现象。

而经营性旅游资源则是指同时具有排他性和竞争性的旅游资源,其一般具有产权界定清晰且产权可分割转让的特性。经营性旅游资源具有排他性,意味着拥有该资源的景区能够收取一定费用的门票。经营性旅游资源具有竞争性,说明该景区的边际供给成本或边际拥挤成本至少有一个不为零。换言之,该经营性旅游资源或者边际保护费用较高,或者对旅游者吸引力较大而增加了边际拥挤成本。

三、旅游资源游憩价值的理论内涵廓清

(一)游憩内涵的理论剖析

游憩(recreation)的释义是"劳累工作后力量和精神的恢复和振作;获得娱乐和消遣的手段"(薛莹,田银生,2007)。将"游憩"对应于"recreation"是源于《雅典宪章》的中译。在《雅典宪章》中,游憩与工作、居住、交通被列为城市四项功能(薛莹,田银生,2007)。

在国内旅游学术界,"游憩"被认为与"休闲"一样,也是一个"公说公有理、婆说婆有理"的内涵难以界定清晰的概念。Stockdale(1989)提出了一个具有代表性的观点,就是由"休闲"和"游憩"拼成"休闲游憩",原因是这两个词汇既有联系又有区别,且组合在一起时更便于表达学者想要表达的观点,具有相辅相成的作用。具体而言,就研究范围视角而言,休闲研究不仅研究活动,而且研究时间和人们对待时间、闲暇活动的态度;游憩研究则主要涉及活动和设施,具有规划的含义(Burdge,1989)。就时间维度视角而言,"游憩"是个缺乏时间维度的概念,"休闲"突出了时间维度。就空间维度视角而言,"休闲"和"游憩"的活动载体不同,"游憩"的活动载体更专业化一些,而"休闲"的活动载体则更多元、更宽泛一些。

国外学者 Smith(1992)在其经典专著 *Recreation Geography* 中提出游憩指一组特别的可观测的土地利用,或者是一套逐项列出的活动节目单,或指旅游、娱乐、运动、游戏以及某种程度上的文化等现象。国内学者吴承照(1998)基于游憩主要特征认为游憩已成为生活必要组成部分,其具备一定

道德标准并需借助外在载体,是一种非强制性的、活动形式多样的、多元共融性的状态、过程和体验。保继刚和楚义芳(1999)在其经典教材《旅游地理学》中提出游憩是指人们在闲暇时间所进行可以恢复人的体力和精力的各种活动。此外,黄羊山(2000)、俞晟(2003)、肖星等(2004)等都在其著作或论文中提出了游憩的概念。尽管上述定义的表述各不相同,但就本质而言,它们都包含闲暇时间、活动空间、满足自我、休闲活动这四个方面,仅仅在活动范围上观点不一。

综上所述,本书对游憩的概念性界定为:个人在其闲暇时间内,在一定的地域空间从事的以放松身心为目的的合法的户外休闲活动。

(二)旅游资源游憩价值的理论内涵建构

国内外学者对于"游憩价值"的概念界定还未形成一致意见,Liston &Hyes(1999)的"游憩价值是指由旅游资源环境提供的,集经济、生态和社会效益为一体的综合效益"这一定义在国内外的应用率相对较高。但这一定义没有体现出"游憩",且在旅游资源游憩价值的评估方面难以具备可操作性,因此本书结合"游憩"与"价值"两方面对旅游资源的"游憩价值"进行再界定。

诚然,游憩价值隶属于价值的范畴,其具有价值的基本属性,只是在"价值"前多了"游憩"这个限定条件。既然"价值是指在特定历史条件下,事物的客观属性对人产生的效应或作用以及人对其的评价",那么结合上文界定的"游憩"和"旅游资源"的定义,沿着集成式、综合式的研究思路,笔者对旅游资源游憩价值的概念性定义界定如下:

旅游资源游憩价值就是景区依托旅游资源提供给旅游者以放松身心为目的的休闲活动而产生的货币化效用。

这个概念性定义包含两个相互联系的方面:一是依托旅游资源的景区的存在对旅游者的作用或意义,即供旅游者从事游憩活动;二是旅游者对依托旅游资源的景区的效用的评价,即旅游者认为依托旅游资源的景区在为其提供游憩服务方面起到了多大的作用,亦即旅游者觉得在依托旅游资源的景区进行游憩活动获得了多少"福利"。简而言之,旅游资源游憩价值主要是指景区通过旅游产品和服务直接满足旅游者游憩需求的货币化福利,主要包括景区直接满足旅游者游憩活动需要的休闲娱乐、美学欣赏等各种功能或效用的价值。

值得注意的是,旅游资源游憩价值在被获取的同时就被实现了,即旅游资源游憩价值是以有旅游者在该处进行游憩活动来实现的,就那些潜在的旅游者而言,景区只具有潜在的而非现实的旅游资源游憩价值。本书要评估的旅游资源游憩价值是指现实的游憩价值,而不包括潜在的游憩价值,是景区的整体旅游资源对旅游者这个集体产生的整体游憩价值。在作用时期方面,旅游资源游憩价值是现阶段(一般为一年)的景区旅游资源对于旅游者的游憩价值现值,而不是过去几年的游憩价值历史值或未来几年的游憩价值未来值。

由于旅游资源大多为国家所有而不能直接买卖旅游资源本体,所以旅游资源属于不具有市场直接交易价格的准公共物品,难以用经济学的市场价格方法来直接衡量其经济价值的大小。但是,随着西方经济学理论的发展,国外学者最先引入效用价值论和福利经济学理论,探讨旅游资源与环境带给旅游者的福利,并通过旅游者的偏好程度将这种福利货币化,便能够评估出旅游资源游憩价值。而且,随着旅游资源游憩价值评估研究的深入,国外学者又陆续提出基于旅游者的旅行成本和消费者剩余或者旅游者的支付意愿评估得出旅游资源游憩价值。因此,借助福利计量理论,用揭示偏好法(如旅行费用法)、陈述偏好法(如条件价值法)能够将可间接在市场上交易的旅游资源游憩价值赋予货币化计量。

四、旅游资源经营权价值的理论内涵廓清

尽管已经有学者开始使用景区"旅游资源产权/经营权"一词,但至今鲜有文献客观准确地界定旅游资源经营权概念。笔者拟基于特许经营理论、物权法原理和 G—H—M 财产权理论(又称不完全合同理论)的研究视角来厘清旅游资源经营权的内涵、特征与内容。

(一)旅游资源经营权的理论内涵廓清

1. 特许经营视角下旅游资源经营权的内涵

旅游资源经营权以经营者的申请为前提,通过所有权人特许,取得对特定范围旅游资源进行开发利用的权利。旅游资源经营权在权利来源、法律权能、行使方式等方面与市政公用事业特许经营权、商业特许经营权、采矿权等具有显著的区别,但在授权形式、产权性质、竞争机制、价值评估方法等方面又与上述三种特许经营权具有相似的地方。

首先,旅游资源经营权与市政公用事业特许经营权在授权形式、产权性质、竞争机制上具有相似的地方。第一,两者都是政府相关部门负责本行政区域内的特许经营活动的指导和监督工作。第二,两者都是政府相关部门与经营者之间签订法律合约以明确双方的权利和义务。第三，两者都通过市场竞争机制选择旅游资源或者市政公用事业的经营者。不过，旅游资源经营权与市政公用事业特许经营权在权利来源上具有明显差异。前者的产权附着物是旅游资源，其源于旅游资源所有权的占有、使用、收益权能；后者的产权附着物是城市供水、供气、供热等市政公用事业产品或服务，其源于国家的行政管理权力。

其次，旅游资源经营权与商业特许经营权在权利来源上具有相似的地方。旅游资源经营权源于旅游资源所有权的占有、使用、收益权能，其没有事实处分权能，亦即获得旅游资源经营权的经营者不具有对旅游资源依法予以处置的权利；商业特许经营权源于企业知识产权的占有、使用、收益权能，也没有处分权能。不过，旅游资源经营权与商业特许经营权在行使方式上具有显著区别。前者的产权附着物（旅游资源）是有形资产；后者的产权附着物是注册商标、企业标志、专利、专有技术等无形资产。旅游资源经营的类型主要是单体特许；而商业特许经营的类型则包括单体特许、区域开发特许、二级特许、代理特许等。

最后，旅游资源经营权与采矿权等特许经营权在价值评估方法上具有相似的地方。两者的预期净收益和资本化率都能用货币计量，而且特许期限也在事前确定，所以两者都能用收益还原法——亦即将被评估资产在特许期内的预期净收益按照资本化率折算成现值——来评估其经济价值。不过，旅游资源经营权与采矿权等特许经营权在权利来源与行使方式上差异显著。后者的产权附着物是矿产资源，其权能包括占有、使用、收益与一定的处分权能。也就是说，旅游资源经营权人不能处置旅游资源本体，而采矿权的行使，必须对矿产进行加工与消耗，具有一定的处分权能。

2. 物权法视角下旅游资源经营权的内涵

旅游资源经营权是指自然人或法人通过给付对价取得的所有者让渡的旅游资源的用益物权。就其法律性质来讲，是一种无形的、独立的财产权，主要涵盖占有、使用、收益这三项权能。

旅游资源经营权的占有权能是用益物权中最具所有权特征的权能。其主要经济意义是，允许用益物权人拒绝不支付对价的人使用其经营性资产，而这就使得用益物权人能够获得并保有经营性资产的占有收益。旅游资源经营权的占有权能是旅游资源使用的决定权和排他性权利，占有权能体现在对旅游资源的实际管领和控制，所以这一权能最具所有权特征。

旅游资源经营权的使用权能是经营性使用旅游资源的权利，亦即按照其性能和用途,对其加以利用,以满足生产经营需要。旅游资源经营权的使用权能系对旅游资源的具体利用,本质上是实现旅游资源的使用价值,故使用权能是一种事实上的权能。旅游资源经营权的使用权能主要是经营性使用权能,即以营利为目的而使用旅游资源,以有利于经营权人的效用最大化或收益最大化目标。

旅游资源经营权的收益权能是经营性使用旅游资源过程中而产生的或有经济利益的权利。用益性是经营权的基本属性,旅游资源实现的收益是其产权的综合收益。在旅游资源所有权、经营权、管理权分属不同主体所有时,旅游资源收益理应在各主体之间按照某公允方式进行分配。在旅游资源所有权、经营权、管理权都归属同一主体时,旅游资源收益归该主体享有。

3.G－H－M 财产权理论视角下旅游资源经营权的内涵

更进一步地,根据 G－H－M 财产权理论,合同总是不完全的,因此合同权利实际上包含了特定权利和剩余权利两种。如果旅游开发商获得的仅仅是合同列明的有限的特定权利,一旦合同中未列明事项出现时,没有列明的剩余权利的控制权不归其所有,那么,不足以让其有足够的产权激励作长期打算,也就难以兼顾资源的保护与合理利用。因为合同未列明的不确定情况究竟是什么、有多少,是未知数,在合同中完全列明不可能或即使可能也会因为成本太高而放弃的情况下,不确定情况是否会出现、何时出现也是未知数。因此,首先应明确的是,旅游投资商获得的旅游资源经营权实际上成了一种不确定的权利,仅有列明的几项特定权利是远远不够的。

旅游开发商获得的旅游资源经营权实质上是旅游资源所有者让渡的部分的剩余控制权和剩余索取权,如果一定要与物权理论相对应的话,剩余控制权对应物权中的占有权和使用权,剩余索取权对应物权中的收益权,经营权(剩余控制权和剩余索取权)对应物权中的用益物权。由于产权(剩余控制权)的可分割、可让渡性,旅游资源产权所有者可以把部分的剩余控制权留给自己(例如选择景区经营者的权利,在经营者未按规定的要求保护资源并合理开发时,收回让渡给经营者的合同权利,制定约束合同的权利等);而把部分剩余控制权(主要是生产性使用权,也是资源产权束中的一项产权)让渡给经营者,让渡的这部分剩余控制权进入旅游开发企业后,成为旅游开发企业的资源经营权。

在 G－H－M 的财产权理论(又称不完全合同理论)观照下,旅游资源经营权是指旅游资源要素的不完全合约中经营者给付对价取得的所有者让渡的剩余控制权与剩余索取权。其中,剩余控制权是指决定旅游资源除最初合同所限定的特定用途以外如何被使用的权利；剩余索取权是指景区营业收入减去合同规定的成本费用后的未分配净利润的要求权。当剩余控制权与剩余索取权相对应时，旅游资源产权激励有效；反之，旅游资源产权是缺乏效率的。

4. 旅游资源经营权、所有权、产权之间的相互关系

经济学上产权和所有权是两个不同的概念。经典文献对产权有多种定义，但基本的含义就是可做什么或不可做什么的权利的集合，是通过物表现出来的人与人之间的关系；而所有权则是从物权的角度，确立其法律上的归属，表现为人对物的关系，只有被公众或法院等第三方认可的产权才可称之为所有权。产权所有者拥有的是别人允许其以产权确定的方式行事的权利，这种权利通常受到社会保护而免受干扰。因此，经营权与所有权相分离，是指产权所有者将产权中包含的使用资源的权利让渡出来，对所有者而言，让渡的是部分的产权，但对受让者而言，却是获得了这项权利的全部排他性产权。

旅游资源经营权是由所有权派生的用益物权。但在经营权流转的过程中可能包含合同债权性质，例如旅游资源经营权的租赁等。旅游资源经营权包含占有权能、使用权能和收益权能，不包含所有权中的处分权能。而且，在景区经营权出让的背景下，旅游资源经营权还具有期限性、有偿性、从属性与附条件性。期限性即旅游资源经营权一般都有一个出让期限（一般为30～40年）。有偿性即受让人理应支付对价以获得出让人让渡的旅游资源经营权。从属性即经营权、是从旅游资源所有权的基础上剥离出的占有权、使用权与收益权的用益物权，从属于所有权。附条件性即旅游资源经营权出让合同中一般都附有一定条件。

旅游资源经营权的主要特征包括：第一，包含占有、使用、收益、处分四大权能的所有权的前三项权能往往能够分离。而旅游资源经营权主要包含占有、使用、收益三大权能，这三者一般不进行分离。第二，旅游资源经营权的实质是用益物权，亦即占有权和使用权是经营权的主要权能，如果缺了其中一项权能就算不上拥有经营权。而旅游资源所有者却不一定要占有、使用旅游资源。第三，旅游资源经营权包含收益权能，在经营性使用旅游资源过程中一般能为经营者带来预期收益或现金流。而这一情形却不一定在所有权人的权利行使过程中出现。获得控制权私有利益是经营者行使旅游资源经营权的要义所在，而这不一定是所有权人行使所有权的目的所在。

（二）旅游资源经营权价值的理论内涵

　　旅游资源具有稀缺性，旅游开发商在获得旅游资源经营权的过程中需要向旅游资源所有权人支付对价。就旅游开发商而言，先支付旅游资源经营权出让费，再通过经营性开发旅游资源在经营期内获得净收益；就旅游资源所有权人而言，主要是通过出让旅游资源经营权而获得出让金和资源补偿费来体现。在景区经营权出让的背景下，旅游资源经营权价值是"权"的价值，是经营者利用景区的旅游资源开发旅游产品的权利，其实质是一种在旅游资源所有权基础上设立的包含占有权能、使用权能、收益权能的用益物权（林璧属等，2013）。从价值属性看，旅游资源经营权是一种能够在经营权期限内持续获取预期收益的无形资产。所以，旅游资源经营权价值就是资本化景区旅游资源开发权利的货币化衡量。

　　旅游资源经营权价值是在某时间段内持有景区旅游资源的占有权能、使用权能、收益权能所构成的价值关系的货币衡量，可以认为是在经营期内新创的预期收益的现值总额。旅游资源经营权价值评估是立足于旅游资源区别于其他资源的特性，运用适宜的资产评估法对旅游资源经营权这一无形资产的现时价格进行准确测算，其目的是为了确保旅游资源的各产权人的权益不受损害并有效保护与管理旅游资源。

　　从市场层面上看，景区旅游资源的开发前提是需要旅游开发商投入一定的资金或投资成本，并且旅游开发商需要对景区的各相似或互补的旅游资源进行整合，还需要对景区治理模式、运营模式或营销模式进行创新性的调整或重构，提升景区核心竞争优势，使得景区在特许经营期限内能够获得更多的旅游净收益。也就是说，旅游开发商在支付经营权出让金获得景区经营权后，需要对旅游资源进行经营性开发，将其转化为能够货币化计量并产生溢价效应的旅游资源资产，并通过财务核算开发投入和旅游产品收益而体现出经营权价值。就旅游开发与投资的过程而言，景区投资成本和相关费用支出主要发生在景区开发初期，旅游开发商在承担了一定的市场和行业风险的前提下投资开发旅游资源是为了在开发中后期的旅游产品市场竞争中提高景区影响力。旅游资源净收益主要出现在旅游资源初次开发中后期，并伴随着整个旅游资源特许经营过程，将这一净收益折现为旅游资源经营权的现值，即为旅游资源经营权产生的市场预期收益的经济价值，是可以直接在旅游市场交易的价值，其对旅游资源和旅游者的价值关系进行了货币化衡量。

因此,按照旅游资源物品的价值与旅游市场的关联程度,旅游资源经济价值可分为两个层面,可直接在旅游市场交易的价值——旅游资源经营权价值、可间接在旅游市场交易的价值——旅游资源游憩价值。不可直接或间接在旅游市场交易的价值则称为旅游资源非经济价值。我们将旅游资源经济价值界定为:旅游资源在市场化条件下能够满足旅游市场主体效用的货币衡量。

第二节　旅游资源经济价值的形成机理

揭示旅游资源经济价值的形成机理对于深刻理解旅游资源经济价值的内在层次结构、影响因素、评估机理等各方面都具有非常重要的理论和现实作用。然而,由于旅游资源经济价值的内在形成机理的复杂性,国内外尚未有学者专文探究这一旅游资源价值理论建构中的关键科学问题。究竟哪些因素或特征的变动对于旅游资源经济价值的形成起到了重要的作用? 笔者认为,为了揭示旅游资源游憩价值和经营权价值的形成机理,需要捕捉出旅游资源游憩价值和经营权价值的本质和内涵,避免在形成机理刻画中出现偏差与泛化,捕捉到形成机理的质的规定性。

一、旅游资源游憩价值的形成机理

(一)旅游资源游憩使用价值的变动形成游憩效用价值

旅游资源是旅游活动的客体和对象,其具有美学价值(自然美或人文美感、独特性、新奇性等艺术特征)、文化价值(反映风土人情、传统习俗、历史古迹、民族特色等方面的功能)、科学价值(在体现自然、社会的发展历程和客观规律等方面的学术、研究、科考价值)等多方面的使用价值,会显著影响对旅游者的吸引力或效用。而且,旅游资源自身所具备的丰度、品味度、知名度、集聚度、可替代程度等禀赋特征都会对旅游者的吸引程度和效用产生影响。此外,不管旅游资源处在什么样的阶段,开发成熟、初步开发抑或是未开发,都能够给旅游者提供游憩功能和效用。因此,旅游资源游憩使用价值的变动形成游憩效用价值,最终影响景区整体游憩价值。

(二)旅游资源稀缺性状况变动形成稀缺性价值

旅游资源一般具有自然美或人文美等艺术特征,能够作为反映文化、风土人情、传统习俗等的物质载体,也能在一定程度上体现自然、社会、思维等方面的客观规律。随着旅游者的认知和实践能力的不断变迁,其游憩需求和审美标准不断提高,越来越多消费者想要体验异地不同文化习俗下的游憩资源或环境。旅游资源量的固定性与消费者不断攀升的游憩需求造成了第一个层面的旅游资源稀缺性——整体稀缺性。进一步地,不同旅游地的旅游资源的丰富程度不同,品味度有高低,为旅游者所认可的程度、广度、深度有差异,地理区域集中程度不同,独特性与奇异性不同,这就造成了高丰度、高品味度、高知名度、高集聚度、弱可替代性的旅游资源的局部稀缺性,亦即第二个层面的旅游资源稀缺性。

稀缺性资源租金是对资源相对稀缺的补偿,其产生源于旅游资源供给不变而旅游资源需求增加,以致资源稀缺性增强,资源价格上升。首先,景区内的旅游资源是稀缺的,无论其品质与开发条件的优劣,开发商在获得旅游资源经营权时都必须交纳使用稀缺性资源的基本租金,即稀缺性租金。稀缺性租金即霍特林租金,是在长期均衡中由于固定供给或成本提高而获取的生产者剩余(泰坦伯格,2003),其表现形式就是使用者成本。从其价值属性看,即现在开发的旅游资源量导致未来利润减少量的折现值。

(三)旅游资源禀赋和投资级差性状况变动形成级差性价值

租金最早表现为土地的租金——即地租(卢福财,胡平波,2006)。1662年,威廉·配第(William Petty)在其《赋税论》中首次提出地租是总收益减去其他生产成本的剩余。紧接着,亚当·斯密在《国富论》(1776)中从供给和需求两方面阐释了地租的剩余理论。其后,大卫·李嘉图(David Ricardo)在其《政治经济学及赋税原理》(1817)中归纳了地租的剩余理论的两大原理:级差原理和边际原理。马克思则在此基础上形成了较为完整的地租理论,分析了农业地租形成的本质原因和变动的一般规律,区分了绝对地租、级差地租和垄断地租等三种形式的地租,并进一步将级差地租分为级差地租Ⅰ和级差地租Ⅱ。

在景区土地出让过程中,土地所有权人让渡土地使用权以获得土地出让收益,开发商在受让此用益物权时需要向土地产权人支付土地租金。由此推知,土地出让收益的实质是土地租金,是开发商为了取得土地使用权必须缴给所有权人超过平均利润以上的那部分剩余价值。土地出让收益的形成机理即为土地租金的形成机理。土地租金的构成可分为三个部分:第一部分来源于土地所有权的垄断,即绝对地租;第二部分源于土地丰度和区位条件差异,即级差地租Ⅰ(区位租);第三部分源于同一地块连续地直接与间接投资的劳动生产率差异,即级差地租Ⅱ(投资租)。

旅游资源与农地具有相似的特征,一方面由于丰度、集聚度、品味度、地理区位、开采条件、区域社会经济条件等因素的存在,其开发成本有高有低,从而形成旅游资源的级差性价值(李国平,李恒炜,2011)。换言之,旅游资源赋存条件的不同会导致旅游资源品质、开发条件的差异,这就形成了旅游资源的禀赋级差性价值,即级差性租金Ⅰ。

另一方面,旅游开发者采用不同的旅游资源开发方案会导致效率和开发成本的差异,这就形成了投资级差性租金,即级差性租金Ⅱ。因此,旅游资源租金包含对旅游资源的稀缺性、级差性的经济补偿,形成稀缺性租金、禀赋级差性租金和投资级差性租金。

综上所述,在探究旅游资源游憩价值的质的规定性的基础上,笔者凝练出其三大价值形成机制:一是通过游憩使用价值的变动形成游憩效用价值;二是通过稀缺性状况变动形成稀缺性价值;三是通过旅游资源禀赋级差性和投资级差性状况变动形成级差性价值。旅游资源的游憩效用价值、稀缺性价值和级差性价值组合在一起构成了旅游资源游憩价值。

二、旅游资源经营权价值的形成机理

旅游资源经营权价值就是开发商凭借旅游资源经营权能够在未来一段时期获取的预期收益现值的总和。租金理论为这种经营权预期收益现值的形成机理的剖析提供了坚实的学术基础。租金最基本含义为具有有限供给特点的资源所产生的超平均收益(Schoemaker,1990)。租金最早表现为土地的租金——即地租。地租理论缘起于威廉·配第(1662)和亚当·斯密(1776)的开创性研究,在李嘉图的《经济学原理》(1817)中得到归纳总结,并在马克思的《资本论·第三卷》(1894)中得到系统化。随后,土地租金的概念被拓展到资源要素的租金,霍特林首先提出资源的稀缺性租金概念,即资源的边际使用者成本(Hotelling,1931),并由 Levhari & Liviatan(1977)、Hartwick(1982)进一步提出资源的级差性租金。近年来,租金概念逐步扩展到企业领域,被定义为超出使用投入要素最低水平的收益,即企业经济租金,其在完全竞争的静态经济中企业不能获得。只有那些依靠创新、承担风险和具有垄断势力的企业,在不完全竞争动态经济中获取租金。企业经济租金主要包括四种类型(Teece et al.,1997):一是凭借企业有价值、稀缺和不可替代的异质性资源而产生的李嘉图租金(Barney,1986;Conner,1991);二是依靠企业家创新能力而产生的熊彼特租金;三是由企业内部知识和能力的积累而产生的彭罗斯租金(Makadok,2001);四是基于受到保护的市场力量而产生的垄断租金(Teece et al.,1997)。租金概念的扩展能够更清晰地界定景区经营权出让下旅游资源经营权的预期收益。不同类型的租金形式,可以说明旅游资源经营权的预期收益产生所凭借内外条件的独特性,把资源禀赋特征、开发商的整合治理能力、经营权出让市场结构与经营权预期收益的关系予以精确刻画,进而深刻揭示旅游资源经营权价值的形成机理。

（一）经营权价值形成来源之旅游开发商的独特资源要素——李嘉图租金

景区旅游资源拥有价值性、稀缺性、不可移动性和难以替代性。旅游开发商在进行旅游资源经营权交易前,首先要收集多个备选目标景区的旅游资源信息并对各旅游资源开发经营的未来预期收益进行预测、比较与分析,判断开发经营哪些资源形成高额投资收益的概率较大,哪些资源的投资利用伴随着较高的亏损风险。更进一步地,旅游开发商的旅游资源开发经营可行性研判在时间上要早于其他竞争对手,在精确度上要高于其他竞争对手。这样,旅游开发商才能在旅游资源经营权出让市场上有优异的表现,先于竞争者且高效率地获得景区稀缺性旅游资源。按照李嘉图的逻辑,旅游开发商通过对景区稀缺性旅游资源的选取,并在经营权出让过程中获得这些资源后,能够获得超出其他景区平均水平收益,即形成了李嘉图租金。旅游资源能否为旅游开发商创造出李嘉图租金,其关键在于旅游开发商获得和使用这些资源的成本是否低于其未来产生收益的贴现值。由此可知,李嘉图租金产生于旅游开发商获取稀缺性旅游资源之前,旅游开发商拥有的旅游资源甄别与获取技能是李嘉图租金的来源。

（二）经营权价值形成来源之旅游开发商的动态创新能力——熊彼特租金和彭罗斯租金

在获得了旅游资源经营权之后,开发商需要将这些资源进行创新性投资开发以使其产生最大预期收益。在此过程中,旅游开发商将面临不确定性很高的旅游资源投资开发结果,这就需要旅游企业家具有勇于承担风险的精神,对原有景区经营模式和组织架构进行创新和变革,通过对景区行业和产品市场的敏锐洞察力发现和识别有发展前景的市场机会,投资开发出新型旅游产品以满足市场需求,并创新营销模式以提高自然景区接待游客数。这种在不确定环境下,由于旅游开发商的企业家远见、风险承担和创新能力产生的景区旅游资源经营收益的过程就形成了熊彼特租金。更深一层地,当我们剖析旅游开发商的动态能力来源时,我们发现,旅游开发商实际上是一个知识系统,其景区开发运营活动实质上都是显性知识和隐性知识的获取、转移、共享和运用的过程,这种根植于旅游开发商中的内部独特性知识和能力而实现景区旅游资源最优投资开发配置的过程会形成彭罗斯租金。

（三）经营权价值形成来源之经营权出让期内的垄断经营性——垄断租金

一方面,在经营权出让期内,其他旅游投资企业无法竞争该旅游资源经营权流转,即经营权出让市场存在很高的进入壁垒,潜在投资商无法进入该市场与作为经营权受让人的旅游开发商进行竞争,这一进入壁垒会使旅游开发商拥有较强的市场势力,因而形成了垄断租金。另一方面,旅游开发商如果凭借其独特而又不可模仿的旅游产品和市场定位,在旅游消费市场中占据了较好的竞争地位,即相对于现有竞争景区在旅游产品市场上存在竞争优势,这种竞争优势也会形成垄断租金。

综上所述,笔者基于租金理论把旅游资源禀赋特征、旅游开发商的资源整合能力、旅游经营权出让市场结构与旅游资源经营权的预期收益的关系予以精确刻画,进而深刻揭示旅游资源经营权价值的形成机理。其价值形成机制有三个:一是通过旅游开发商的独特资源要素形成了李嘉图租金;二是通过旅游开发商的动态创新能力形成了熊彼特租金和彭罗斯租金;三是通过经营权出让期内的垄断经营性形成了垄断租金。李嘉图租金、熊彼特租金、彭罗斯租金、垄断租金组合在一起构成了旅游资源经营权价值。

第三节　旅游资源经济价值的影响要素

旅游资源经济价值包括旅游资源经营权价值（可直接在旅游市场交易的价值）和旅游资源游憩价值（可间接在旅游市场交易的价值）。分层揭示旅游资源经济价值的影响因素对于实现旅游资源游憩价值增值、科学评估旅游资源经营权价值具有重要的作用。

一、旅游资源游憩价值的影响要素

揭示旅游资源游憩价值的主要影响因素对于深刻理解游憩价值涵义、实现其价值增值都具有关键作用,但是国内外学者鲜有探究游憩价值的主要影响因素。沿着旅游资源游憩价值的内核"旅游资源本体"至外延"外部开发环境"的研究思路,并考虑到旅游经济学供求理论,笔者提出旅游资源游憩价值的影响因素主要包括旅游资源本体禀赋、旅游者的游憩需求和审美标准、旅游资源开发环境。

（一）旅游资源本体禀赋

旅游资源本体禀赋是旅游资源游憩价值的决定性因素,其包含两个层面。第一层面,旅游资源本体价值与功能,主要包括美学价值、社会文化价值、历史价值、科学价值等价值及其功能。旅游资源美学价值是指旅游资源本体的自然美或人文美等艺术特征对旅游者的货币化效用。旅游资源社会文化价值是指旅游资源本体在反映文化、风土人情、传统习俗、社会生活方面的功能对旅游者的货币化效用。旅游资源历史价值是指旅游资源本体在体现自然界和社会的发展历程方面的功能对旅游者的货币化效用。旅游资源科学价值是指旅游资源本体在体现自然、社会、思维等的客观规律方面的功能对旅游者的货币化效用。简而言之,旅游资源的各种内在价值是其内在特征或功能对消费者的货币化效用,其决定了旅游资源游憩价值。

第二层面,旅游资源的丰度、品味度、知名度、集聚度、可替代程度等禀赋特征。旅游资源的丰度是指景区旅游资源的富集和丰富程度,其存在形式包括绝对丰度、相对丰度等。旅游资源的品味度是指景区旅游资源的质量程度,一般用所在景区的等级来衡量,例如国家级景区的旅游资源品味度高于省市级景区的旅游资源品味度,AAAAA级景区品味度则高于AAAA级景区品味度。旅游资源的知名度是指旅游资源为旅游者所了解或认可的程度、广度和深度。旅游资源的集聚度是指同一类旅游资源在某地理区域高度集中的程度。旅游资源的可替代程度是指某一类旅游资源的独特性与奇异性能够被其他旅游资源替代的程度。简而言之,景区旅游资源的丰度、品味度、知名度越高,可替代程度越低,集聚度适中,则景区旅游资源游憩价值越高。

（二）旅游者的游憩需求和审美标准

不同年代,旅游者的游憩需求和审美标准不同,这会导致同一旅游资源在不同年代的游憩价值不同。具体而言,旅游者的游憩需求和审美标准是伴随着认知能力和实践能力的发展而逐步变迁的。由于景区的旅游者大多处于异地的不同文化习俗的生活环境下,旅游者游憩需求会潜移默化地受到家乡的人文环境因素的影响,进而影响其对不同人文习俗背景下的目的地旅游资源的游憩和审美评价。假设十年前,国内旅游者倾向于选择游览地文景观类旅游资源,这会增加拥有该类资源的景区的游憩者人数,进而增加该类景区旅游资源游憩价值;假设现在,国内旅游者改变了游憩需求和审美标准,更偏好游览水域风光类旅游资源,那么拥有此类资源的景区的旅游者人数就会明显增加,旅游资源游憩价值就会上升。但是在这十年间,地文景观类和水域风光类旅游资源本体可能没有发生改变,改变的仅仅是旅游者的游憩和审美标准罢了。简而言之,在不同年代,客源地居民对不同类型旅游资源的游憩需求和审美评价不同,就会产生如下情形:在其他条件不变时,景区同一旅游资源的游憩价值会随着旅游者游憩和审美标准的变动而差异显著。

（三）旅游资源开发环境

旅游资源所处的一系列开发环境直接影响旅游者的潜在和现实游憩需求,进而影响旅游资源游憩价值。旅游资源开发环境主要包括地理区位、开发条件、客源市场条件、区域社会经济条件四个方面。

旅游资源的地理区位条件主要指旅游资源所在地域的地理特征,主要包括地理距离、感知距离、所在区域的城镇等级、区域内交通条件等。地理距离是指旅游资源所在区域与主要旅游客源地的直线距离;感知距离是指旅游者基于克服物理距离所消耗的时间、资金和精力而感知到与目的地的距离,包括旅游客源地到旅游资源所在区域的交通时间花费与交通成本花费;所在区域的城镇等级是指旅游资源所在地是处于几线城市或县、镇、村;区域内交通便利程度是指旅游资源所在区域内的交通顺畅与便利程度。一般而言,地理距离越近,感知距离越少,所在区域的城镇等级越高,区域内交通条件越好,则说明该旅游资源的地理区位条件越好,其游憩价值一般会高于同等条件下地理区位条件一般的游憩价值。

旅游资源开发条件是指人们通过向旅游资源转移具体劳动和新创抽象劳动使之能够为旅游者所利用的对象的技术经济过程的支撑条件,主要包括环境质量、地质地貌、资源组合类型、景区容量等。景区环境质量是指旅游资源所在景区的环境整体或要素对于旅游者游憩的适宜程度,具体可由气候舒适度、空气质量、植被覆盖率等衡量。景区地质地貌包含地质条件和地貌条件两个方面,前者是指自然旅游资源的物质组成、结构、构造、发育历史等条件,后者是指由内外力地质作用对地壳综合作用而造成旅游资源所在景区区域表面各种地理形态。旅游资源组合类型指某旅游资源与邻近区域内其他相似性或互补性旅游资源的组合关系。组合关系多元且存在相似与互补交织关系的景区旅游资源具有较大的游憩价值。景区容量是指在某一时间间隔内旅游资源所在景区在不降低旅游者游憩质量前提下所能承载的最大游客量。一般而言,旅游资源所在景区的环境质量越高,景区地质地貌越具有历史性、独特性和奇异性,旅游资源组合类型越丰富多元,景区容量越大,则说明该旅游资源的开发条件越好,其游憩价值一般会高于同等条件下开发条件一般的旅游资源的游憩价值。

旅游客源市场条件是指到某景区进行旅游体验的客源地旅游者群体的综合水平,主要包括客源市场区位条件、客源市场规模、客源市场消费水平、客源市场增长水平等。客源市场区位条件是指旅游资源及其地理现象溢出能影响到的空间范围内的客源地旅游者群体的空间分布情况。一般而言,客源市场区位分布较均匀且随距离逐渐衰减则意味着景区客源市场区位条件较合理。客源市场规模是指到某景区进行旅游体验的客源地旅游者群体的规模。景区的客源市场越庞大,到景区游憩的旅游者人数就越多,则景区旅游资源游憩价值就越大。客源市场消费水平是指客源地旅游者群体在出游期间消费的旅游产品和服务的能力。景区客源市场旅游者的可自由支配收入越多,消费能力越强,则旅游者的旅行支出成本越高,进而景区旅游资源游憩价值就越大。客源市场增长水平是指到某景区进行旅游体验的客源地旅游者群体的规模和质量的增长速度。

旅游地社会经济水平是指旅游地在社会结构、经济效益、人口素质、生活质量方面的总水平,包括旅游地经济发展水平、社区居民生活水平、公共服务水平、基础设施水平。旅游地经济发展水平是指景区所在区域经济发展的规模、速度情况。旅游地经济发展水平越高,则与旅游相关的投融资等经济活动也越多,有助于提升旅游资源游憩价值。社区居民生活水平是指社区居民用以满足物质、文化生活需要的社会产品和劳务的消费程度。较高的社区居民生活水平能够一定程度上缓和可能出现的社区居民与旅游者的对立情绪,有利于营造和谐的景区所在地的社区环境,有助于实现旅游资源游憩价值。公共服务水平是指景区所在区域在教育、科技、文化、卫生、体育等公共事业方面的供给水平,基础设施水平是指景区所在区域在公路、铁路、通信、水电煤气等工程设施方面的供给水平,较高的旅游地公共服务水平和基础设施水平,能够与景区旅游资源提供的游憩服务形成相辅相成的和谐关系,进而提高景区旅游资源游憩价值。

二、旅游资源经营权价值的影响要素

揭示旅游资源经营权价值的主要影响因素对于科学评估旅游资源经营权价值具有重要的理论和现实意义,但是国内学者对旅游资源经营权价值的主要影响因素看法不一。综合考虑旅游资源经营权价值的标的物"旅游资源本体"和主流评估方法"收益法"的研究思路,笔者提出旅游资源经营权价值的影响因素主要包括旅游资源本体质量等级、景区预期旅游收益、景区资本化率、旅游资源经营权出让年数、景区开发条件、旅游资源经营权的法律规制与实际市场需求。

(一)旅游资源本体质量等级

旅游资源按本体质量等级划分,可分为世界级、国家级、省级、市级旅游资源等。其中,世界级旅游资源(世界自然、文化遗产等)是被联合国教科文组织和世界遗产委员会确认的具有突出意义和普遍价值的无可替代的罕见自然景观与文物古迹。国家级旅游资源(例如国家地质公园旅游资源)则由中国行政管理部门组织专家审定,由国土资源部等政府部门正式批准授牌。此外,旅游资源能反映重要自然或人文演进历程,具有原真性与代表性的,能够申请成为国家级或省级风景名胜区。而且,按旅游资源所在景区质量等级划分,可分为 AAAAA 级、AAAA 级、AAA 级、AA 级、A 级等 5 个等级。其是全国规范性标准化最高的景区质量等级评定体系。因此,旅游资源的本体质量等级能客观准确地反映其本体质量和稀缺程度,旅游资源是其经营权的标的物,因此旅游资源的本体质量等级是旅游资源经营权价值的关键影响因素。

(二)景区旅游资源预期收益

景区旅游资源预期收益也称为旅游资源期望收益,是指景区稳定发展前提下根据景区依托旅游资源实现的现有收益所预测未来一定时期内能获得的旅游收益。若用统计学术语表达,旅游资源期望收益就是景区未来经营期内各种可能的收益取值的加权平均数,主要取决于景区接待旅游者整体规模、消费水平和增长水平等。景区的客源市场越庞大,景区在可承载范围内接待的旅游者人数就越多,则景区旅游收益相应提高、旅游资源经营权价值增大。旅游者的可自由支配收入越多,在出游期间消费旅游产品和服务的能力越强,进而景区旅游收益越高、经营权价值越大。而且,到景区进行休闲愉悦体验的旅游者整体规模和消费水平的增长速度越快,景区旅游收益就越高,经营权价值也相应增加。

(三)景区资本化率

景区资本化率是经营者在投资风险一定的情况下对旅游资源投资所期望的回报率,亦即景区预期旅游净利润的资本化价值等于景区当前旅游资源经营权价值的贴现率(周春波,林璧属,2013)。资本化率是决定景区依托旅游资源产生的预期收益并折算成现值的"折现标准"。若景区资本化率较高,则景区依托旅游资源产生的预期收益折算而成的现值就较低;若景区资本化率较低,则景区依托旅游资源产生的预期收益折算而成的现值就较高。可见,旅游资源经营权价值与资本化率是内嵌的相互关系,景区资本化率是旅游资源经营权价值的关键影响因素。

(四)旅游资源经营权出让年数

旅游资源经营权出让年数是指景区旅游资源出让合同中所有者让渡给经营者的经营权的使用年数,主要取决于现有相关法律、法规与政策,一般不高于40年。合理公允的旅游资源经营权出让年数能够利于旅游资源所有者和经营者之间保持和谐的合作关系。过短的出让年数会降低旅游资源经营者的投资意愿,而过长的出让年数可能会导致旅游资源经营者攫取私有利益进而造成旅游资源所有者的利益损失。旅游资源经营权价值与经营权的出让年数是紧密关联的,出让年数越多,则依托旅游资源经营权进行收益的出让年数就越多,旅游资源经营权价值就越高。换言之,经营权出让年数是旅游资源经营权合同的内涵要义,是旅游资源经营权价值的关键影响因素。

(五)景区开发条件

景区开发条件是指人们通过向依托旅游资源的景区转移具体劳动和新创抽象劳动使之能够为旅游者所利用的对象的技术经济过程的支撑条件,主要包括景区地理区位、景区环境质量、旅游承载力、旅游资源组合类型、景区生命周期等。景区地理区位指景区所在地域的地理特征。景区环境质量是指景区的环境整体或要素对于旅游者游憩的适宜程度。景区旅游承载力是指在特定时间内景区在不破坏环境质量和不降低旅游者游憩质量前提下所能承载的最大游客量。旅游资源组合类型指景区内各相似性或互补性旅游资源的组合关系。如前文所述,景区地理区位、环境质量、旅游承载力、旅游资源组合类型越好,景区旅游资源经营权价值一般越高。景区生命周期是指景区发展过程中包含的探查、参与、发展、巩固、停滞和衰落或复苏等六个阶段。处于不同生命周期的景区的开发经营难度不同、增长性不同,因而旅游资源经营权价值也不同。

（六）旅游资源经营权的法律规制与实际市场需求

现阶段，国家层面的法律法规没有明确规定旅游资源经营权出让行为。非国家层面的旅游资源经营权相关规制则散见于各旅游资源条例、规定或规范中。公共景区政府规制大致可分为规制建立、规制强化、规制完善等三个阶段（王红，2011）。诚然，旅游资源经营权出让模式已经成为景区的主要治理模式之一。一方面，经营权出让模式的正常运行受到相关法律、法规、政策的影响与制约，这就会影响旅游资源经营权的供给，进而影响旅游资源经营权价值。另一方面，不同时期，旅游投资商对于旅游资源经营权的需求不同。例如，当国内饭店、旅行社的投资前景更好时，旅游投资商可能更倾向于投资饭店与旅行社，而较少关注旅游资源经营权的投资，这也会显著影响旅游资源经营权价值。简而言之，法律规制会影响旅游资源经营权的供给，而旅游投资市场则会影响旅游资源经营权的需求，两者都是旅游资源经营权价值的主要影响因素。

第五章　旅游资源经济价值的资本化实现机制

2012 年,党的十八大首次提出"建立资源有偿使用制度"。2013 年,党的十八届三中全会进一步提出"健全国家自然资源资产管理体制""形成归属清晰、权责明确、监管有效的自然资源资产产权制度"。在此背景下,2014年,《国务院关于促进旅游业改革发展的若干意见》提出"发展旅游项目资产证券化产品";2015 年,《国务院办公厅关于进一步促进旅游投资和消费的若干意见》强调"积极发展旅游投资项目资产证券化产品,推进旅游项目产权与经营权交易平台建设"。旅游资源经济价值的资产化和资本化实现机制研究,便成为落实上述制度的重要内容。因此,本章拟以"资源、资产、资本"三位一体的新型资源管理观为基础,厘清旅游资源的资源化、资产化与资本化的相互关系,论证旅游资源资产化和资本化的合法性,阐明旅游资源经济价值的资产化和资本化实现机制。

第一节　旅游资源经济价值的资本化实现路径探析

一、旅游资源资产化与资本化研究述评

（一）旅游资源资产化研究述评

纪益成(1998)首先提出旅游资源资产的概念,认为其除了具有法律权属和收益特性外,还具有四项特征:第一,是旅游活动的特定经营场所;第二,是一种社会文化遗产;第三,是在明确范围内行使的特许经营权利资产;

第四,是一种既能产生收益又能推动区域发展的特殊经济资源资产。进一步地,纪益成(1998)认为旅游资源资产的经济价值应该包含四个组成部分:场地使用权的价值;社会文化遗产价值(文化艺术的财产价值、物化劳动转移价值和活劳动创造的价值);特许经营的权利价值;垄断性收益价值、带有知识产权的财产权利价值和经济辐射价值。这四个组成部分与旅游资源资产的上述四大特征一一对应。马波(2001)阐述了公共旅游资源资产化管理的内涵、必要性、目标与基本原则,并初步评析了相应的价值计量理论与方法。黎洁(2002)基于资源经济学理论,从旅游资源的形态、产权界定、价值评估、交易特征等方面论述了旅游资源实行资产化管理的问题与不可行性,并得出结论:只有明确旅游资源的内涵、所有者主体、价值来源与核算并构建相应的产权制度才能实行旅游资源资产化管理。敖荣军和黄艳(2003)首先分析了我国旅游资源管理体制存在的问题,接着提出了旅游资源资产化管理的内涵及意义,初步分析了在产权界定和流转基础上的旅游资源资产化管理的可行性,并提出要进行相应资源分类、健全法律和加强规制。王淼和贺义雄(2006)在明晰产权的必要性分析的基础上界定了我国国家与经营者之间的海洋旅游资源资产的产权关系。唐德彪(2007)概述了民族文化旅游资源的经济性、稀缺性、收益性、权属性、有偿性等资产特性,资产化管理的目标和含义、原则、必要性,并指出了加强旅游资源资产化管理需要解决的产权界定与管理、资产评估、立法与规制这三个关键问题。范定祥和何艳(2009)提出了旅游资源三种典型的资产形态,即景区土地资本、景观资本和旅游历史文化资本。旅游资源的资产化路径主要包括:第一,景区土地价值的资产化实现途径是集体土地的征收、有偿出让和再转让。第二,景区景观价值的资产化实现途径是出让景观利用权或旅游开发经营权。第三,景区历史文化价值的资产化实现途径是出让人文旅游资源的品牌利用权。第四,景区无形价值的资产化实现途径是出让景观的广告权、特许权以及某些环境权益。龚雅莉(2011)基于价值分类分析了喀斯特洞穴旅游资源资产化方法,其价值分类为包含商品价值和折补价值的市场价值加上包含资源价值和生态价值的环境价值。袁尧清和唐德彪(2012)认为强化民族文化旅游资源资产化管理,应当重视其价值理论研究、可行性与操作性研究、产权界定和管理研究、资产评估工作、立法与规制工作等措施。

(二)旅游资源资本化研究述评

向书坚和孟祥兰(2004)基于会计核算视角分析了旅游资本形成的概

念、分类及相关范畴,并提出了旅游资本形成的核算原则和核算方法。吴伟东(2005)逐一探讨了旅游资源资本化管理实践中在市场机制、法律规范、政府管理等方面存在的旅游资源价值量化、所有权、产权变动程序、产权流转管理等重要问题。孙京海和朱学义(2008)认为旅游发展产业化是推进旅游资本化运作的前提,旅游资源产品化是推进旅游资本化运作的基础,产品经营企业化是推进旅游资本化运作的关键,企业运作资本化是推进旅游资本化运作的核心,旅游营销品牌化是旅游业资本化运作的保障。孙京海(2008)对"旅游资源资本化"的前提基础、核心内容、关键环节和保障措施进行了比较深入的研究。范定祥和傅丽华(2009)提出旅游资源资本化的首要前提和市场运行先导分别为明确资源法律权属和构建资源交易平台,并着力构建评估机构、完善资源补偿机制、构建产权制度。刘滨谊和张琳(2009)认为旅游资源具有资本的价值性、收益性、存量性等内部属性。旅游资源资本化的前提是明晰产权关系,途径是市场化运作,技术支持是旅游资本价值量化评价。旅游资源资本化的形成机制包括旅游资源的产品化、市场化与旅游产品的营销管理。刘滨谊和张琳(2009)通过对旅游资源的层层递进、互为补充的分类、分级、分区、分项目开发和管理,识别出适宜与不适宜进行资本化的旅游资源。适宜进行资本化的旅游资源,可以采用租赁经营、买断经营、股份经营、上市经营、BOT合营等模式,通过经营权的租赁、转让、入股等方式实现市场化运营。张琳和刘滨谊(2009)构建了旅游资本价值的评价指标体系与量化技术方法。孙京海(2010)指出,旅游资源的核心和重要组成部分分别为效用和劳动价值。旅游资源资本化的前提条件、关键环节与保障分别为界定旅游资源产权、建立产权交易市场、完善旅游资源资本化的会计确认与核算。

综上所述,国内学者的研究主要围绕旅游资源资产化和资本化的概念、必要性、可行性、目标、原则等方面展开,以定性研究为主,并逐步呈现出了多角度、多元化的研究态势,研究成果逐步增多,为旅游资源资产化和资本化研究奠定了良好的理论和应用基础。但是,由于传统的研究视野和研究方法的局限,国内学者对于旅游资源资产化和资本化问题的研究多是"浅尝辄止"式的描述性分析,或是"空想型"问题—对策分析,且难以精确区分两者差异。因此,本章拟从"资源、资产、资本"三位一体的新型旅游资源管理观入手进行深入探讨。

二、"资源、资产、资本"三位一体的新型旅游资源管理观

"资源、资产、资本"三位一体管理是一种新型的资源管理观①,是以价值为导向的管理理念和方法。在此三位一体管理观中,作为资源三种属性的资源、资产、资本存在前后相继的相关关系:"资源"突出资源实体的自然属性,"资产"突出资源价值货币化的经济属性,"资本"突出资产流动性带来的价值增值。

由于未开发的潜在旅游资源的初始状态存在无法有效利用问题,潜在旅游资源经济价值很低。所以它首先需要经过资源化,将其转化为有利用价值的现实旅游资源。当现实旅游资源预期能给旅游投资者带来收益且产权明晰时,旅游资源可以转化为旅游资源资产。当旅游资源资产可以在市场中流转,实现市场化配置时,旅游资源资产就成为旅游资源资本。旅游资源由于可以带来收益、具有稀缺性且产权可以明晰因而具有资产特征,如果存在旅游资源产权交易市场可以使其参与流转并增值的话,就可以实现旅游资源资本化。未开发的潜在旅游资源经过资源化成为现实旅游资源,经过资产化成为旅游资源资产,再经过资本化形成旅游资源资本。换言之,未开发的潜在旅游资源经过如下三个过程实现了其经济价值:将潜在旅游资源转化为现实旅游资源;将旅游资源价值转化为旅游资源经济价值;将旅游资源资源效益转化为旅游资源经济效益。笔者拟构建"资源—资产—资本"视角下未开发的潜在旅游资源的经济价值实现路径,阐明未开发的潜在旅游资源属性转换、经济价值实现路径及其经济价值转化。"资源—资产—资本"视角下旅游资源经济价值的实现路径就是实现旅游资源资产化与资本化。

三、旅游资源资产化与资本化的法律规制

(一)旅游资源及其交易的法律规制

我国在宪法和民法层面都规定了旅游资源及其交易的法律原则,包括对旅游资源资产化与资本化具有显著指导和约束作用的条款。

首先,我国《宪法》第九条②对山岭、水流、森林、草原等自然旅游资源的

①　2010年,徐绍史部长在全国国土资源工作会议上要求认真研究土地、矿产的资源、资产、资本"三位一体"的新属性特点,树立新型的资源观和资源管理观。

②　"矿藏、水流、森林、山岭、草原、荒地、滩涂等自然资源,都属于国家所有,即全民所有;由法律规定属于集体所有的森林和山岭、草原、荒地、滩涂除外。"

所有权进行了最高法律效力的界定。《文物保护法》第四条①对古文化遗址、古墓葬、古建筑、石刻等人文旅游资源的所有权进行了法律界定。规定旅游资源法律权属的法律还包括《草原法》《森林法》《海洋环境保护法》等。这说明地文景观、水域风光等自然旅游资源和遗址遗迹、景观建筑、归葬地等人文旅游资源（详见国标 GB/T 18972—2003）的法律权属是国家所有。我国《民法通则》第八十一条第四款②对山岭、水流、林地、草原等自然旅游资源的交易行为进行了法律界定。《物权法》第四十一条③对国有资产的交易行为进行了法律界定。这些法律法规凸显了国有旅游资源不能在公开市场上出让所有权或买卖的事实，而且表明旅游资源买卖的法律实质是其所有权的交易。

其次，《物权法》第三编用益物权下的第十一至十四章分别给出了土地承包经营权、建设用地使用权、宅基地使用权和地役权这四大类典型的用益物权。《土地管理法》第四条④规定建设用地包括旅游用地。《物权法》第一百三十七条⑤规定旅游经营性用地要以出让的方式也就是有偿的方式来设立"建设用地使用权"。旅游资源经营权在性质上属于建设用地使用权，是建设用地使用权的下级概念，被建设用地使用权包含。由此，在国家所有的自然资源（土地所有权）上设置一个"旅游经营性用地"之"建设用地使用权"（旅游用地使用权），该旅游用地使用权就是旅游学界所称的旅游资源经营权，这为旅游资源资产化过程中的产权界定提供了法律基础（周春波，李玲，2015）。

最后，《物权法》第四十条⑥规定说明所有权人能够将其资源产权进行分解，并设立旅游资源经营权这一用益物权。而且，《物权法》第一百二十条⑦

---

①　"中国境内地下、内水和领海中遗存的一切文物，属于国家所有。"

②　"国家所有的矿藏、水流，国家所有的和法律规定属于集体所有的林地、山岭、草原、荒地、滩涂不得买卖。"

③　"法律规定专属于国家所有的不动产和动产，任何单位和个人不能取得所有权。"

④　"建设用地是指建造建筑物、构筑物的土地，包括城乡住宅和公共设施用地、工矿用地、交通水利设施用地、旅游用地、军事设施用地等。"

⑤　"工业、商业、旅游、娱乐和商品住宅等经营性用地以及同一土地有两个以上意向用地者的，应当采取招标、拍卖等公开竞价的方式出让。"

⑥　"所有权人有权在自己的不动产或者动产上设立用益物权和担保物权。"

⑦　"用益物权人行使权利，应当遵守法律有关保护和合理开发利用资源的规定。所有权人不得干涉用益物权人行使权利。"

规定说明按照不同类型物权的实现顺位,用益物权作为他物权,是优先于所有权实现的。《旅游法》第四条①规定说明用益物权人在合乎法律规定的前提下能够合理地经营性使用旅游资源,具有一定的旅游资源投资开发的决策权。进一步地,《物权法》第一百一十七条规定"用益物权人对他人所有的不动产或者动产,依法享有占有、使用和收益的权利"。《物权法》第一百四十三条②规定说明旅游资源经营权人享有占有、使用和收益的权能之外,现行法律还允许其进行一定的处分。该处分的权能包括彻底的处分方式——将经营权转让,还包括其他资本化运作方式——如出资、抵押等(周春波,李玲,2015)。

上述《宪法》《民法通则》《物权法》等相关法律规定都是旅游资源经济价值评估研究中最基本的法律制度,既为旅游资源资产化与资本化提供了法律依据,也给出了应当恪守遵循的明确法律界限。

(二)旅游资源资产化与资本化的合法性阐释

通过对《宪法》《民法通则》《物权法》等有关旅游资源及其交易的法律法规的阐述,为进一步建构旅游资源资产化与资本化的分析框架奠定了基础。旅游资源资产化与资本化的内在关系是:地文景观、水域风光等自然旅游资源和遗址遗迹、景观建筑、归葬地等人文旅游资源的法律权属是国家所有。这些国有旅游资源不能在公开市场上出让所有权,即不能进行所有权的买卖交易。不过,旅游资源所有权人能够将其资源产权进行分解,衍生出占有、使用、收益三项权能并设立旅游资源经营权(旅游用地使用权)这一用益物权。用益物权人在合乎法律规定的前提下能够合理地经营性使用旅游资源,具有一定的旅游资源投资与开发的决策权。进而,在合乎法律规定的前提下旅游资源经营权经过经济价值评估后能够进行市场化流转,以实现其经济价值的增值。

在上述框架中,用益物权性质的旅游资源经营权在旅游资源资产化与资本化过程中居于承上启下的地位。遵循《物权法》蕴含的法理原理进行分析:一方面,旅游资源经营权是从所有权中衍生出来的包含占有、使用、收益三项权能的用益物权,其权利客体是旅游资源,其权利主体是获得了旅游资源经营权的旅游开发商;另一方面,旅游资源经营权又可以依法以经营权租

---

①　"国家鼓励各类市场主体在有效保护旅游资源的前提下,依法合理利用旅游资源。"

②　"建设用地使用权人有权将建设用地使用权转让、互换、出资、赠与或者抵押,但法律另有规定的除外。"

赁、转让、抵(质)押等多形式参与市场化运营,并可作为资源性资本的货币价值载体,依法评估作价入股。

综上所述,旅游资源资产化与资本化的相互关系为:在旅游资源国有的情形下,旅游资源所有权不能进行市场化买卖交易,不过由所有权衍生出来的包含占有、使用、收益三项权能的经营权(用益物权)能够进行市场交易。随着旅游产权的界定清晰和经济价值的明确,旅游资源经营权这一用益物权成为旅游资源资产的基本存在形式,进而在合乎法律规定的前提下能够适度进行市场化流转,以推动旅游资源资产的资本化进程。因此,旅游资源资产化和资本化进程的重要环节是旅游资源经营权的产权和价值分析,旅游资源资产化的关键是化在旅游资源经营权这一用益物权上,并非化在不得买卖的所有权上(仲志伟,2010)。进而,旅游资源资产化和资本化机制符合现有法律法规,具备合法性。

四、旅游资源经济价值的资本化演进过程及其动态特征

通过以上分析可知,旅游资源经济价值实现经历了资源化、资产化、资本化三个过程,三者相互之间的关系具有如下特点。

首先,这三个过程隐含了旅游资源属性和价值的转化过程,表明它们在时间上具有先后顺序。具有良好地理区位、开发条件的旅游资源,可以将旅游资源资产(其基本存在形态是旅游资源经营权)的界定、出让与流转一并进行,资源化、资产化、资本化过程安排可在较短时间内完成;而对于那些由旅游开发商负责开发、然后出让给旅游投资商、旅游投资商再流转旅游资源经营权的旅游资源,旅游资源的资源化、资产化、资本化过程存在较长时间演进过程。

其次,未开发的潜在旅游资源的资源化、旅游资源的资产化、旅游资源资产的资本化这三个过程,不是孤立的,而是密切联系的。未开发的潜在旅游资源的资源化是旅游资源的资产化、旅游资源资产的资本化的物质基础,资源化效益高的旅游资源比较容易实现资产化和资本化;旅游资源资产的资本化是旅游资源价值实现的过程,也是利用旅游资源资产(其基本存在形态是旅游资源经营权)实现投融资的过程,旅游资源资产的资本化为未开发的潜在旅游资源的资源化提供资金,旅游资源资产的资本化程度影响着未开发的潜在旅游资源的资源化的深度和广度。

最后,现阶段下并不是所有未开发的潜在旅游资源都能实现资本化,只有能达到投资者期望收益率并能预期收回投资或者在现行政策框架下可以

进行市场化运作的旅游资源资产(其基本存在形态是旅游资源经营权)才能资本化,实现其市场价值。

第二节　旅游资源经济价值的资产化实现机制

一、旅游资源资产化的理论内涵廓清

"资产"指过去的交易、事项形成并由企业拥有或控制的资源,该资源预期会给企业带来经济效益(《企业会计准则》)。在国际评估准则委员会制定的《国际评估准则》中,资产概念沿袭了会计术语表述方式:"资产是指投资者所拥有和控制的、可以从中合理预计未来获取经济利益的资源。"在美国评估者协会制定的《美国评估工作准则与职业道德准则》的《导言》中规定:"就价值评估或预期收益能力而言,'资产'一词指由于排他地拥有或占有某物而取得的对未来收益享有的权利。此处所谓'拥有'既可能是有形资产,也可能是无形资产,或两者兼而有之。"国际评估界强调资产是一种能带来经济利益的权利。全国注册资产评估师考试教材《资产评估》一书中认为,"资产即特定权利主体拥有或控制的,能给主体带来未来经济利益的经济资源","包括具有内在经济价值以及市场交换价值的所有实物和无形权利"。

国内几位学者已开始关注旅游资源资产化的概念界定。纪益成(1998)提出旅游资源资产是指在一定的空间、地点条件下,由自然资源和社会人文资源形成的,能为旅游业提供经济价值的资源性资产。其由风景名胜区、旅游度假区等具体形态构成的,具有明确法律权属,可作为生产要素投入旅游业的经营活动的旅游资源。马波(2001)阐述了公共旅游资源的资产化管理就是按照经济法则对其开发利用实行投入产出管理。陈遐林和崔武社(2002)指明森林旅游资源资产包括基础资产(林地和林木资产)、森林(植物、动物、地貌)景观资产、森林环境资产。森林旅游资源资产价值包括实物价值(林地和林木资产价值)和游憩服务价值(森林景观和环境资产价值)。王森和贺义雄(2006)归纳出资源性资产必须具备的稀缺、产生效益和具有明确所有者这三个特性,海洋旅游资源资产包括海洋地貌、海洋生物、海洋古遗迹、古建筑旅游资源等。唐德彪(2007)指出民族文化旅游资源的资产化管理是遵循资源使用规律和经济规律,将旅游资源作为资产投入到它的开发利用和再生产过程中,提供服务并获取资产收益。龚雅莉(2011)认为

狭义旅游资源资产化就是指旅游资源价值的货币化。广义旅游资源资产化是指将旅游资源作为能够获取收益的生产资料和财富,对其进行包括产权管理、价值管理和经营性管理的资产化管理。

旅游资源转化为旅游资源资产需要满足一定的条件,即稀缺性、具有使用价值和产权明晰(严立冬等,2009)。旅游资源具有三大特征:一是旅游业的快速发展与旅游用地的紧张、资源保护的严格之间的矛盾关系表明旅游资源的稀缺性逐渐凸显。二是自然旅游资源天然具有供给生产资料或净化环境等使用价值,人文旅游资源天然具有历史文化相关方面的使用价值。而且旅游资源都具有供旅游者游憩等使用价值。三是我国旅游资源大多属于国家所有,其所有权的法律权属十分明确,亦即旅游资源在法律意义上的产权明晰。所以,既稀缺又由所有者拥有或控制的具有使用价值的旅游资源能够被称为旅游资源资产。

实施旅游资源资产化管理,是实现旅游资源经济价值的有效途径。旅游资源资产化管理的目的是有偿使用资源,进行投入产出管理,确保旅游资源所有者的权益不受损失,增加旅游资源产权的可交易性,以达到利用市场机制有效地配置旅游资源。换言之,旅游资源资产化的目的是为了确保旅游资源的所有权人和用益物权人的权益不受损害并有效保护与管理旅游资源。旅游资源资产化意味着将旅游资源经营权作为一种资产,根据旅游资源利用实际,按照经济规律进行投入产出管理,并建立以产权约束为基础的管理体制。在这一过程中,旅游资源从实体形态上的管理转化为货币化价值形态的管理。

按照上述对于旅游资源资产化的意义、目的与特征的精准刻画,笔者对旅游资源资产化的概念性定义界定如下:

旅游资源资产化是指在明晰旅游资源产权的基础上,以量化评估旅游资源经济价值为依托,按照经济规律对稀缺旅游资源及其产权进行价值化管理的过程。

二、旅游资源资产化关键实现机制之明晰旅游资源产权

(一)景区产权界定难题的再认识

科斯(1960)首次论述了在存在交易费用时初始产权界定对资源优化配置存在显著影响,并提出基于法学和经济学的交叉学科视角科学确定物品的法律权属。旅游资源产权是以旅游资源为标的产权的物的一系列权利束,其主要包括所有权、管理权与经营权等。而实现旅游资源资产化的关键

就是将旅游资源转换为旅游资源资产,旅游资源资产的基本存在形式就是旅游资源经营权。所以,景区旅游资源产权的清晰界定是旅游资源资产化的前提条件,产权界定效果对于实现旅游资源资产化非常关键。由于旅游资源内在属性的特殊性和旅游资源经营权出让实践的复杂性,使得科学界定旅游资源产权存在较大难度。主要表现在两个方面:

第一,由于界定产权的交易费用的存在,旅游资源难以完全清晰界定。传统产权理论认为,旅游资源产权的清晰界定是旅游资源交易的基础,产权清晰界定的旅游资源就可以在市场上流转。但是,笔者认为在旅游资源产权的界定过程存在相关成本,巴泽尔(1997)称之为产权界定的交易成本。这种交易成本会阻碍产权被界定的程度,交易成本越高,产权越难以清晰界定。尽管现阶段我国相关法律较明确地规定了部分自然旅游资源的所有权属,但是没有明确界定所有类型的旅游资源的初始所有权。而且,旅游资源初始产权的法律界定仅仅为旅游资源产权交易的实现提供了一个起点,在旅游资源产权交易中还需要进一步清晰界定旅游资源产权。具体而言,我国景区大多具有多重的自然与人文属性,要厘清这些属性并清晰界定产权在现阶段信息不完全的旅游资源产权交易框架下成本很高或者说清晰界定产权的概率很低。特别地,当旅游资源产权界定的边际成本高于其边际收益时,旅游资源的一部分经济价值就会溢出进入公共领域而成为"租"。这部分"租"可能被竞争性环境下的个人或群体所攫取而出现租值耗散情形。

第二,旅游资源的清晰界定具有一个演进过程,难以速成,其清晰界定的边界取决于获得旅游资源相关权利的成本—收益分析。旅游资源产权的交换价值取决于其新增收益与所需成本。如果界定某旅游资源产权的所需交易成本太高,人们就暂时不会去界定这种旅游资源的产权。这样一来,旅游资源产权就放置于公共领域,以待从长计议。随着这种旅游资源经济价值被进一步挖掘出来,使得界定这部分产权的成本小于其产生的收益,那么基于成本—收益分析视角这种旅游资源的产权就会被进一步界定,或者说这种旅游资源的相关权属被再次调整。特别地,我国旅游资源所有权的行使存在一条或短或长的层层委托的代理链,加上官方界定旅游资源产权的司法机构对于旅游资源产权的专有性认知存在一个不断深化的递嬗过程,使得我国旅游资源的清晰界定也需经历一个时序演进过程。

(二)旅游资源产权主体与内容界定

旅游资源产权界定,是指旅游资源产权主体依法划分旅游资源所有权、经营权、管理权等权利归属,明确各主体行使权利的范围及权限的法律行为。清晰界定旅游资源产权,对于旅游资源资产化管理与旅游资源保护都具有重要意义。旅游资源产权内容界定主要就是明晰旅游资源所有权、管理权和经营权的内涵。

旅游资源所有权是指所有权人依法对旅游资源享有的占有、使用、收益、处分四项权能。占有权能是指所有权人对景区旅游资源实际掌握控制的权利。使用权能是指所有权人在不损毁旅游资源的前提下依照旅游资源的特性和功能加以利用的权利。收益权能是指所有权人依法收取依托旅游资源产生的新增净收益的权利。处分权是指所有权人对旅游资源依法予以处置的权利。旅游资源所有权具有绝对性、排他性、永续性三个特征。现阶段,国务院是国有旅游资源所有权的代理人,但其并不直接行使国有旅游资源的占有和使用权能,而是在现行相关法律框架下将分解的所有权层层委托给各级政府或相关行政机构。农村集体经济组织是集体旅游资源所有权的代理人,但其并不直接行使集体旅游资源的占有和使用权能,而是在现行相关法律框架下将分解的所有权委托给相关集体机构。所以,景区国有和集体旅游资源的所有权分解和代理过程的实质相同,区别的仅仅是旅游资源权属与代理链长度而已。亦即我国景区旅游资源所有权法律权属明确,但是在现实中所有权已经分解并为不同的代理人获得。

旅游资源管理权一般是由地方政府或相关行政机构行使。我国旅游资源管理权的典型实现形式是在景区设立一个专职行使旅游资源保护、监管等职能的风景区管理委员会。风景区管理委员会专职代表所有者的代理者国资委对旅游资源进行宏观的行政管理。而且,风景区管理委员会作为景区行政管理者拥有保护景区环境、规范开发经营的行政管理权,此外还拥有规划、监督等行政管理权力。但风景区管理委员会一般不参与微观经营与开发,其主要管理职能是对经营权人的投资与开发行为进行规制,一方面避免过度开发导致的旅游资源或环境破坏,另一方面也要尽可能地保障景区旅游资源开发的招商引资的顺利进行。

在旅游资源经营权方面,遵循 G-H-M 财产权理论(即不完全合同理论)的研究思路,完全的旅游资源经营合同在现实中是不存在的,这是由于有限理性、专业条款的不可验证等造成的(Hart,Moore,1990;Hart,Moore,1999)。如果旅游资源经营合同不完全,特别应当说明当旅游资源经营合同中没有规定的景区经营情况出现时,究竟由哪一方掌握控制权,亦即"剩余控制权"的分配问题。沿着这一分析思路,旅游资源经营权出让的实质就是让渡了剩余控制权。而不同的旅游资源经营合同导致剩余控制权的内涵与边界不同，也就导致了剩余控制权的激励效率不同，进而不同剩余控制权内涵下的社会福利也不同。具体而言，在旅游资源开发运营实践中，如果旅游资源由旅游开发商经营，则旅游经营设施由旅游开发商提供，旅游开发商拥有相应的剩余控制权；如果旅游资源由事业单位经营，则旅游经营设施由政府相关部门提供，政府拥有相应的剩余控制权。而剩余控制权的内涵与所属不同，对于经营者在旅游资源投资与保护上的激励是不同的，进而导致不同的社会福利结果。

三、旅游资源资产化关键实现机制之量化评估旅游资源经济价值

在未来相当长的一个时期内，随着社会经济的发展，旅游资源开发利用是经济发展到较高水平之后的一个必然趋势。目前我国旅游资源开发，要么依靠地方财政投入，要么利用招商引资。就目前发展现状看，前者的财政支付出现难以为继的窘况，后者的招商引资出现了比较多的合作纠纷。旅游资源开发必然需要的投融资，只能另辟蹊径，最理想的办法就是旅游资源的价值化和资产化。因此，解决这一核心问题的关键技术就是需要一个准确的旅游资源经济价值评估值，方能以此值为基准实行有效的融资，实现资源的价值化和资产化，才能实现资源的市场交易，激发社会创造力。

目前，由经济学和统计学理论衍生出多种旅游资源经济价值评估方法，主要包括旅行费用法、条件价值法、收益还原法等（详见第二章文献述评部分）。旅游资源经济价值的实质是景区旅游资源在市场化条件下能够满足旅游市场主体效用的货币衡量。按照景区旅游资源物品的价值与旅游市场的关联程度，旅游资源经济价值主要包括两个层面：一是可直接在旅游市场交易的价值——旅游资源经营权价值；二是可间接在旅游市场交易的价值——旅游资源游憩价值。

（一）可直接交易的旅游资源经营权价值的评估

旅游资源经营权价值是在经营期内持有景区旅游资源的占有权、使用权、收益权所形成的价值关系的货币衡量，可以认为其是旅游资源资产（旅游资源经营权）在经营期内新创的预期收益的现值总额。

旅游资源经营权价值评估是立足于旅游资源区别于其他资源的特性，运用适宜的资产评估法对旅游资源经营权这一无形资产的现时价格进行准确测算，其目的是为了确保旅游资源的各产权人的权益不受损害并有效保护与管理旅游资源。从市场层面上看，旅游资源净收益主要出现在旅游资

源初次开发中后期,并伴随着整个旅游资源特许经营过程,将这一净收益折现为旅游资源经营权的现值,即为旅游资源经营权产生的市场预期收益的经济价值,是可以直接在旅游市场交易的价值,其对旅游资源和旅游者的价值关系进行了货币化衡量。简而言之,旅游开发商在支付经营权出让费获得景区经营权后,需要对旅游资源进行经营性开发,将其转化为能够货币化计量并产生溢价效应的旅游资源资产,并通过财务核算开发投入和旅游产品收益而体现出经营权价值。

（二）可间接交易的旅游资源游憩价值的评估

旅游资源游憩价值是景区依托旅游资源提供给旅游者以放松身心为目的的休闲活动而产生的货币化效用,其在市场上无法直接交易,但可以在市场上间接交易。旅游资源游憩价值是隐含在与之相关旅游资源物品或服务的价格中的,可以通过观察相关旅游资源物品或服务的市场交易价格,将与旅游资源属性变化相关的支付意愿从价格中剥离或揭示出来,即"揭示支付意愿"。例如,通过旅行成本的研究揭示旅游资源的游憩价值、从旅游者针对旅游资源要素变化采取的保护行为推断对旅游资源质量改善的支付意愿。此类方法是以实际的、可观察的市场行为为基础的,但是其基本假设是在市场中存在旅游资源所提供服务的替代品,通过与市场中的替代物比较,以替代物的价格(参照价格)来度量。但是广义资源和产品所具有的功能属性中,既有可替代的功能,也有不可替代的功能。尤其是对于旅游资源物品,旅游资源的许多功能是不可替代的,因此价值评价只能揭示有限的一部分功能属性的价值——例如游憩价值。

第三节　旅游资源经济价值的资本化实现机制

一、旅游资源资本化的理论内涵廓清

与资产概念不同,资本通常用来代表金融资产。亚当·斯密(1776)从财富角度把资本定义为用于生产而取得收益的预储资财。马克思(1867)阐释了资本是能带来剩余价值的价值,包含增值性、运动性、价值性等特性。马歇尔(1890)从生产要素角度提出资本是个人财富中用于获得货币形态的收入的那一部分。凯恩斯(1936)则从信贷资本的角度说明资本的性质是能够带来价值增值。尽管上述资本观点不尽相同,但我们还是能够找出其中

的共性：资本不仅表现为生产要素，而且能够实现价值增值。由此推知，旅游资源资本是指能够在市场化流转过程中实现价值增值的旅游资源资产，在我国现阶段其主要存在形态是旅游资源经营权。

国内学者也已对旅游资源资本化的概念进行了探索性界定。向书坚，孟祥兰（2004）认为旅游资本是非金融资产的一部分，是指可能投入游客消费的各种有形和无形旅游固定资产及为旅游目的使用的土地的改善。狭义和广义旅游资本分别指旅游行业资产净获得和旅游所需资产，旅游资本形成指旅游企业通过经济交易核算得到的净获得，包括旅游投资支出和旅游积累获得（向书坚，孟祥兰，2004）。吴伟东（2005）认为旅游资源作为一种具有产生收益的基础资源，它本身具有资本的属性，仅当其进行市场化运作后，它才真正转化为资本，这一过程即为旅游资源转化为旅游产品的过程。刘滨谊和张琳（2009）提出旅游资源资本化是指在合规性条件下，所有权人将旅游资源作为生产要素投入旅游开发活动中进行市场化运作，从而带来经济效益并使旅游资源实现价值增值的过程。旅游资源资本化是以可持续发展为前提、以三权分离为基础、以提高利用效率为目的的一种新型的旅游资源开发、运作和管理体制（刘滨谊，张琳，2009）。本书则认为旅游资源经营权（而非旅游资源）才属于资本，并在廓清其各种市场化运作方式的基础上将旅游资源资本化过程界定为：

旅游资源资本化是指旅游资源经营权以出租、抵押、转让、入股等流转形式或以资产证券化等金融产品形态进行市场化运作以实现其价值增值的过程。

旅游资源资本化的实质是旅游资源经营权的市场化配置，目的是为了增加可交易性和价值增值。简单来说，旅游资源资本化是指旅游资源资产产权拥有者将旅游资源资产用来出租、转让、抵（质）押、入股进行投资的过程，其实质是旅游资源资产的市场化配置。展开来说，旅游资源的资本化是不直接经营旅游资源勘查开发和旅游资源经营权运作，而是通过旅游资源经营权进行投资或融资，间接地控制旅游资源经营权或者对旅游资源经营权施加影响从而获利的过程，其实质是以旅游资源经营权为基础，实现资本的流通和价值的增值。

旅游资源资本化的核心是加强产权流转，通过构建经营权交易市场以加强产权交易运作，将旅游资源的经营权由政府手中转移给企业、个体等微观经营主体，实现所有权与经营权的两权分离，由经营者最终通过开发和利用旅游资源获得收益来实现旅游资源经济价值。旅游资源资本化有助于通过竞争机制提升经营权配置效率,通过企业市场化交易降低景区管委会的行政管理费用,通过市场监督机制规避开发商"寻租"或官员"俘获"。通过上文分析,大致能够得出旅游资源资本化在理论上已具雏形,在实践上具有较强的可操作性,理应成为旅游资源经济价值实现的主要路径。

二、旅游资源资本化关键实现机制之旅游资源经营权流转

旅游资源经营权的可持续流转需要廓清适宜流转经营权的景区类型。对景区经营权是否能够转让也是国内旅游学术界早期的一个研究热点。综观各家观点,大多数学者对景区经营权转让持赞成态度,而小部分不赞成景区经营权转让的情况多针对世界遗产类景区(刘敏,2012)。国内学者对于适宜流转旅游资源经营权的景区类型已基本达成共识:高级别的自然与文化遗产、国家级风景名胜区、国家自然保护区、国家地质公园、全国重点文物保护单位等非经营性景区原则上经营权不出让,可适度出让区内与旅游接待直接相关的经营性项目;人造景观、不以保护为首要目的的景区、唯一性不显著的省级及以下景区等经营性景区在法律框架下可整体性出让经营权(张进福,2004;刘敏,2007;刘敏,2012)。并根据资源本体禀赋、经营状况、开发条件、客源市场条件、社会经济发展水平等选择旅游资源经营权流转的具体方式和流转程度。

(一)旅游资源经营权出租

租赁模式是较为普遍的一种景区开发投资模式,指投资主体为获得旅游资源经营权,与地方政府或地方行政主管部门签订协议,向地方主管部门缴纳租金,采取租赁的方式获得经营权(中国旅游协会,中国旅游研究院,2013)。《合同法》第二百一十二条指出,租赁合同是出租人将租赁物交付承租人使用、收益,承租人支付租金的合同。出租人与承租人之间因旅游资源经营权租赁合同而产生债权债务关系。租赁契约的有效存在与承租人对景区旅游资源的实际占有为承租人支配旅游资源的权利依据与事实基础。承租人占有承租旅游资源的占有关系的长期存在进一步强化了承租人对承租资源的权利,使承租人近乎享有一种基于债权关系而产生的对物的支配效力,但这并不能改变旅游资源经营权租赁法律关系依然是债权债务法律关系的基本属性。

旅游资源经营权租赁合同除了需遵守旅游资源经营权流转的原则外,可以由出租人与承租人自由协商确定。由于出租对应规范的租赁契约形态,出租这一流转方式在实践中获得普遍认同,相关纠纷也较容易按照租赁

合同约定而解决。旅游资源经营权租赁指以租赁契约为法律手段规定出租人和承租人的权利和义务,由承租人向出租人支付租金,出租人将经营权的行使权力在租赁期内转让给承租人的交易行为(叶浪,2004;孙京海,2010)。更严谨地,旅游资源经营权租赁是指出租方(原旅游资源经营权人)在通过特许出让方式取得旅游资源经营权有效存在前提下,在特许经营期内并保留旅游资源经营权的条件下,以一定期限依法将景区旅游资源转移给承租方占有和使用的行为。旅游资源经营权承租方取得的是债权性质的租赁权[①]。旅游资源经营权租赁是旅游资源经营权流转运营的重要方式之一,其将旅游资源资产(其基本存在形式是旅游资源经营权)与资本特性结合在一起,以融物达到融资的目的。对经营权出租方而言,是创新融资方式和资源保值增值的实现模式;对承租方而言,是创新投资方式和增加投资收益的途径。

　　旅游资源经营权租赁模式是我国旅游景区开发中普遍存在的经营模式(保继刚,左冰,2008)。1997年,湖南省将世界自然遗产、世界地质公园、首批国家AAAAA级旅游区张家界武陵源风景名胜区的组成部分——宝峰湖风景区60年的经营权租赁给了马来西亚保利(湖南)实业贸易有限公司。1999年,福建省将世界文化与自然遗产双重遗产地——武夷山国家风景名胜区38年的经营权租赁给了由福建新华都集团、竹筏总公司、腾龙公司等五家企业单位成立的武夷山旅游发展股份有限公司。2011年,由怀化市洪江区管理委员会、湖南日报报业集团有限公司、凤凰古城旅游有限责任公司、大汉城镇建设有限公司、老百姓大药房连锁有限公司五方共同出资、联合组建的洪江古商城文化旅游产业发展股份有限公司入主洪江古商城。该公司以2900万元,获得古商城50年的资源保护使用权及核心景区以外有关旅游地产资源的开发权,开发、经营洪江古商城的文化旅游产业(中国旅游协会,中国旅游研究院,2013)。

　　(二)旅游资源经营权抵(质)押

　　国家已经出台了明确支持旅游资源经营权质押的相关政策。2009年《国务院关于加快发展旅游业的意见》和2012年中国人民银行、发展改革委、旅游局、银监会、证监会、保监会、外汇局《关于金融支持旅游业加快发展

---

　　①　《合同法》第二百一十四条规定:"租赁期限不得超过二十年。超过二十年的,超过部分无效。"

的若干意见》中都明确指出旅游景区可以开展旅游景区经营权质押和门票收入权质押业务。旅游资源经营权质押的现行规则主要规定于《物权法》中。目前学界关于相关法律法规修改的讨论，还涉及《担保法》（叶浪，2004）。然而，《物权法》第一百七十八条规定："担保法与本法规定不一致的，适用本法。"比较《物权法》和《担保法》的质押相关条目，容易发现《担保法》已为《物权法》所取代，《担保法》的质押相关规定已被废止。因此，在物的担保领域，所应关注的是《物权法》，《担保法》的相关规则仅具立法史上的说明价值。

旅游资源经营权质押是将附于旅游资源上的可资产化的权利投入流转，是指原旅游资源经营权人（即质押人）通过其他方式取得旅游资源经营权有效存在前提下，为担保自己或者他人（即第三人）的债务履行，以不转移景区旅游资源占有，将旅游资源经营权作为债权担保的行为。《物权法》第二百一十条规定①和第二百二十四条规定②表明旅游资源经营权质押的特征是订立书面"质权合同"和交付"权利凭证"。《物权法》第二百一十九条③规定表明当债务人不按照约定履行债务时，债权人（即质押权人）从依法拍卖、变卖旅游资源经营权所得的价款中优先受偿或以旅游资源经营权折价受偿。

旅游资源经营权抵押，是指原旅游资源经营权人（即抵押人）通过其他方式取得旅游资源经营权有效存在前提下，为担保自己或者他人（即第三人）的债务履行，以不转移景区旅游资源占有，将旅游资源经营权作为债权担保的行为。旅游资源经营权抵押过程中的抵押权设立特征是登记生效（《物权法》第一百八十八条），且应订立书面抵押合同（《物权法》第一百八十五条）。债务人不履行到期债务或者发生当事人约定的实现抵押权的情形，抵押权人可以与抵押人协议以抵押的旅游资源经营权折价，也可以就拍卖、变卖抵押的旅游资源经营权所得的价款优先受偿（《物权法》第一百九十五条）。

准此以观，倘若该经营权担保的债权能够如期顺利实现，那经营权属并不易主，但其价值得以实现流转；倘若该经营权担保的债务到期无法偿还，则会通过将该经营权拍卖、变卖或者折价的方式，通过改变其权利归属主

---

①　"设立质权，当事人应当采取书面形式订立质权合同。"

②　"质权自权利凭证交付质权人时设立。"

③　"债务人不履行到期债务或者发生当事人约定的实现质权的情形，质权人可以与出质人协议以质押财产折价，也可以就拍卖、变卖质押财产所得的价款优先受偿。"

体,实现终极意义上的流转——经营权发生转让。所以,旅游资源经营权抵押模式属于物权性的流转。

近年来,国内旅游资源经营权质押模式已逐渐兴起。2009 年,山东曲阜以"三孔"景区的门票收入作为质押,从中国农业发展银行融资 2 亿元,用于农村公路改建。同年 12 月,在世界文化遗产地宏村景区,黟县农村合作银行以景点经营权为质押,以门票收入为还款来源,累计发放景点经营权质押贷款 8000 余万元。2012 年 6 月,温州永嘉县狮子岩龙瀑仙洞景区用景区门票收费权作质押从永嘉农村合作银行岩头支行获得贷款 200 万元。同年 7 月,张掖市山水文化旅游发展有限责任公司以张掖国家地质公园七彩丹霞景区经营权为质押,与兰州银行股份有限公司张掖分行签订 1 亿元贷款协议。同年 10 月,池州九华农商行采取门票收费权质押贷款方式向九华天池风景区投放 700 万元资金。同年 12 月,浙江兰溪农村合作银行对兰溪市诸葛旅游发展有限公司发放了以景区收费权质押的 500 万元项目贷款。2013 年,山东龙冈旅游集团先后以沂水地下大峡谷、萤火虫洞、天马岛等景区的门票质押向华夏银行、中国银行、民生银行等融资 2 亿元左右,用于景区的运营和项目提升。同年,河南固始西九华山风景区获得了中国工商银行河南信阳分行的"景区门票收费权质押贷款"2 亿元。2014 年 4 月,襄阳隆中文化园投资有限公司以未来门票收益权做质押,获得工行襄阳分行的 1 亿元贷款,用于景区建设①。

（三）旅游资源经营权转让

既然旅游资源经营权抵（质）押存在权利归属变动的潜在可能性和实在的可行性,其担保物权实现的结果就是旅游资源经营权的转让。因此,从这个意义上讲,旅游资源经营权转让是符合法律推导和政策导向的,不违背法律的规定,是对经营权市场流通性的充分肯定。旅游资源经营权转让,是指转让方（原旅游资源经营权人）在通过经营权出让方式取得的旅游资源经营权有效存在的前提下,在出让期限内依法将旅游资源经营权转移给受让方（新旅游资源经营权人）的行为。其结果是,转让方丧失旅游资源经营权,受让方依法取得旅游资源经营权;同时,转让方与出让方之间的出让关系终止,确立受让方与出让方之间的法律关系,如转让方依法将旅游资源经营权转移给受让方,其原旅游资源经营权人法律资格和原拥有的旅游资源经营

---

① 郭旗. 门票收入质押,银行偏爱大景区［N］. 中国旅游报,2015-01-12（5）.

权同时消失。由于旅游资源经营权是一种特许经营,其转让要受到特许所有权人的监督,受转让经营权的开发商资格应当符合所有权人的"门槛"要求(叶浪,2004)。

值得注意的是,旅游资源经营权转让与出让具有较大差异,后者是指经营权由国家有偿移转给受让人。所谓旅游资源经营权出让,是指旅游资源经营人通过支付法定对价给旅游资源所有者(一般为政府)从而取得旅游资源经营权的行为。就出让对象而言,世界遗产与同一水平的国家级景区、国家级自然保护区等原生态景区可以暂缓进行旅游资源经营权的出让,其他景区都能够根据资源禀赋、游憩需求、开发环境等进行渐进式地出让旅游资源经营权。就出让主体而言,国有旅游资源的出让主体是各级政府或其相关行政机构,集体旅游资源的出让主体是农村集体经济组织或其辖区政府机构。景区旅游资源经营权出让的实现方式主要是市场招标、挂牌、拍卖方式,旅游资源经营权出让金由获得景区经营权的开发商支付。由于一次性招拍挂要求的出让金过大,将大量旅游企业拒之门外,而旅游市场的不确定性也将给潜在的旅游开发商带来很大的风险,可以考虑保证合理开发规模的前提下划分区块、逐次招拍挂,或旅游开发商在支付较少出让金的前提下将未来预期一定比例的净收益上交给旅游资源所有者,以降低旅游开发商收益不确定性,并保证旅游资源所有权人获得合理的旅游资源租金收入。

国内景区旅游资源经营权流转进程中也包含了许多个旅游资源经营权的转让案例。1998年,四川省雅安市政府与成都市民营企业万贯置业投资有限公司(万贯集团)签订了《开发建设碧峰峡的合同书》,万贯集团获得了四川碧峰峡等景区50年的独家垄断经营权,创造了"碧峰峡模式"(叶浪,2004;孙京海,2010)。2001年,黄龙洞股份有限公司在与湖南省凤凰县政府协商后,斥资8.33亿元获得凤凰县8个景点50年的经营权。2001年8月,"大金湖"30年经营权被转让给福建新恒基集团和福建省煤炭工业有限公司。2003年1月,福建华盈集团有限公司在永安市政府公开招标下获得了桃源洞—鳞隐石林风景区35年经营权(阎友兵,2007)。2012年6月,福建福清市公开挂牌"合并出让"40年的东壁岛滨海旅游资源经营权及其范围内的建设用地使用权,由福建龙升旅游开发集团竞得(福清市国土资源局融土挂告字〔2012〕02号)。2015年7月,昆明荣美拉酒店管理有限公司中标福建漳浦县六鳌抽象画廊旅游景区2535亩用地40年开发经营权(浦发改审〔2015〕93号文件)。

（四）旅游资源经营权入股

旅游资源经营权的入股是其用益物权属性的题中应有之义。目前,旅游资源经营权入股流转在我国各地蓬勃开展。旅游资源经营权入股是指入股者(一般为景区管理委员会)在通过特许出让方式取得旅游资源经营权有效存在前提下,将旅游资源经营权量化为股权,依法将景区旅游资源转移给有经营能力的股份制公司占有和使用的行为。亦即将旅游资源经营权作为新组建的股份制公司的实收资本,将旅游资源经营权变更登记到股份制公司名下(孙京海,2010)。旅游资源经营权入股结果:入股者(旅游资源经营权人)取得股份制公司的股份,享有股权,依法取得红利;股份制公司依法占有和使用景区旅游资源。

入股流转作为旅游资源经营权这一用益物权的权利行使方式,其存在的意义和价值是其他流转方式所不能替代的。具体表现在:第一,作为旅游股份制企业股东的旅游资源经营权人不再限于投入现金作为股份制公司的实收资本,能够缓解景区旅游资源经营权人的资金压力。第二,与租赁最高期限不能超过 20 年的旅游资源经营权出租模式相比,入股模式更有利于维护景区旅游资源经营的长期性和稳定性,激励经营者加大对旅游资源保护与开发的投入力度,从而提高景区经营效率。第三,只要被入股公司存在并有利润可供分配,旅游资源经营权入股取得的收益将是长期的,并能分享景区旅游资源经营所产生的增值收益。与之相对应,旅游资源经营权转让所产生的收益是一次性的,旅游资源经营权出租所产生的收益是固定的,与旅游资源经营产生的增值收益无关。第四,旅游资源经营权入股能够更充分地利用旅游资源经营权的相关权利,依托新建的旅游股份制公司的实收资本或资产的可转让、可租赁、可抵押的相关权利,间接地进行旅游资源经营权的租赁、抵押、转让等经济行为。

而且,有限责任公司的"资合性""营利性"与旅游资源经营权资本化入股的目的相契合。作为"资合性"企业,有限责任公司以资本为中心,利润实行按资分配,这与实践中的旅游资源经营权"入股"普遍实行按照入股旅游资源经营权的资产评估值按股分红相吻合。《公司法》第二十七条规定了股东可以用实物、知识产权、土地使用权等可以用货币估价并可以依法转让的非货币财产作价出资。据此,旅游资源经营权只要具备"可以用货币估价"和"可以依法转让"这两个条件就能作为能够入股的非货币财产。作为"营利性"企业,追求股东投资回报的最大化是有限责任公司存在的目的,这恰好满足了入股方追求流转收益最大化的利益诉求。正是出于对流转收益最大化的追求，入股方才不将旅游资源经营权出租以获取固定收益而选择具有一定风险性的"入股"流转。此外，《公司法》赋予有限责任公司的较大自治权为对旅游资源经营权入股人利益进行特殊保护提供较大的法律空间。我国《公司法》在股东的表决权、公司利润的分配、股东会的议事方式与表决程序、股权转让等方面均赋予有限责任公司章程自治权，能够对旅游资源经营权入股人的利益进行特殊保护，实现公共政策目标。

国内景区旅游资源经营权流转的实践中也包含了多个旅游资源经营权的入股案例。1993 年，桐庐县旅游总公司正式成立浙江富春江旅游股份有限公司，公司总股本 6000 万元，由国家股、发起人法人股、社会定向法人股、个人股组成，是全国首家以风景旅游资源为主要投入的股份有限公司。这一"富春江模式"是迄今为止最早将旅游景区资源作价入股，建立现代企业制度性质的股份公司（彭德成，2003）。1997 年，河北省承德市滦平县政府与承德市财政局下属国有企业光大农业发展有限责任公司（简称"光大公司"）签订协议，由光大公司与滦平县金山岭长城管理处联合经营河北省金山岭长城景区，公司注册资本为 860 万元，光大公司一次性出资 516 万元付给金山岭长城管理处，获得金山岭长城 60％的经营权，金山岭长城管理处以总资产中的 344 万元和金山岭长城经营权参加联营公司，占 40％股权，双方根据所占股权共同分享门票收入（唐凌，2010）。1999 年，武夷山管委会与新华都集团共同成立武夷山旅游发展股份有限公司，公司总股本 5400 万股，其中由武夷山管委会直管的武夷山腾龙旅游发展有限公司占据 41％的股份，新华都集团占据 35％的股份，剩余股份则由其他 3 家股东分摊。武夷山管委会以营业收入的 50％上缴政府作为景区特许经营权费，将景区的经营权交给武夷山旅游发展股份有限公司（中国旅游协会、中国旅游研究院，2012）。2004 年，《都江堰市人民政府关于规范和完善市兴市投资有限公司管理体制和经营机制的通知》（都府发〔2004〕104 号）明确指出，青城山景区经营权、都江堰景区经营权形成的无形资产折价入股到兴市公司（国有独资有限公司），占 2 亿元总股本的 20％。

尚须言明，景区旅游资源经营权流转进程中存在一些误区或风险，理应建立相应的风险规避、缓释与控制机制以保护性开发与经营旅游景区。首先，高级别的国有非经营性景区理应禁止旅游资源经营权流转以规避其流转风险，而应当将其优先纳入国家公园体制，以保护我国自然和文化遗产为核心要义。其次，高级别的经营性景区可依法推进旅游资源经营权的出租等债权性流转，由于其不产生物权移转的法律后果，所以流转风险较小，进而在风险可控的基础上逐步推进其抵押、转让、入股等物权性流转。最后，除上述以外的旅游景区可在《物权法》和《合同法》规制下进行旅游资源经营权流转，不过监管部门应建立旅游资源经营权确权与流转的登记制度与监管网络，实行严格的景区资源/环境损害赔偿制度、责任追究制度，完善景区环境治理和生态修复制度。

三、旅游资源资本化关键实现机制之旅游资源资产证券化

中国证监会于 2009 年、2013 年、2014 年相继出台《证券公司企业资产证券化试点业务指引(试行)》《证券公司资产证券化业务管理规定》和《证券公司及基金管理公司子公司资产证券化业务管理规定》(以下简称《管理规定》)，为旅游资源资本化提供了一条新的实现途径。2014 年 8 月，《国务院关于促进旅游业改革发展的若干意见》中明确提出"发展旅游项目资产证券化产品"，成为国家指导发展旅游资源资产证券化的纲领性文件。

资产证券化业务是指以基础资产所产生的现金流为偿付支持，通过结构化等方式进行信用增级，在此基础上发行资产支持证券的业务活动(《管理规定》第二条)。就旅游资源资产证券化而言，其交易结构可简要表述为：管理人(证券公司等)设立资产支持专项计划(以下简称专项计划)作为特殊目的载体(special purpost vehicie, SPV)，将专项计划资金用于向原始权益人(旅游企业等)购买权属明确、可产生可预测现金流且可特定化的基础资产(门票收入权等)，通过内外部信用增级，以该项基础资产的未来现金收益为支撑发行可在证券交易场所中挂牌、转让的资产支持证券(《管理规定》第二十八条和第三十八条)。旅游资源资产证券化具备资产证券化的资产重组、破产隔离、信用增级等特征，不仅能够拓宽景区融资渠道，降低融资风险与融资成本，而且能够保障资金安全，提升资产利用效率，提高旅游资源资本化收益。旅游资源资产证券化的实务应用包括五大流程：第一环节，确定证券化资产目标，构建资产池；第二环节，设立特殊目的载体；第三环节，金融资产的"真实出售"；第四环节，信用增级，发行债券；第五环节，管理资产，清付本息(张奇，2013)。

迄今为止，国内旅游资源资产证券化实例有两个。2012 年 12 月，中信证券股份有限公司("计划管理人"，简称"中信证券")经中国证监会批准设立"欢乐谷主题公园入园凭证专项资产管理计划"(简称"欢乐谷专项计划")，将专项计划资金用于向原始权益人深圳华侨城股份有限公司(简称

"华侨城 A")及下属两家子公司购买基础资产,即欢乐谷主题公园入园凭证。欢乐谷专项计划受益凭证的本金总规模为 18.5 亿元,设优先级受益凭证和次级受益凭证两种受益凭证。其中优先级受益凭证本金规模为 17.5 亿元,分为华侨城 1 至华侨城 5 五个品种(信用评级均为"AAA"),期限分别为 1 年至 5 年,由符合资格的机构投资者认购;次级受益凭证规模为 1 亿元,由华侨城 A 全部认购。募集资金将专项用于欢乐谷主题公园游乐设备和辅助设备维护、修理和更新,欢乐谷主题公园配套设施建设和补充日常运营流动资金。

2014 年 8 月,广州长隆主题公园入园凭证专项资产管理计划(简称"长隆专项计划")资产支持证券由华泰证券股份有限公司("计划管理人",简称"华泰证券")按照中国证监会要求正式发行交易。此资产支持证券分为优先级资产支持证券和次级资产支持证券,募集的资金用于购买广州长隆集团有限公司(原始权益人,简称"广州长隆")经营的长隆欢乐世界、长隆水上乐园、长隆国际马戏大剧院 3 个主题公园自专项计划成立之次日起 8 年内特定期间的入园凭证(基础资产)。其中,优先级资产支持证券总发行规模为 30 亿元,分 1~8 年八个期限的产品(信用评级均为"AA+"),八个期限产品逐年偿还对应于各档优先级产品的本金规模,每年以固定利率支付预期收益;次级资产支持证券由广州长隆全额认购,募集规模为 2 亿元。华泰证券作为计划管理人负责设立、管理本专项计划,在计划成立日以优先级和次级资产支持证券所募集资金向原始权益人购买基础资产,并代表专项计划在托管银行设立专项计划账户。作为原始权益人,广州长隆负责向本专项计划提供真实、有效的基础资产。

两大专项计划的原始权益人和担保人都是旅游行业领军企业,拥有资产规模大、土地资源丰富、盈利能力强的国内著名主题公园群,其基础资产①现金流稳定趋升,承诺年均最低销售现金流分别为 7.07 亿元和 5.24 亿元。

综观欢乐谷专项计划和长隆专项计划,在资金流转环节的安全保障措施方面,两者都将专项计划作为特殊目的载体(SPV),使得专项计划资产独

---

① 两大专项计划的基本资产都是主题公园入园凭证(亦即门票收入权)。由于两大专项计划都设置了提前终止机制:若主题公园设置抵押的土地使用权被处置而导致主题公园无法继续经营并销售入园凭证时,专项计划提前终止。从该提前终止机制可以看出,旅游资源资产证券化中的门票收入权与土地使用权也是不可分离的,其实质就是旅游用地使用权(用益物权)。

立于相关利益主体的固有财产,不属于破产清算财产,具有破产隔离特性,能够有效保护投资者利益;两大专项计划的货币收支活动都通过专用的银行账户——专项计划账户进行;专项计划资产由托管人(中信银行和工商银行广东省分行)按照《托管协议》的约定进行托管,管理人为专项计划单独记账、独立核算,建立相对封闭、独立的基础资产现金流归集机制;专项计划存续期内,基础资产现金收入款项由监管银行(中信银行深圳、上海分行/交通银行北京分行和工商银行广东省分行)根据《监管协议》划至专项计划账户,实行实时监管。

在信用增级方面,两大专项计划在交易结构中设置了优先/次级受偿、超额抵押、差额支付承诺与担保机制等四种信用增级技术。第一,两大专项计划对受益凭证进行了优先/次级分层,次级受益凭证能够为优先级受益凭证分别提供 5.41% 和 6.25% 的信用支持,并全部由原始权益人认购,从而可以有效防范原始权益人的道德风险。第二,根据预测,原始权益人在专项计划存续期间的主题公园入园凭证收入超额覆盖预期支出,各期覆盖比率最低值分别达到了 1.45 和 1.16,亦即基础资产的现金流对优先级资产支持证券本金的覆盖倍数较高。第三,在任意一个初始核算日,若在前一个特定期间内,基础资产销售均价低于约定的最低销售均价和/或销售数量低于约定的最低销售数量,则原始权益人承诺分别进行补足。第四,担保人为原始权益人如期足额向专项计划账户划转预期金额的主题公园入园凭证收入提供不可撤销连带责任担保。

第六章　旅游资源经济价值的分层评估机理

　　2012 年 2 月,中国人民银行、发展改革委、旅游局、银监会、证监会、保监会、外汇局《关于金融支持旅游业加快发展的若干意见》中明确指出"鼓励金融机构在依法合规、风险可控和符合国家产业政策的基础上,探索开展旅游景区经营权质押和门票收入权质押业务",并提出"加快完善各项资产和权益的抵(质)押登记和评估工作"。这就规定了旅游资源经营权在进行抵(质)押融资时需经有资质的机构出具评估报告,而非双方议价,这为旅游资源经济价值的量化评估规定了施行标准。有鉴于此,本章拟按照景区旅游资源物品的价值与旅游市场的关联程度,厘清旅游资源经济价值评估的层级特征,再应用福利计量理论揭示旅行费用法和条件价值法评估旅游资源游憩价值的数理经济原理,进而综合应用产权理论与资产评估理论揭示旅游资源经营权价值的评估机理。

第一节　旅游资源经济价值评估的层级特征与关系结构

一、旅游资源经济价值评估的层级特征

　　在旅游资源经济价值评估的层级特征方面,国外学者 Greeley et al. (1981)最先提出旅游资源的保存价值包括选择权价值(option value)、遗赠价值(bequest value)和存在价值(existence value)。选择权价值是旅游者为了日后的游憩使用而愿意支付的价值。存在价值是旅游者认为旅游资源持

续存在体现出来的价值。遗赠价值则是当代旅游者为了保障后代使用该旅游资源而愿意支付的价值。Walsh et al.(1984)认为旅游资源包含利用价值和保存价值,在旅游资源价值评估方面,利用价值与游憩活动的消费者剩余测算联系紧密,保存价值则与旅游者代际获益的测算显著相关。Liston-Heyes et al.(1995)则明确界定了旅游资源游憩价值的含义:源于旅游资源及其环境的包含经济、社会和生态效益的总效益。

在借用国外旅游资源价值构成理论的基础上,薛达元(1997),陈浮、张捷(2001)初步建立了包括使用价值和非使用价值的旅游资源经济价值体系。且在两者的细分项,学界已达成如下共识:前者包括直接与间接使用价值;后者包括选择价值、遗产价值和存在价值。对于直接与间接使用价值包含哪些基本价值类型,学者们的观点略有不同,总的看法是直接使用价值包括游憩价值、美学艺术价值、历史文化价值、娱乐康体价值、科研价值等类型,间接使用价值包括生态价值、环境价值等类型(郭剑英等,2004;李向明,2006)。周军等(2011)基于对旅游价值构成的逻辑关系分析,旅游总经济价值应是由游憩价值、旅游品牌价值、旅游环境价值、生态服务价值、选择价值、遗产价值和存在价值七种基本价值类型构成的四级价值体系。其中,游憩价值采用旅行费用区间分析法评估,旅游品牌价值采用最大品牌权益法评估,旅游环境价值采用费用支出法评估,生态服务价值采用生态系统静态平衡模型评估,选择价值、遗产价值和存在价值等旅游非使用价值采用条件价值法评估。

诚然,不同的研究视角和理论依据可能会得出不同的旅游资源经济价值构成及其评估的结论。但笔者认为应当采用系统、动态、发展的思路进行考量,以廓清旅游资源经济价值的层级特征,最大限度地得出具备全面性、前瞻性和预见性的公允的研究结论。一方面,就旅游者视角而言,在景区游憩过程中,旅游资源应当给旅游者带来效用;另一方面,就景区经营者视角而言,旅游资源的开发经营应当能够产生持续的经营收益。因此,迫切需要从旅游资源经济价值的构成来源角度进行分析,并结合景区旅游资源开发和经营活动的过程,综合考虑以下两个层面,即旅游资源游憩价值层面和经营权价值层面,只有这样才能科学地捕捉到旅游资源经济价值的层级特征。延续着上文的理论分析框架,旅游资源经济价值按照景区旅游资源物品的价值与旅游市场的关联程度,可分为两个层面:一是可直接在旅游市场交易的价值——旅游资源经营权价值;二是可间接在旅游市场交易的价值——旅游资源游憩价值。

进一步地,综观国内外旅游资源经济价值评价方法,遵循本书提出的旅游资源经济价值双层评估特征,将各种评估方法相应划分为两种思路:

其一,旅游资源游憩价值评估方法应当是以显示偏好法(RP)与陈述偏好法(SP)为主导的评估方法,包括旅行费用法(TCM)、条件价值法(CVM)、享乐定价法(HPM)等。与国内部分学者观点相反的是,笔者深入研究后认为以收益法为主的资产评估方法不适用于评估旅游资源游憩价值。因为景区旅游资源游憩价值或利用价值无法在公开市场上交易,且国内大部分景区的旅游资源尚不属于"资产",如何能够应用仅仅适用于公开市场资产估值的"资产评估"方法?回溯国内旅游资源游憩价值评估文献,笔者也发现了混淆旅游资源游憩价值评估法和经营权价值评估法的文献,例如李家兵和张江山(2003)采用收益资本化法评估武夷山国家级风景名胜区的游憩价值;喻燕(2010)应用收益还原法评估2008年黄山景区的利用价值。当然,对于应用旅行费用法和条件价值法这类替代和模拟技术类市场评估方法所存在的主观因素造成的偏差性问题,亦即调查者和受访旅游者主观因素的影响和部分评估环节都会使结果产生偏差的问题,应当进一步通过调查问卷技术的改进、效用或需求函数的精确设定、应用计量模型的科学选择、评估值有效性检验等环节的科学化设定来实现。

其二是旅游资源经营权价值评估方法,以收益法、市场法、成本法为主导的资产评估方法,包括收益还原法(income capitalization method,ICM)、现金流折现法(discounted cash flow method,DCF)、现行市价法(current market value method,CMV)、重置成本法(replacement cost method,RCM)等。与国内部分学者观点相反的是,笔者深入研究后认为国外以显示偏好法(RP)与陈述偏好法(SP)为主导的评价方法评估得出的景区旅游资源游憩价值数额过大。尤其在景区旅游资源经营权出让的实践中,这一游憩价值评估值过大导致投资商下不了决心进行相应高额投资的不足十分明显,因而TCM和CVM无法评估景区旅游资源经营权价值。回溯国内旅游资源游憩价值评估文献,笔者也发现了旅游资源游憩价值评估值远超旅游投资商心理预期值的文献,例如李京梅和刘铁鹰(2010)应用TCM和CVM评估青岛南部滨海旅游区一线的滨海游憩资源价值,发放问卷地点包括五四广场、栈桥、雕塑园等滨海一线重要旅游景点。然而他们得到的青岛南部滨海旅游区一线的滨海游憩资源价值的TCM和CVM评估值分别为569亿元和451亿元。喻燕(2010)应用条件价值法评估得出2008年黄山景区旅游资源的非使用价值为182.03亿元。试问哪个旅游开发商会投入与之相应的几百亿巨额资金来开发这一片滨海旅游资源或某个旅游景区？亦即这一游憩价值估值似乎更接近景区旅游资源经济效应的评估值,但是不宜作为景区旅游资源经营权的基准价。

二、旅游资源经济价值评估的关系结构

随着我国景区旅游资源经营权出让案例的不断增多,部分学者开始探索性分析旅游资源经营权价值。然而,其混淆了旅游资源游憩价值与经营权价值的评估差异(阮君,2006)。笔者认为,旅游资源的游憩价值评估与经营权价值评估是旅游资源经济价值评估的两个层面,厘清两者之间的相互关系至关重要。

首先,就评估的理论依据视角而言,旅游资源游憩价值评估基于效用价值论和福利计量理论,探讨旅游资源与环境的作用和给予旅游者的福利,并通过旅游者效用或偏好将其用一般等价物表示,以评估得出旅游资源游憩价值。旅游资源经营权价值评估基于资产评估理论,将旅游资源经营权作为旅游资源资产的基本构成形态,将旅游资源经营权作为市场经济中的资源性资产进行资产评估。

其次,就评估目的视角而言,旅游资源游憩价值评估的目的之一是完善旅游资源开发与环境保护投资的可行性分析;二是为旅游资源开发、经营,经营权投资,经营权质押融资等提供决策依据。其根本出发点是确定景区旅游资源能否为旅游者提供福利,并从旅游者的视角测算这种福利的大小,其目标是实现旅游者效用最大化。旅游资源经营权价值评估就是为旅游资源资产化管理、旅游资源资产的资本化运营等提供景区的旅游资源经营权转让基准价的参考。

再次,就评估对象视角而言,旅游资源游憩价值评估对象着眼于景区的整体旅游资源这一有形资源实体。旅游资源经营权价值评估对象着眼于具有预期经济利益的旅游资源资产(旅游资源经营权)这一无形资产权利。

最后,就评估的价值类型视角而言,由于景区旅游资源大多为国家所有而不能直接买卖旅游资源本体,所以旅游资源本体是没有市场价格的。而旅游资源游憩价值是基于景区旅游者的旅行成本和消费者剩余评估得出,所以是可间接在市场上交易的价值。而旅游资源经营权价值则是公开市场上经营权的公允交换价值的度量,其存在市场化交易前提。因此,两者评估方法大相径庭,旅游资源游憩价值借助福利计量理论,用揭示偏好法(如旅行费用法)、陈述偏好法(如条件价值法)来将可间接在市场上交易的旅游资

源游憩价值赋予货币化计量。旅游资源经营权价值则从旅游资源经营权在出让期内能够带来的预期收益入手进行评估。

第二节　旅游资源游憩价值评估机理

一、旅游资源游憩价值评估探析

前文已述及,旅游资源一般具有非排他性和竞争性,或者具有排他性和非竞争性,属于准公共产品。旅游资源游憩价值不能直接在市场上交易,只能通过测算旅游者游憩行为付出的成本及其消费者剩余来评估。长久以来,如何评估旅游资源这类无法在市场上直接交易的物品的游憩价值一直是一个国内外研究难题。

在福利经济学中,"经济价值"与"福利变化"能够互相替代,"衡量偏好"构成福利经济学的理论核心,并使"价值＝效用＝支付意愿＝偏好"的等式成立(刘敏等,2008)。即旅游资源游憩价值是通过旅游者真实或假想的购买决策来衡量的,而旅游资源产品购买决策能够反映旅游者偏好,这样便可用来衡量旅游资源游憩价值。社会中的旅游者个体能够绝对正确地判断自己的福利状况,并通过参与经济活动获取和增加福利,这种福利不仅取决于其所消费的私人物品、公共物品或公共池塘物品,还取决于其从所消费的旅游资源这类俱乐部物品,例如景区游憩活动。因此,对旅游资源游憩价值进行货币化衡量的理论依据在于其对旅游者福利产生影响。

在新古典经济学中,价值是旅游者为了消费旅游资源物品而愿意放弃的其他商品。旅游资源物品的价值取决于旅游者偏好,也受边际效用递减规律制约。与之相应,旅游资源物品价格是旅游者为了获得该物品而必须放弃的其他商品的数量,其取决于供给和需求两方。价格既反映了旅游资源物品的边际供给者成本,又反映了旅游资源物品对边际消费者的价值(希尔,2006;沈小波,2008)。对其他消费者来说,他们所消费的旅游资源物品带给自身的价值,要远大于其实际支付价格,二者差值就是消费者剩余。根据这一消费者剩余经济学原理,Clawson(1959)等学者提出了评估旅游资源游憩价值的方法——旅行费用法(TCM)。

之后,基于福利计量理论,Davis(1963)等学者提出了评估旅游资源游憩价值的条件价值法(CVM)。在条件价值法的应用原理中,旅游资源游憩价值可用"最大支付意愿（WTP）"或"最小受偿意愿（WTA）"来衡量。最大支付意愿（WTP）是指旅游者在既定福利水平条件下，为了获得旅游资源质量的改善所愿意支付的最大货币量（沈小波，2008；李作志等，2010）。最小受偿意愿（WTA）是指旅游者在既定福利水平下，为了接受旅游资源质量的某种下降所愿意接受的最小货币补偿（沈小波，2008；李作志等，2010）。

进一步梳理旅游资源游憩价值评估方法的演进，福利经济学家庇古（1952）提出了个体福利的内涵与衡量思路，Clawson（1959）首先提出了旅行费用法（TCM），Davis（1963）率先提出了条件价值法（CVM），Rosen（1974）进而提出了享乐旅行费用法（HPTCM），McFadden（1974，1978）提出了随机效用旅行费用法（RUTCM），AdamowieZetal（1994）将 McFadden（1981）的选择模型应用于旅游资源游憩价值研究之后，较大地推动了旅游资源游憩价值评估研究的发展进程。简而言之，上述方法的共同特征在于通过极大似然估计（maximum likehood estimate）评估游憩需求模型参数，然后构建需求函数积分求解马歇尔或希克斯消费者剩余。这部分模型的建构方式大致划分为两种，包括显示性偏好法（以旅行费用法为典型）和陈述性偏好法（以条件价值法为典型），分别基于马歇尔消费者剩余原理和希克斯消费者剩余原理。

二、基于旅行费用法的旅游资源游憩价值评估机理

（一）旅游资源游憩价值评估之旅游需求函数建模

旅游需求函数包含了能够体现旅游者偏好的足够信息含量，体现了旅游者对景区所提供的愉悦休憩、康体度假服务的游憩需求行为和支付意愿。精准建构旅游需求曲线是进一步进行景区门票定价、旅游资源最优投资水平和开发规模、旅游的社会收益测度、旅游产业经济研究的前提。

景区的门票费一般不会随着时序变动，基本上无法应用标准计量经济学模型直接估计并刻画出景区旅游需求曲线。然而，景区游憩活动区别于其他经济活动的一个显著特征使得估计其需求函数具有一条独特的路径。与一般的商业产品不同，游憩活动依托于景区旅游资源，旅游者必须借助旅游交通渠道达到旅游目的地景区进行相应消费，而不是商业产品通过物流渠道递送到旅游者手中，所以景区游憩活动与区位特定的旅游交通活动具有强互补性。而且，旅游者游憩过程还包括对餐饮住宿、游乐购物、摄影通信等的综合消费。依据景区旅游者游憩活动与其他旅游消费的互补特性（孙睿君，钟笑寒，2005），旅行费用法（TCM）更适宜于来估计国内景区旅游

资源游憩的旅游需求函数。

旅行费用法能够用以刻画与旅游活动相伴的需求曲线,将游客旅行成本支出当作旅游价格的替代变量,将城市或省份居民出游比率或一定时期内游憩次数作为需求量,从而通过数理积分求解旅游需求曲线以测算得出消费者剩余。采用旅行费用法评估景区旅游资源游憩价值包括两个环节:第一环节,构建应用计量经济学模型估计游憩需求函数关键参数;第二环节,通过数理积分求解游憩需求曲线以测算得到马歇尔消费者剩余,进而加总旅游者在景区的实际旅行成本支出就能够测算出旅游者参与旅游资源游憩活动的经济价值,也能够反映景区旅游资源的游憩价值。

如第二章所述,常见的旅行费用模型包括传统的区域旅行费用法(ZTCM)、个体旅行费用法(ITCM)和旅行费用区间分析(TCIA)。ZTCM按照游客的客源地划分为若干个区域,以区域人口出游比例为被解释变量,以按照客源地与目的地的距离来计算的旅行成本为解释变量,来构造旅游需求函数。ZTCM隐含假设是来自同一客源地的旅游者对游憩地的偏好一致,且旅行成本一样(Hotelling,1947;Clawson,1959;Clawson,Knetsch,1966;Smith,1975;Batie et al.,1976;Vaughan et al.,1982),其演算步骤与原理深刻地表征了黎曼(Riemann)积分的分割定义域的数学分析思想(谢双玉,等,2008)。与ZTCM不同,ITCM则是使用旅游者个体数据来代替区域统计数据,其基于旅游者个体观测数据的内在变化,以旅行次数为因变量,以旅行成本、旅行时间、人口统计学变量等为自变量,基于一般线性回归模型构建旅游需求函数(Brown,Nawas,1973;Gum,Martin,1975;Cicchetti et al.,1976;Wetzstein,Green,1978)。ITCM较适用于单目的地评估,其在多目的地评估过程中需要有效解决多目的地替代性与相应旅行成本分摊问题(McConnell,1977;Ziemer et al.,1980)。TCIA不再把地理距离作为旅游者的划分标准,而是以个体的旅行成本为维度划分旅游者区间,使每一区间内的旅游者旅行费用一致,并据此构建旅游需求函数(李巍等,2003;詹丽等,2005;郝伟罡等,2007;肖建红等,2011;周军等,2011;李湘豫等,2013),其演算步骤与原理深刻地表征了勒贝格(Lebesgue)积分的分割值域的数学分析思想(谢双玉等,2008)。

由此可见,旅行费用法的关键是确定旅游需求函数。在实证研究中,影响旅游需求的解释变量除了旅游成本外,还包括旅游者人口统计学变量。因此,建立如下的回归模型:

$$Q = Q(P, Y, X_1, X_2, \cdots, X_n) \tag{6.1}$$

其中,对于 ITCM,Q 为旅游者一定时期内的游憩次数;P 是旅行成本支出;Y 是旅游者收入;X_i 代表游客的人口统计学变量和其他解释变量。对于 ZTCM,Q 为城市或省份居民出游比率;P 是旅行成本;Y 是旅游者收入;X_i 代表旅游者的人口统计学变量和其他解释变量,其中后三者可以取旅游者家庭的平均值。

从前文的文献述评中,我们可知线性模型、对数线性模型、线性对数模型、双对数函数模型已经应用于景区旅游资源游憩的消费者福利测量中。在计算马歇尔消费者剩余前,需要基于应用计量经济学方法准确估计上述四类需求函数模型参数,再基于理论计量经济学建模得到旅游需求函数,为进一步测算消费者剩余奠定基础(刘亚萍,2008)。

1. 基于线性回归模型的旅游需求函数建模

第一种回归模式——线性回归模型:

$$Q=\alpha+\beta P \tag{6.2}$$

消费者剩余是需求曲线以下、平均旅行成本 P_x 以上的面积。其计算公式是

$$CS=\int_{P_x}^{P_m} Q\,dP \tag{6.3}$$

将式(6.2)代入可得

$$CS=\int_{P_x}^{P_m}(\alpha+\beta P)\,dP \tag{6.4}$$

求出被积函数的原函数后,式(6.4)变为

$$CS=\left[\frac{(\alpha+\beta P)^2}{2\beta}\right]_{P_x}^{P_m} \tag{6.5}$$

将积分区间 $[P_x,P_m]$ 的积分上限 P_m 和积分下限 P_x 代入式(6.5)得

$$CS=\frac{(\alpha+\beta P_m)^2-(\alpha+\beta P_x)^2}{2\beta} \tag{6.6}$$

进一步整理式(6.6)右边的分子后得

$$CS=\frac{Q_m^2-Q_x^2}{2\beta} \tag{6.7}$$

2. 基于线性对数回归模型的旅游需求函数建模

第二种回归模式——线性对数回归模型:

$$Q=\alpha+\beta\ln P \tag{6.8}$$

消费者剩余的计算公式是

$$CS=\int_{P_x}^{P_m} Q\,dP \tag{6.9}$$

将式(6.8)代入可得

$$CS = \int_{P_x}^{P_m} (\alpha + \beta \ln P) \mathrm{d}P \qquad (6.10)$$

求出被积函数的原函数后,式(6.10)变为

$$CS = [\alpha P + \beta P (\ln P - 1)]_{P_x}^{P_m} \qquad (6.11)$$

整理式(6.11)后得

$$CS = P[(\alpha + \beta \ln P) - \beta]_{P_x}^{P_m} \qquad (6.12)$$

将积分区间$[P_x, P_m]$的积分上限P_m和积分下限P_x代入式(6.12)得

$$CS = P_m[(\alpha + \beta \ln P_m) - \beta] - P_x[(\alpha + \beta \ln P_x) - \beta] \qquad (6.13)$$

进一步整理式(6.13)后得

$$CS = P_m(Q_m - \beta) - P_x(Q_x - \beta) \qquad (6.14)$$

3. 基于对数线性回归模型的旅游需求函数建模

第三种回归模式 —— 对数线性回归模型:

$$\ln Q = \alpha + \beta P \qquad (6.15)$$

消费者剩余的计算公式是

$$CS = \int_{P_x}^{P_m} Q \mathrm{d}P \qquad (6.16)$$

将式(6.15)代入可得

$$CS = \int_{P_x}^{P_m} \mathrm{e}^{(\alpha + \beta P)} \mathrm{d}P \qquad (6.17)$$

求出被积函数的原函数后,式(6.17)变为

$$CS = \left[\frac{\mathrm{e}^{(\alpha + \beta P)}}{\beta}\right]_{P_x}^{P_m} \qquad (6.18)$$

将积分区间$[P_x, P_m]$的积分上限P_m和积分下限P_x代入式(6.18)得

$$CS = \frac{1}{\beta}\left[\mathrm{e}^{(\alpha + \beta P_m)} - \mathrm{e}^{(\alpha + \beta P_x)}\right] \qquad (6.19)$$

进一步整理式(6.19)后得

$$CS = \frac{Q_m - Q_x}{\beta} \qquad (6.20)$$

4. 基于双对数回归模型的旅游需求函数建模

第四种回归模式 —— 双对数回归模型:

$$\ln Q = \alpha + \beta \ln P \qquad (6.21)$$

消费者剩余的计算公式是

$$CS = \int_{P_x}^{P_m} Q \mathrm{d}P \qquad (6.22)$$

将式(6.21)代入式(6.22)可得

$$CS = \int_{P_x}^{P_m} e^{(\alpha+\beta \ln P)} dP \tag{6.23}$$

整理式(6.23)后得

$$CS = \int_{P_x}^{P_m} e^{\alpha} P^{\beta} dP \tag{6.24}$$

求出被积函数的原函数后,式(6.24)变为

$$CS = \left[\frac{P e^{\alpha} P^{\beta}}{\beta+1}\right]_{P_x}^{P_m} \tag{6.25}$$

由于上式中分母 $\beta+1$ 不能为零,所以由此开始分 $\beta=-1$ 和 $\beta \neq -1$ 两种情况讨论:

当 $\beta=-1$ 时,将 $\beta=-1$ 代入式(6.23)后得

$$CS_{\beta=-1} = \int_{P_x}^{P_m} e^{\alpha} P^{-1} dP \tag{6.26}$$

求出被积函数的原函数后,式(6.26)变为

$$CS_{\beta=-1} = \left[e^{\alpha}(\ln P)\right]_{P_x}^{P_m} \tag{6.27}$$

将积分区间 $[P_x, P_m]$ 的积分上限 P_m 和积分下限 P_x 代入式(6.27)得

$$CS_{\beta=-1} = e^{\alpha}(\ln P_m - \ln P_x) \tag{6.28}$$

当 $\beta \neq -1$ 时,

$$CS_{\beta \neq -1} = \left[\frac{P e^{\alpha} P^{\beta}}{\beta+1}\right]_{P_x}^{P_m} \tag{6.29}$$

将积分区间 $[P_x, P_m]$ 的积分上限 P_m 和积分下限 P_x 代入式(6.29)得

$$CS_{\beta \neq -1} = \frac{P_m e^{\alpha} P_m^{\beta} - P_x e^{\alpha} P_x^{\beta}}{\beta+1} \tag{6.30}$$

将 $Q = e^{\alpha} P^{\beta}$ 代入式(6.30)整理后得

$$CS_{\beta \neq -1} = \frac{P_m Q_m - P_x Q_x}{\beta+1} \tag{6.31}$$

(二)旅行费用法评估旅游资源游憩价值的数理经济原理

旅行费用法评估旅游资源游憩价值主要基于马歇尔消费者剩余的数理经济原理。沿着瓦里安(2002)、李作志(2010)、陈强(2010)、王尔大等(2012)的数理推导思路,规范的马歇尔需求函数推导过程从效用函数开始,由 Lagrange Multiplier 或 Roy's Identity 计算得到,并假定效用函数是严格凹或准凹函数。根据效用最大化理论,消费者的偏好可以用效用函数表示,如下:

$$\max u(x,z \mid \boldsymbol{g},\boldsymbol{s}) \quad \text{s. t. } px+qz=m \tag{6.32}$$

其中，x 是各城市或省份的旅游者出行比例或旅游者在一定时期内的游憩次数；z 是其他商品需求量，$\boldsymbol{g}$ 是景区旅游资源或环境要素特征向量，$\boldsymbol{s}$ 是旅游者人口统计学向量；p 是旅游成本；q 是其他商品价格；m 是旅游者个人或家庭收入。式(6.32)说明在旅游者收入约束条件下，其应当做出怎样的旅行决策以实现效用最大化。下面我们揭示旅游需求函数构建过程中的数理经济原理，假设旅游消费量和其他消费量满足 Cobb-Douglas 效用函数形式，并用 Lagrange Multiplier 测算消费者剩余。

$$u(x,z)=x^a z^{1-a} \quad \text{s. t. } px+qz=m \tag{6.33}$$

将分子用函数单调变换后，构建拉格朗日等式：

$$L(x,z,\lambda)=a\ln x+(1-a)\ln z+\lambda(m-px-qz) \tag{6.34}$$

$$\begin{cases} \dfrac{\partial L(x,z,\lambda)}{\partial x}=\dfrac{a}{x}-\lambda p=0 \\[2mm] \dfrac{\partial L(x,z,\lambda)}{\partial z}=\dfrac{1-a}{z}-\lambda q=0 \\[2mm] \dfrac{\partial L(x,z,\lambda)}{\partial \lambda}=m-px-qz=0 \end{cases} \Rightarrow \begin{cases} x=\dfrac{am}{p} \\[2mm] z=\dfrac{(1-a)m}{q} \\[2mm] \lambda=\dfrac{1}{m} \end{cases} \tag{6.35}$$

这里的旅游需求函数可以变形为下面的形式：

$$\ln x=\ln(am)-\ln p=\text{cons}-\ln p \tag{6.36}$$

它是一个半对数形式的旅游需求函数，说明旅游需求与价格呈现反比例关系。

若使用旅游价格和可支配收入约束旅游者行为，效用表现为 p 和 I 的函数，形成间接效用函数，即

$$v(p,q,m)=\max u(x,z \mid \boldsymbol{g},\boldsymbol{s}) \quad \text{s. t. } px+qz=m \tag{6.37}$$

将式(6.37)结果代入 Cobb-Douglas 效用函数，得到如下形式的间接效用函数，通过 Roy's Identity 也能够推导出马歇尔需求函数：

$$v(p,q,m)=\left(\frac{am}{p}\right)^a\left[\frac{(1-a)m}{q}\right]^{1-a}=m\left(\frac{a}{p}\right)^a\left[\frac{(1-a)}{q}\right]^{1-a} \tag{6.38}$$

由罗尔恒等式，有

$$x=-\frac{\partial v/\partial p}{\partial v/\partial m}=-\frac{m\cdot a^a\cdot\left[\frac{\partial(p^{-a})}{\partial p}\right]\cdot\left[\frac{(1-a)}{q}\right]^{1-a}}{\left(\frac{a}{p}\right)^a\cdot\left[\frac{(1-a)}{q}\right]^{1-a}}=\frac{am}{p} \tag{6.39}$$

$$z=-\frac{\partial v/\partial q}{\partial v/\partial m}=\frac{(1-a)m}{q} \tag{6.40}$$

而国内外学者在应用中广泛采用线性、半对数、双对数等需求函数计量模型(Ziemer et al. ,1980；Adamowicz et al. ,1989；Hausman et al. , 1995；Chen et al. , 2004；Fleming et al. , 2008；Wang et al. , 2009)。基于微观经济学原理,消费者在交易中会追逐效用最大化,效用表示为需求函数,同时要受到个体收入的限制,形成如下的表达式:

$$\max U = U(\boldsymbol{X}) \quad \text{s. t.} \sum_{i=1}^{n} p_i x_i = m \tag{6.41}$$

其中,$\boldsymbol{X} = (x_1, x_2, \cdots, x_n)$ 是商品数量向量,$x_1, x_2, \cdots, x_n$ 表示 n 种商品的数量,$p_i(i=1,2,\cdots,n)$ 为商品 $x_1, x_2, \cdots, x_n$ 所对应的价格,m 是个体收入。如果价格构成向量 $\boldsymbol{P} = (p_1, p_2, \cdots, p_n)$,那么 $x_i = f(\boldsymbol{P}, m)$ 表明商品需求是其价格和消费者收入的函数。

微观经济学的需求定理表明在其他条件不变时,商品需求量与价格成反比。旅行费用法(TCM)源于美国经济学家 Hotelling(1947)的思想,Hotelling 研究发现游客与旅游地的地理距离越远,其感受到的净效用就越少,即旅游者认为游览游憩地的价值小于其旅游花费。基于此,Hotelling (1947)、Clawson(1959)、Clawson & Knetsch(1966)模拟了旅游者的需求曲线,并对其积分得到游憩地经济价值。同样令 Q 是各城市或省份的旅游者出行比例或旅游者在一定时期内的游憩次数,p 是旅游成本且会影响 Q,m 是旅游者收入且会影响 Q,所以 $Q = f(\boldsymbol{P}, m)$,进一步加入旅游者人口统计学变量、景区旅游资源或环境属性变量等其他影响 Q 的变量 $(s_1, s_2, \cdots, s_n)$,即形成了旅游资源游憩需求模型:

$$Q = f(\boldsymbol{P}, m, s_1, s_2, \cdots, s_n) \tag{6.42}$$

基于应用计量经济学理论求得式(6.42)参数后建构旅游需求函数,在旅游价格积分区间 $[P_0, P_A]$ 进行定积分以测算马歇尔消费者剩余,进一步求得旅游者的社会福利水平。消费者剩余是需求曲线以下,当前支付价格以上的面积。由需求函数 $Q = f(\boldsymbol{P}, m)$,推导得出马歇尔消费者剩余的积分式:

$$CS = \int_{P_0}^{P_A} Q(\boldsymbol{P}, m) \mathrm{d}P \tag{6.43}$$

简而言之,价格线之上需求曲线之下的区域,是旅游者从该价格水平下的全部购买量中获得的总消费者剩余。它测度了该旅游商品的交易对旅游者的净价值。

综上所述,应用旅行费用法评估旅游资源游憩价值的评估机理如下:旅行费用法是通过旅游者在景区旅游资源游憩过程中所产生的旅游成本支出行为来显示旅游者内在的偏好倾向,其内在逻辑是遵循"旅行成本支出行为——旅游者偏好关系"的推演路径。旅行费用法通过线性模型、半对数模型、双对数模型等计量模型评估需求函数参数,根据需求函数积分计算马歇尔消费者剩余,进而科学测度出旅游资源游憩价值。

三、基于条件价值法的旅游资源游憩价值评估机理

(一)旅游资源游憩价值评估之支付意愿效用函数建模

1. 旅游资源游憩价值的支付意愿效用函数构建

在应用条件价值法评估旅游资源游憩价值的过程中,受访旅游者对二分式问卷中的投标值的意愿支付态度,在本质上是旅游者个人的效用最大化过程(Hanemann,1984)。沿着 Hanemann(1984)、瓦里安(2002)、赵军和杨凯(2004)、陈强(2010)、李作志等(2012)的数理推导思路,假定旅游者效用 U 是旅游资源状态 q、旅游者收入 y 和人口统计学特征 s 的函数,即

$$U=U(q,y,s) \tag{6.44}$$

由于旅游者效用不仅仅受资源状态、收入水平和人口统计学特征影响,其影响因素可能还有一个或多个,只是这些影响因素的作用效应很小或还未被捕捉到。所以,我们将在式(6.44)的基础上引入了随机扰动项,其涵盖了除 q、y、s 以外的其他影响因素:

$$U=V(q,y,s)+\varepsilon \tag{6.45}$$

ε 为随机扰动项,并服从 Weibull 分布,则旅游资源两种不同状态 q^0、q^1 下的效用函数为

$$U_0=V(q^0,y,s)+\varepsilon_0 \tag{6.46}$$

$$U_1=V(q^1,y,s)+\varepsilon_1 \tag{6.47}$$

ε_0、ε_1 为相互独立的随机扰动项。假定旅游资源状态的改变是一种改善,即 $q^1>q^0$。旅游者应做出收入变化以维持福利水平不变。DC-CVM 问卷询问受访旅游者是否愿意支付由调查者拟定的数额 A,受访旅游者只需要回答"是"或"否"。由于效用 U 是收入 y 的严格单调递增函数,若受访旅游者愿意支付 A,根据 RUM 理论,效用差 $\Delta U \geqslant 0$(Hanemann,1984),即

$$V(q^1,y-A,s)-V(q^0,y,s)+\varepsilon_1-\varepsilon_0 \geqslant 0 \tag{6.48}$$

则任一受访旅游者接受拟定的数额 A 的概率是

$$\Pr("yes")=\Pr\{V(q^1,y-A,s)+\varepsilon_1 \geqslant V(q^0,y,s)+\varepsilon_0\} \tag{6.49}$$

式中,$\Pr("yes")$ 为受访旅游者接受数额 A 的概率。式(6.49)利用希克斯补

偿变差(CV)概念等价解释为

$$\Pr("yes")=\Pr\{V(q^1,y-CV,s)+\varepsilon_1\geqslant V(q^0,y,s)+\varepsilon_0\} \qquad (6.50)$$

则补偿变差 $CV=CV(q^1,q^0,y,s)$ 是受访旅游者的 WTP,式(6.50)又等价为

$$\Pr("yes")=\Pr\{CV(q^1,q^0,y,s)=WTP\geqslant A\} \qquad (6.51)$$

WTP 中点值 CV^* 和平均值 CV^+ 通常作为保护旅游资源以避免损失时福利计量的主要表征尺度。

2. 旅游资源游憩价值的支付意愿效用函数的参数估计

由于询问受访旅游者的投标值 A 由调查者从事先拟定的投标值域中随机确定,利用计量方法分析二分式问卷的大样本数据能得到受访旅游者愿意支付概率和投标值 A 之间的量化关系(Hanemann,1984)。沿着 Hanemann(1984)、瓦里安(2002)、赵军和杨凯(2004)、陈强(2010)、李作志等(2012)的数理推导思路,定义 $\Delta V=V(q^1,y,s)-V(q^0,y,s)$ 为效用差函数的确定项,$\varepsilon=\varepsilon_0-\varepsilon_1$ 为随机扰动项。定义 $F_\varepsilon(\Delta V)$ 为随机变量 ε 的分布函数,则受访旅游者愿意支付投标值 A 的概率是

$$\Pr("yes")=\Pr(\Delta V-\varepsilon\geqslant 0)=F_\varepsilon(\Delta V) \qquad (6.52)$$

Cameron(1988)则提出了 WTP 的分布函数形式 $G_{WTP}(A)$,但本质上这一分布与上述旅游者偏好分布是一致的(Hanemann & Kannien,1999),即

$$G_{WTP}(A)=\Pr(WTP\leqslant A)=F_\varepsilon(\Delta V) \qquad (6.53)$$

Macfadden(1974)认为两个服从 Weibull 分布的随机变量的差应服从 Logistic 分布,则受访旅游者愿意支付投标值 A 的概率为

$$\Pr("yes")=\Phi(\Delta V)=[1+\exp(-\Delta V)]^{-1} \qquad (6.54)$$

对于效用差 ΔV,Bishop & Heberlein(1979)提出如下对数线性模型:

$$\Delta V=\alpha-\beta\ln A \qquad (6.55)$$

Hanemann 在 1984 年提出线性效用差模型:

$$\Delta V=\alpha-\beta A \qquad (6.56)$$

Hanemann(1984)曾指出 Bishop & Heberlein(1981)的对数线性效用差模型不符合经济学原理,只是对线性效用差的一种逼近,但 Hanemann 在1999 年的进一步研究中认可了对数线性效用差模型的经济学意义(Hanemann,Kannien,1999)。

结合式(6.54)、式(6.55)、式(6.56),得受访旅游者愿意支付投标值 A 的概率:

$$\Pr("yes")=[1+(-\alpha+\beta\ln A)]^{-1} \qquad (6.57)$$

$$\Pr(\text{"yes"}) = [1 + \exp(-\alpha + \beta A)]^{-1} \tag{6.58}$$

式(6.57)和式(6.58)分别为 Log-Logistic 模型和 Logistic 模型。对 Logistic 模型变形得到在 CVM 研究中更为常用的 Logit 形式：

$$\text{Ln}\{\Pr(\text{"yes"})/[1 - \Pr(\text{"yes"})]\} = \alpha - \beta A \tag{6.59}$$

式中，α 为常数项，β 为待估系数。值得注意的是，式(6.59)右边实质为线性效用差。

有时亦用标准正态分布代替 Logistic 分布，则在对数效用差函数条件下，称旅游者偏好呈对数 Logistic 和对数正态分布。实际上，Logit 模型和 Probit 模型的适用性与准确性大致相当，Logit 模型较之 Probit 模型应用更广泛是由于其连接函数可以明确写出以降低运算难度。

(二)条件价值法评估旅游资源游憩价值的数理经济原理

条件价值法评估旅游资源游憩价值主要基于希克斯消费者剩余的数理经济原理。沿着瓦里安(2002)、李作志(2010)、陈强(2010)、王尔大等(2012)的数理推导思路，规范的希克斯需求函数推导过程从效用约束的支出最小化开始，由 Lagrange Multiplier 求解；也可以用旅游价格和效用控制的支出函数，根据 Shephard's Lemma，对支出函数求导得到。假设旅游消费符合 Cobb-Douglas 效用函数形式，根据支出函数极小化模型有

$$\min \ px + qz \quad \text{s.t.} \ x^a z^{1-a} = u_0 \tag{6.60}$$

构建拉格朗日等式：

$$L(x, z, \lambda) = px + qz - \lambda(x^a z^{1-a} - u_0) \tag{6.61}$$

$$\begin{cases} \dfrac{\partial L(x,z,\lambda)}{\partial x} = p - \lambda z^{1-a}(ax^{a-1}) = 0 \\[2mm] \dfrac{\partial L(x,z,\lambda)}{\partial z} = q - \lambda x^a[(1-a)z^{-a}] = 0 \\[2mm] \dfrac{\partial L(x,z,\lambda)}{\partial \lambda} = x^a z^{1-a} - u_0 = 0 \end{cases} \Rightarrow \begin{cases} x = u_0 \cdot \left(\dfrac{a}{1-a}\right)^{1-a} \cdot \left(\dfrac{q}{p}\right)^{1-a} \\[2mm] z = u_0 \cdot \left(\dfrac{1-a}{a}\right)^{a} \cdot \left(\dfrac{p}{q}\right)^{a} \\[2mm] \lambda = \left(\dfrac{p}{a}\right)^{a} \cdot \left(\dfrac{q}{1-a}\right)^{1-a} \end{cases} \tag{6.62}$$

这样就得到了旅游的希克斯需求函数：

$$x = u_0 \cdot \left(\frac{a}{1-a}\right)^{1-a} \cdot \left(\frac{q}{p}\right)^{1-a} \tag{6.63}$$

将式(6.63)代入目标函数得到新的支出函数：

$$e = px + qz = p \cdot u_0 \cdot \left(\frac{a}{1-a}\right)^{1-a} \cdot \left(\frac{q}{p}\right)^{1-a} + q \cdot u_0 \cdot \left(\frac{1-a}{a}\right)^{a} \cdot \left(\frac{p}{q}\right)^{a}$$

$$= u_0 \cdot \left[\left(\frac{a}{1-a} \right)^{1-a} + \left(\frac{1-a}{a} \right)^a \right] \cdot p^a \cdot q^{1-a} \tag{6.64}$$

根据 Shephard's Lemma,对上述支出函数求导,得到

$$\frac{\partial e}{\partial p} = u_0 \cdot \left[\left(\frac{a}{1-a} \right)^{1-a} + \left(\frac{1-a}{a} \right)^a \right] \cdot ap^{a-1} \cdot q^{1-a} = u_0 \cdot \left(\frac{a}{1-a} \right)^{1-a} \cdot \left(\frac{q}{p} \right)^{1-a}$$

$$\tag{6.65}$$

$$\frac{\partial e}{\partial q} = u_0 \cdot \left[\left(\frac{a}{1-a} \right)^{1-a} + \left(\frac{1-a}{a} \right)^a \right] \cdot p^a \cdot (1-a)q^{-a} = u_0 \cdot \left(\frac{1-a}{a} \right)^a \cdot \left(\frac{p}{q} \right)^a$$

$$\tag{6.66}$$

在具体采用希克斯消费者剩余做福利测量时,有四种方式:补偿变差(Compensating variation,CV)、等价变差(Equivalent variation,EV)、补偿剩余(Compensating surplus,CS)和等价剩余(Equivalent surplus,ES)。在旅游资源改善前提下,四种方式都可以描述 WTP 或者 WTA。本书以补偿变差(CV)定义旅游资源改善后旅游者的 WTP,其他三种测量不再详细论述。假设考虑两个商品无差异曲线,令 $P = \{p_1^1, p_1^2, p_2^1, p_2^2\}$、$P^1 = \{p_1^1, p_1^2\}$ 和 $P^2 = \{p_2^1, p_2^2\}$,并假设 $p_2 = p_2^1 = p_2^2$ 为固定值,根据 Shephard's Lemma,可以求导效用和价格控制的支出函数,得到希克斯补偿需求函数 $h_1(P, u_0)$,进而积分计算得到补偿变量,它是希克斯补偿需求曲线在两个价格之间所包含的面积。用积分式表示补偿变差如下:

$$\mathrm{CV} = \int_{p_1^2}^{p_1^1} h_1(P, u_0) \mathrm{d}p_1 = \int_{p_1^2}^{p_1^1} \frac{\partial e(P, u_0)}{\partial p_1} \mathrm{d}p_1 \tag{6.67}$$

如果考虑间接效用函数,旅游资源质量改善前后间接效用函数所表现的效用相等,则推导出等式 $u_0(P^1, E) = u_1(P^2, E - \mathrm{CV})$,可得到补偿变差,这里 $\mathrm{CV} < 0$。那么,设 WTP 为随机变量,根据间接效用函数原理,含有支出 E 和补偿变差 CV 的等式方程化成含有收入 m 和 WTP 的不等式,即满足 $u_0(P^1, m) \leqslant u_1(P^2, m - \mathrm{WTP})$ 时才能够确保旅游者对旅游资源改善后的效用实现最大化。

考虑旅游资源破坏后旅游者的最小接受补偿(WTA),同样可以采纳上述积分式计算,得到补偿变差所满足的等式 $u_0(P^1, E) = u_1(P^2, E - \mathrm{CV})$,这里 $\mathrm{CV} > 0$。设 WTA 为随机变量,根据间接效用函数原理,含有支出 E 和补偿变差 CV 的等式方程化成含有收入 m 和 WTA 的不等式,即满足 $u_0(P^1, m) \leqslant u_1(P^2, m + \mathrm{WTA})$ 时才能够确保旅游者对旅游资源破坏后的效用达到最大化的要求。而且,如果考虑符号正负,也就是从旅游者的角度,EV 要大于 CV。

综上所述,应用条件价值法评估旅游资源游憩价值的评估机理如下:条件价值法是指旅游者通过陈述他们对于景区旅游资源质量改善的最大支付意愿或最小支付补偿来体现他们内在的偏好倾向,其内在逻辑是遵循"旅游者意愿支付行为——旅游者偏好关系"的推演路径。条件价值法首先构建支付意愿效用函数,其实质是希克斯效用函数,再通过 Logit 模型、Probit 模型等计量模型评估支付意愿效用函数参数,其实质是旅游者对二分式问卷核心估值问题的离散响应,进而科学测度出旅游资源游憩价值。

第三节　旅游资源经营权价值评估机理

我国景区包括自然景区、人文景区和人造景区。人造景区的所有权属明确,经营权转让问题容易解决;人文景区较多地牵涉到文化遗产的保护,也就较少涉及经营权转让问题;而自然景区的投资额较大,往往需要招商引资,也就较多地涉及旅游资源经营权转让问题。自 2001 年以来,全国已经出让或鼓励出让景区经营权的省市已经超过 20 个,超过 300 个景区(景点)加入了"经营权出让"行列,景区所有权和经营权的分离已经成为景区运行的主要手段之一(阎友兵,2007)。然而,景区旅游资源经营权价值的评估机理究竟如何? 这是一个亟待解决的关键科学问题。

一、旅游资源资产的价值评估对象范围界定

科学界定景区旅游资源资产的价值评估对象范围对于进一步评估旅游资源资产而言至关重要。因为景区中的许多资产不属于旅游资源资产的范畴,而且旅游资源资产的经济相关价值也并非都要在评估价值中体现。

首先,在现阶段,纪念馆、博物馆、寺庙这一类景区的旅游资源经营权不宜列入旅游资源资产的评估范围。原因有二:其一,这一类景区大多属于机关行政事业单位,属于非营利性性质,即使存在持续的经营性收入,该收入也无法任意支配,需要上交主管部门。其二,这一类景区的旅游资源的产权界定不清晰。以博物馆为例,众所周知,博物馆里面陈列了诸多高价或无价的非常珍贵的文物或展品,那么试问这些展品的所有权与经营权是否属于博物馆,答案是否定的。博物馆充其量最多拥有这些文物或展品的陈列权,没有占有权、使用权或处分权。

其次,景区的一些营利性单位,例如在景区中实行独立核算的餐馆、酒

店、商店等也不属于旅游资源资产的范畴。尽管这些资产是景区游憩活动的辅助设施之一,其产权能够清晰界定,持续经营收入也有赖于景区游憩活动。但是,这些单位的资产都不属于旅游资源资产,因为它们不是基于旅游资源所延伸出来的资产。而且,餐馆、酒店、商店等这类景区资产的价值评估不难,应用国内外主流的三大资产评估法就能够较准确地得出其评估价值。例如,餐馆、酒店、商店的经营权或所有权的转让案例非常多,其交易频率很高,存在一个活跃的公开市场。尽管餐馆、饭店、商店都能够被划分为几类或者十几类的不同类型,但是由于这些资产的交易活动非常多,每年每一类资产都有较大数量的成功买卖实例,这说明市场法适宜于评估这一类资产,且评估价值只需根据可比资产的交易价加减一个调整数即可。

至于旅游资源资产(其基本存在形式是旅游资源经营权)的辐射经济价值,也无须在评估价值中体现,因为其受益者不是资产所有权人或者经营权人,而是当地政府或民众(纪益成,1998)。换言之,不管谁是旅游资源所有权人或经营权人,他们都得不到这一旅游资源资产的辐射经济价值。而且,一般情况下旅游资源资产的辐射经济价值变动不大,不会随着旅游资源经营权的出租、转让、抵(质)押等发生大的改变。

因此,笔者认为旅游资源资产不宜包括纪念馆、博物馆和寺庙这一类资产,也不必包括实行独立核算的宾馆、酒楼、商城等资产,旅游资源资产的主要存在形式就是旅游资源经营权,在对旅游资源经营权进行资产评估时也无须考虑这一旅游资源资产能带动其所在地区社会经济发展的辐射经济价值。

二、旅游资源的产权主体经济权能分析

现代产权理论认为,产权是由一系列对财产的权利束组成。《牛津法律大辞典》把产权定义为:"财产权包括占有权、使用权、转让权和其他与财产有关的权利。其中的一些权利可以予以让与。"不同的产权安排和产权结构决定了收益分配的结构。值得注意的是,产权如被分解并分属不同的自然人或法人,其新创收益也应当在这些产权人之间进行分配。根据 Demsetz (1967)的观点,所有权只是一种法定的存在,但决定着其他派生产权的内涵,如果所有权主体希望能从拥有资源中获取利益,就需要对附属于所有权上的占有、使用、收益、处分等 4 项权能进行分解,通过产权交易过程,交给不同的权利主体来运作,以实现最高的资源配置效率。所以,景区经营权的转让是景区所有权主体追求景区效益最大化的一种表现。

　　景区旅游资源的权利束是以物权理论为基础的(左冰,保继刚,2012)。旅游资源产权为不动产物权。不动产物权又可分为自物权和他物权。自物权即所有权,包括占有、使用、收益、处分四项权能。他物权是设定在自物权上的各项权利,包括用益物权和担保物权。用益物权是用益物权人对他人之物所享有的占有、使用、收益的排他性权利,还可进行一定形式的法律处分,如作价入股、抵押融资,以及一定条件下进行转让。土地承包经营权、建设用地使用权都是用益物权。我国创设用益物权制度的目的就是为了以用益物权代替所有权进入市场流通,基于用益物权的流转完成土地使用权出让一级市场和二级市场的制度构建。《物权法》还根据各用益物权的属性,设置了相应的权利期限,实现国有资源的保值增值。

表 6-1　经营权出让前景区旅游资源产权主体及其经济权能

资源类型	产权结构	产权主体及其产权属性	产权主体经济权能
旅游资源	国家所有国家使用	国家—所有权	国家(占有权、使用权、收益权、处分权)
	国家所有集体使用	国家—所有权	国家(部分收益权、处分权)
		村集体—用益物权	村集体(占有权、使用权、收益权)
	国家所有个人承包使用	国家—所有权	国家(部分收益权、处分权)
		农民—用益物权(土地承包经营权)	农民(占有权、使用权、收益权)
	集体所有集体使用	村集体—所有权	村集体(部分收益权、处分权)
		集体企业—用益物权(建设用地使用权)	集体企业(占有权、使用权、收益权)
	集体所有个人承包使用	村集体—所有权	村集体(部分收益权、处分权)
		农民—用益物权(土地承包经营权)	农民(占有权、使用权、收益权)

　　基于产权理论,笔者对公共景区旅游资源产权进行了理论分维,具体划分成产权结构、产权主体及其产权属性、产权主体经济权能三个维度。在国家所有国家使用的旅游资源产权结构中,国家作为唯一产权主体,拥有占有权、使用权、收益权、处分权这四项所有权经济权能。在国家所有集体使用的旅游资源产权结构中,国家拥有所有权,村集体拥有用益物权;由于用益

物权的特性,村集体拥有占有权、使用权与收益权三项经济权能,国家仅拥有部分收益权与处分权两项经济权能。在国家所有个人承包使用的旅游资源产权结构中,国家拥有所有权,承包经营权人拥有土地承包经营权这个用益物权;相应地,由于用益物权的特性,承包经营权人拥有占有权、使用权与收益权,国家仅拥有部分收益权与处分权。集体所有集体使用(或个人承包使用)产权结构中的产权主体及其经济权能也与上述两种情况相似,详见表6-1。此外,国家为了公共利益的需要,可以依法对土地实行征收(《物权法》第四十二条①)或征用(《物权法》第四十四条②)并给予相应补偿。征地过程中所涉及的产权经济关系体现为:地方政府支付了征地补偿,获得了土地所有权;村集体(农民)失去了土地所有权(或使用权),获得了相关补偿费和补助费;旅游资源的产权结构从集体所有集体使用(或个人承包使用)转变为国家所有国家使用,国家使用的方式几乎都是通过出让,获得出让金。

三、旅游资源经营权价值资产评估方法的适宜性分析

景区旅游资源经营权价值是对于某一时点上公开市场上最有可能的交换价值的估计,因此经营资产价值是存在市场基础的。其价值采用资产评估方法,从现实市场的收益、成本入手进行评估。旅游资源经营权价值评估主要有成本法、市场法和收益法。但综合评判,本研究认为,收益法评价旅游资源经营权价值相对科学。

第一,就理论溯源和方法思路层面而言,市场法源于均衡价格论,其基本逻辑是拥有完全信息的买者对某资产的出价不会超过取得可替代资产的价格。如果在评估某旅游资源经营权时能够找到近期类似旅游资源经营权的交易价格,则经过比较研究能够测算出待评估旅游资源经营权价值。成本法源于劳动价值论,其基本逻辑是拥有完全信息的买者对某资产的出价不会超过在附近建造一个可接受的替代品的成本。由于旅游资源经营权的权利性质是用益物权,属于无形资产,所以基本上无法测算待评估旅游资源经营权的重置成本和相应损耗,即成本法的方法思路不适宜应用于旅游资源经营权价值评估。收益法源于边际效用论,其基本逻辑是拥有完全信息的买者对某资产的出价不会大于该资产未来预期收益的现值。如果在评估

---

① "为了公共利益的需要,依照法律规定的权限和程序可以征收集体所有的土地和单位、个人的房屋及其他不动产。"

② "因抢险、救灾等紧急需要,依照法律规定的权限和程序可以征用单位、个人的不动产或者动产。"

某旅游资源经营权时能够预测出其未来经营期限内的预期收益,并根据相应资本化率将其折算成现值,则能够测算出待评估旅游资源经营权价值。

第二,就资产评估方法应用前提层面而言,市场法的前提条件包括现实中存在一个活跃的公开市场、公开市场上存在与待评估资产具有可比性的资产及其交易活动、评估时点与可比性资产的交易时点的时间间隔不长。首先,由于现阶段国内还没有正式的旅游资源经营权的公开(交易)市场,但是旅游资源经营权流转交易案例已经逐年增多。鉴于这一情形,笔者认为旅游资源经营权评估基本上符合市场法的第一个前提条件。其次,由于旅游资源构成的复杂性与类型的多样性,所以在旅游资源经营权评估实践中难以找到与待评估旅游资源经营权具有可比性的参照旅游资源经营权。可见,旅游资源经营权评估难以符合市场法的第二个前提条件。进一步地,由于具有可比性的参照旅游资源经营权难以找到,可以推知旅游资源经营权评估难以符合市场法的第三个前提条件。

成本法的前提条件包括具有齐全完整的历史资料、资产可再生或可复制、资产具有贬值特性。首先,部分处于发展期或成熟期的景区具有较完备的旅游资源及景区旅游收益的历史资产,所以旅游资源经营权评估基本上符合成本法的第一个前提条件。其次,由于旅游资源经营权属于无形资产,其与有形资产的可再生或可复制属性没有丝毫关联,所以旅游资源经营权评估不符合成本法的第二个前提条件。最后,尽管旅游资源经营权的标的物——旅游资源在未合理保护或过度开发时会产生耗损或贬值情形,但是旅游资源经营权属于无形资产,不具有贬值特性。所以,旅游资源经营权评估不符合成本法的第三个前提条件。

收益法的前提条件包括预期收益可预测并可货币化、与预期收益相伴的风险可预测并可货币化、获利年限可预测。首先,已开发景区的旅游收益一般具有一个稳定的变动趋势,应用时间序列计量模型能够较准确地预测出待评估景区依托旅游资源带来的预期旅游净收益,即景区预期收益可预测并可货币化,所以旅游资源经营权评估符合收益法的第一个前提条件。其次,由于旅游资源经营权属于特许经营权,在特许经营期内经营者不会受到来自经营权需求市场的竞争压力。换言之,景区获取旅游净收益所需要承担的风险是可控的。而且基于财务学理论能够较准确地测算出将待评估景区预期收益转换成现值的“折现率”,亦即与预期收益相伴的风险可预测并可货币化,所以旅游资源经营权评估符合收益法的第二个前提条件。最后,旅游资源经营权的出让方一般为各地政府或者其附属机构,在旅游资源

经营权出让合同中都有经营权出让的具体年数,亦即获利年限可预测,所以,旅游资源经营权评估符合收益法的第三个前提条件

综上所述,由于难以测算待评估旅游资源经营权的重置成本和相应损耗,不符合成本法的方法思路与前提条件,成本法不适合评估旅游资源经营权价值。由于现阶段我国旅游资源经营权公开交易市场尚未构建,一般难以找到与待评估旅游资源经营权具有可比性的参照旅游资源经营权,难以符合市场法的全部前提条件,所以应用市场法评估旅游资源经营权价值也具有非常大的难度。相较于成本法和市场法,旅游资源经营权价值评估实践契合收益法的方法思路与前提条件,所以收益法是现阶段旅游资源经营权价值评估最适宜的资产评估方法。

四、基于收益法的旅游资源经营权价值评估模型的适宜性分析

值得强调的是,收益法在旅游资源经营权价值评估中的适用性与具体评估方法中的指标选择及其实现是至关重要的环节。综观国内外收益法的具体模型,其在房地产等有形资产和矿业权等无形资产的评估案例中应用较多,在景区资产评估上应用较小,其主要模型可以划分为三类:现金流折现法、收益还原法和收益权益法(黄先开,刘敏,2012)。接下来,本书将逐一对上述三大类评估方法进行比较研究,力求清晰揭示这些方法评估旅游资源经营权价值的适宜性。

(一)现金流折现法、收益还原法和收益权益法的比较分析

现金流折现法(discounted cash flow,DCF)是国内外应用广泛的两大评估方法之一,是对被评估资产的未来现金流量及其风险进行预测,并将预期现金流量折算成的现值作为被评估资产价值。现金流折现法的关键参数包括使被评估资产经营期内预期现金流量和适宜折现率。其中,现金流量包括实体现金流量和股权现金流量,前者指被评估资产的投资人拥有的现金流量总和,一般用平均资本成本来折现,后者指实体现金流量扣除与债务相联系的现金流量,一般用权益资本成本来折现;折现率是将被评估资产经营期内预期收益折算成现值的比率,其取值与未来现金流量的获得风险正相关。现金流折现法的基本模型是

$$V = \sum_{t=1}^{n} \frac{CF_t}{(1+r)^{t-1}} \tag{6.68}$$

其中,V 表示待评估的景区旅游资源经营权价值;CF_t 表示景区在第 t 年产生的实体现金流量和股权现金流量;n 表示景区的特许经营年限;r 为

经营期内预期现金流的折现率。

收益还原法是估测被评估资产的未来预期收益,并按照相应的资本化率将其折算成的现值作为被评估资产价值。其内在蕴意是资产买方购买待评估资产所需支付的货币不应超过具有相似特征的可比资产的未来预期收益的现值。收益还原法的关键参数包括使被评估资产经营期内预期净收益和适宜资本化率。其中,被评估资产经营期内的预期净收益一般用简单时间序列模型或线性回归模型进行预测,资本化率一般用无风险收益率加上风险收益率和通货膨胀率进行测算。据此我们能够看出,收益还原法与现金流折现法的计算模型区别主要在于前者的分子是预期净收益,后者的分子是预期净现金流量。收益还原法的计算模型为

$$V = \sum_{t=1}^{n} \frac{W_t}{(1+r)^{t-1}} \tag{6.69}$$

其中,V 表示待评估的景区旅游资源经营权价值;W_t 表示景区在第 t 年产生的净利润;n 表示景区的特许经营年限;r 为预期净利润的资本化率。

收益权益法是在特定条件下采用收益途径评估旅游资源经营权的一种可选评估方法。我国景区的整体概况是大型景区占比小,中小景区、待开发景区、成长期景区占比大,其共同特征是旅游资源保护手段较落后,景区开发与运营能力较弱,财务管理不规范等。进而在这些景区的旅游资源经营权出让过程中,其能够提供的微观财务报表或数据不够充分规范,难以符合应用现金流折现法和收益还原法的前提条件。而且,就某些出让年限较短的景区旅游资源经营权而言,采用现金流折现法或收益还原法或许会产生评估结果失真问题。由此,国内学者在采用收益途径评估原理基础上设计了收益权益法,其是将经营期内景区预期总营业收入折现后再乘以旅游资源经营权权益系数以测算出旅游资源经营权价值。收益权益法的关键参数是旅游资源经营权权益系数,其在景区营业收入一定的条件下,与净收益或净现金流量呈正相关,与景区总成本费用呈负相关。收益权益法的计算模型如下:

$$V = k \cdot \sum_{t=1}^{n} \frac{E_t}{(1+r)^{t-1}} \tag{6.70}$$

其中,V 表示待评估的景区旅游资源经营权价值;E_t 表示景区在第 t 年产生的营业收入额;n 表示景区的特许经营年限;r 为预期净利润的折现率;k 为旅游资源经营权权益系数。

由于收益权益法仅仅着眼于景区营业收入,没有考虑营业成本或期间

费用,所以其评估所需的微观财务数据远少于现金流折现法与收益还原法。进而,相较于现金流折现法或收益还原法,收益权益法的主要特征就是在计算模型中添加了旅游资源经营权权益系数这个变量,用它与营业收入的乘积来简化净收益或净现金流量的估测过程。当然,随着景区微观财务数据的充分与规范,加上测算方法的改进,旅游资源经营权权益系数这个变量也能够被测算得较精确。

（二）收益还原法与现金流折现法的比较分析

收益还原法与现金流折现法之间究竟存在什么样的联系与区别,国内外学者的观点大致能够分为三类(纪益成,2008)。

其一,方法同一观。这一派的学者认为收益还原法与现金流折现法其实是一种方法,这两种称谓仅仅是同义表述,其内在逻辑是两种方法的评估思路都是将待评估资产一定时期内的预期收益按照资本化率折算成现值,两者的评估模型都能够用 $V = \sum_{t=1}^{n} \frac{W_t}{(1+r)^{t-1}}$ 表示。

其二,方法相近观。这一派的学者认为收益还原法与现金流折现法不是同一种方法,但是两者之间的内在联系十分紧密。其内在逻辑是:尽管这两种方法的评估模型基本相似,但是基于这两种方法而衍生出来的新模型则不同。例如,收益法衍生出来的收益权益法与现金流折现法衍生出来的两阶段折现模型、经济增加值法(economic value added,EVA)区别明显。因为很少有学者会认为收益权益法属于现金流折现法,且很少有学者会认为两阶段折现模型、经济增加值法(EVA)属于收益还原法。

其三,方法相异观。这一派的学者认为收益还原法与现金流折现法是分属不同领域的两种不同方法。其内在逻辑是:首先,两者的专属领域不同。收益还原法的专属领域是资产评估领域,现金流折现法的专属领域是金融分析领域。其次,两者的前提条件不同。收益还原法既适宜于持续经营情形,又适宜于资产非在用、清算、残余等情形;而现金流折现法一般仅适宜于持续经营情形。最后,两者的主要评估影响因素不同。收益还原法的主要评估影响因素是可货币化的预期收益、资本成本和获利年限;而现金流折现法的主要评估影响因素是预期持续现金流和相伴的折现率。

综上所述,就方法本身看,收益还原法和现金流折现法的总体科学性都较高,但计算过程稍复杂,涉及指标较多。收益权益法是简化净收益额的一种方法,涉及指标较少,总体科学性和准确性都要比收益还原法和现金流折现法弱一些。就收益还原法与现金流折现法的方法思路、评估程序和评估模型而言,两者的方法逻辑基本一致,但也存在些许不同。在资产评估领域,更多地采用收益还原法;在资本定价与金融分析领域,更多地采用现金流折现法。收益还原法与现金流折现法在评估中所设计的收益额或现金流量、折现率和收益期等参数的内涵也会因具体应用条件的不同而不同。

第七章　旅游资源游憩价值评估优化研究

　　2012 年党的十八大报告中明确提出要"建立反映市场供求和资源稀缺程度的资源有偿使用制度"。2013 年党的十八届三中全会再次强调"实行资源有偿使用制度"。因此,科学评估旅游资源经济价值就成了落实党中央政策的关键所在。旅行费用法和条件价值法是国内外典型的旅游资源游憩价值评估方法,前者更适宜于评估已开发景区,后者更适宜于评估待开发景区。在旅行费用法中,分区旅游费用法(ZTCM)、个体旅游费用法(ITCM)和旅行费用区间估计(TCIA)实用性较强,应用较广。然而,ZTCM 的 IIA 假设前提与景区旅游者特征难以符合,且其模型估计值方差偏大以致有效性较差;ITCM 难以克服旅游者抽样调研样本的正整数、截断及内生分层等问题;TCIA 函数估计样本量取决于旅行费用区间的划分数,这使其样本量不超过 30,且存在模型解释变量仅包含旅行费用一个变量的模型拟合偏误问题(周春波,林璧属,2013)。因此,国内亟待对传统的旅行费用法进行优化研究,以提高游憩价值评估的适用性与准确性。

第一节　高级计量模型优化传统旅行费用法评估的基本原理

一、高级计量模型优化传统旅行费用法评估的原理概述

　　旅行费用法的应用关键是构建一个待评估景区的包含旅行成本、景点门票价格、景点游憩数、游憩时间和人口统计学变量的旅游需求函数。因为

旅游者在景区游憩过程中所产生的旅游成本支出行为显示了其内在的偏好倾向,所以研究者据此能够推测旅游者其消费者剩余,加总旅行总支出后测算旅游资源游憩价值。值得注意的是,由于游憩次数具有正整数、截断等数学特征,在需求函数估计过程中,由于消费者参加旅行的次数具有非负整数和截断的特征,普通最小二乘法(OLS)不适宜应用于旅游需求函数的构建,更多的是使用基于应用计量经济学理论的计数模型(Creel,Loomis,1990;Shrestha et al.,2002;王尔大等,2009;Chae et al.,2012;王喜刚,王尔大,2013)。基于微观经济学原理,旅游者偏好能够用下列间接效用函数表示:

$$V(p_t,p_s,Y)=\max_{x_1,x_2}\{U(x_1,x_2,\varepsilon;\beta)\mid p_t x_1+p_s x_2=Y\} \tag{7.1}$$

其中,x_1 为旅游者人数;x_2 为其他产品消费量;p_t 为旅行支出;p_s 为其他产品价格向量;Y 为收入水平。利用间接效用函数对旅行支出和收入水平分别求偏导数,将两者相比并添加负号,就能推导出马歇尔旅游需求函数:

$$x=f(p_t,p_s,Y,\varepsilon)=-\frac{v_{p_t}(p_t,p_s,Y,\varepsilon)}{v_Y(p_t,p_s,Y,\varepsilon)} \tag{7.2}$$

其中,随机扰动项 ε 包括旅游者的人口统计学变量和景区属性变量等其他变量。式(7.2)右侧为 Roy's Identity,其建立了 Marshall 非补偿性需求和 Hicks 收入补偿性需求的数量关系,进而在价格区间上对 Marshall 需求函数定积分就能测算出消费者剩余,加总旅行总支出后就得到景区旅游资源游憩价值。

高级个体旅行费用法(AITCM)是指基于消费者剩余理论,利用景区游憩与其他游憩消费的互补性,用调研获取的旅行费用来替代难以观测的旅行价格,并且考虑到因变量旅行次数为非负整数、零点截断等特性,基于高级计数模型估算出以旅行费用、替代价格、收入为主要自变量的旅游者需求函数,以此推导出消费者剩余期望值,进而加总旅行总支出就能测算出旅游资源游憩价值(周春波,林璧属,2013)。计算公式为

$$E_{\text{AITCM}}=(\text{SCS}+\text{STC})/\text{SN}\times\text{TN} \tag{7.3}$$

其中,SCS 为总消费者剩余,STC 为总旅行费用,SN 为样本游客数,TN 为年游客总量。总旅行费用包括单个消费者在旅游活动中发生的总成本,包括往返的交通费用、餐饮费用、住宿费用、景区门票支出、旅游商品花费、时间机会成本等(周春波,林璧属,2013)。为了计算出景区自身收益价值,我们仅根据景区门票收入、景点娱乐项目收入等计算景区自身收益价值。

二、截断泊松分布模型优化 AITCM 的数理经济原理

旅游者到景区游憩的需求函数会受到旅行成本支出、收入水平、游览景点数、游览时间、人口统计学变量等因素的影响，传统的旅游费用法的需求函数能够如下表述：

$$Y = f(X, \beta, \varepsilon) \tag{7.4}$$

其中，Y 是 $1 \times n$ 维的游憩次数列向量；X 为影响因素矩阵；β 为影响因素的参数向量；ε 为随机扰动项，包含其他影响 Y 的因素。当随机扰动项 ε 服从独立同分布（IID）时，能够使用 OLS 估计上述旅游需求函数。进一步地，考虑到因变量游憩次数 Y 具有非负整数、零点截断等特性，仅适用于连续因变量的 OLS 就不再适宜估计旅游需求函数了。据此，我们应当对传统 TCM 进行改进。为了克服因变量为正整数的计量偏误，应当采用泊松（poisson）分布模型或负二项（negative binomial）分布模型（Creel，Loomis，1990；Shrestha，Seidl，Moraes，2002；Chae，Wattage，Pascoe，2012）。其中，适宜于估计离散分布函数的泊松分布模型的概率密度函数为

$$P\{Y = y_i \mid x_i\} = \frac{e^{-\lambda_i}\lambda_i^{y_i}}{y_i!} \quad y_i = 0, 1, 2, \cdots, n \tag{7.5}$$

其中，参数 λ_i 是泊松抵达率（Poisson arrival rate），取决于自变量 x_i 的取值。泊松分布的期望和方差都是泊松抵达率，即

$$E(Y \mid x_i) = \text{Var}(Y \mid x_i) = \lambda_i \tag{7.6}$$

为了使泊松抵达率（λ_i）取值为正数或零，假定 Y 的条件期望函数（conditional mean function）是解释变量矩阵 x_i 和参数向量 β 的函数：

$$E(Y \mid x_i) = \text{Var}(Y \mid x_i) = \lambda_i = e^{x'_i \beta} \tag{7.7}$$

即 $\ln\lambda_i = x'_i \beta$ \tag{7.8}

假设样本为独立同分布（IID），则样本的似然函数是

$$L(\beta) = \frac{e^{(-\sum_{i=1}^{n}\lambda_i)} \cdot \prod_{i=1}^{n}\lambda_i^{y_i}}{\prod_{i=1}^{n}y_i!} \tag{7.9}$$

则标准泊松分布模型的对数似然函数为

$$\ln L(\beta) = \sum_{i=1}^{n}[-\lambda_i + y_i\ln\lambda_i - \ln(y_i!)]$$
$$= \sum_{i=1}^{n}[-e^{x'_i\beta} + y_i x'_i\beta - \ln(y_i!)] \tag{7.10}$$

最大化的一阶条件为

$$\sum_{i=1}^{n}\left[y_i - e^{x_i'\boldsymbol{\beta}}\right] \cdot x_i = 0 \tag{7.11}$$

通过数值计算能够得到 $\hat{\beta}_{\text{MLE}}$。如果似然函数准确无误,则 $\hat{\beta}_{\text{MLE}}$ 是一致估计量。而且,能够使用"梯度向量外积"方法(outer product of gradients)(Berndt, et al, 1974)计算其协方差矩阵,得到普通标准差。其实,如果条件期望函数 $E(\boldsymbol{Y}|x_i) = \lambda_i = e^{x_i'\boldsymbol{\beta}}$ 准确,根据"准最大似然估计"(QMLE)原理,$\hat{\beta}_{\text{MLE}}$ 为一致估计量。在"准最大似然估计"基础上计算协方差矩阵得到的标准差,又叫作"稳健标准差"。这是因为 $\text{Var}(\boldsymbol{Y}|x_i) = \lambda_i = e^{x_i'\boldsymbol{\beta}}$,所以该模型的方差不是定值。

由于旅游次数均为大于零的正整数,这就出现了旅游次数在零点出现截断问题,所以将上述的泊松分布模型设定为截断泊松模型。截断泊松分布的概率密度函数为

$$P\{W=w|W>0\} = \frac{e^{-\lambda}\lambda^w}{w!} \cdot \frac{1}{1-e^{-\lambda}}, w=1,2,\cdots,n \tag{7.12}$$

则截断泊松分布模型的对数似然函数为(Creel, Loomis, 1990):

$$\ln L = -s'\lambda + \boldsymbol{Y}'\boldsymbol{X}\boldsymbol{\beta} - s'\ln(s - e^{-\lambda}) - s'\ln[\boldsymbol{Y}!] \tag{7.13}$$

三、截断负二项分布模型优化 AITCM 的数理经济原理

旅游需求函数的被解释变量的均值和方差一般不等,且方差一般大于均值,这被 Grogger & Carson(1991)等称为过度离散(Over-Dispersion)。在这种情形下,旅游需求函数适宜采用负二项分布模型,其概率密度函数为

$$f(Z=z) = \frac{\Gamma(z+\alpha^{-1})}{\Gamma(z+1)\Gamma(\alpha^{-1})}(\alpha\lambda)^z(1+\alpha\lambda)^{-1(z+\alpha^{-1})} \tag{7.14}$$

其中,$\alpha>0$ 是扰动参数;$\Gamma(\cdot)$ 是伽马函数;z 为非负整数集中的一个元素,负二项分布的随机变量的期望和方差分别为

随机变量期望:$E(\boldsymbol{Y}|\boldsymbol{X}) = \lambda = e^{\boldsymbol{X\beta}}$ $\tag{7.15}$

随机变量方差:$\text{Var}(\boldsymbol{Y}|\boldsymbol{X}) = \lambda(1+\alpha\lambda)$ $\tag{7.16}$

且 $E(\boldsymbol{Y}|\boldsymbol{X}) < \text{Var}(\boldsymbol{Y}|\boldsymbol{X})$ $\tag{7.17}$

则标准负二项分布模型的对数似然函数为(Creel, Loomis, 1990):

$$\ln L = s'\ln[\Gamma(\boldsymbol{Y}+s/\alpha)] - s'\ln[\Gamma(\boldsymbol{Y}+s)] - N \cdot \ln[\Gamma(\alpha^{-1})]$$
$$+ \ln(\alpha)s'\boldsymbol{Y} + \boldsymbol{Y}'\boldsymbol{X}\boldsymbol{\beta} - (\boldsymbol{Y}+s/\alpha)'\ln(s+\alpha\lambda) \tag{7.18}$$

更进一步地,由于旅游者的游憩次数为正整数,即同时考虑非负整数和零点截断问题,应当考虑应用截断负二项分布模型估计旅游需求函数,其概

率密度函数为：

$$f(Z=z\mid Z>0)=\frac{\Gamma(z+\alpha^{-1})}{\Gamma(z+1)\Gamma(\alpha^{-1})}(\alpha\lambda)^z(1+\alpha\lambda)^{-1(z+\alpha^{-1})}\left[\frac{1}{1-(1+\alpha\lambda)^{-\alpha^{-1}}}\right]$$

$$(7.19)$$

式中随机变量 Z 均值等于 λ，方差等于 $\lambda+\alpha\lambda^2$，当 $\alpha\rightarrow 0$ 时，伽马分布收敛为泊松分布（Creel，Loomis，1990）。

则截断负二项分布模型的对数似然函数为（Creel & Loomis，1990）：

$$\ln L=s'\ln[\Gamma(\boldsymbol{Y}+s/\alpha)]-s'\ln[\Gamma(\boldsymbol{Y}+s)]-N\cdot\ln[\Gamma(\alpha^{-1})]$$
$$+\ln(\alpha)s'\boldsymbol{Y}+\boldsymbol{Y}'\boldsymbol{X}\boldsymbol{\beta}-(\boldsymbol{Y}+s/\alpha)'\ln(s+\alpha\lambda)-s'\ln[s-(s+\alpha\lambda)^{-\alpha^{-1}}]$$

$$(7.20)$$

第二节　AITCM 评估旅游资源游憩价值的理论适用性

我们下面将分析两个理论适用性：一、在旅行费用分析中应用高级计数模型的理论适用性。二、在完全互补性的条件下，以旅行费用作为景点价格的替代变量的理论适用性，以解答 Randall（1994）指出的旅行费用代替旅行价格存在偏差且至多仅能得到定序测度的福利值的"TCM 难题"。综合两者以得出高级个体旅行费用法（AITCM）评估景区游憩价值的适用性。

一、旅游需求函数应用高级计数模型的理论适用性

在旅行费用法的旅游需求函数建模中，因变量游憩次数取值一般为正整数，需要采用高级计数计量模型对其进行参数估计（周春波，林璧属，2013）。假定因变量游憩次数取值服从标准泊松分布，因变量的条件均值与方差都等于 λ_i，其取决于影响因变量的包括旅游价格、替代价格和收入水平的各自变量（周春波，林璧属，2013）。故 λ_i 可简要表示为

$$\lambda_i=\exp(\boldsymbol{\beta}_0+\boldsymbol{\beta}_P\boldsymbol{P}+\boldsymbol{\beta}_Y\boldsymbol{Y})\qquad(7.21)$$

其中 $\boldsymbol{\beta}_0$、$\boldsymbol{\beta}_P$、$\boldsymbol{\beta}_Y$ 为相应的参数（向量）。

根据需求理论，景点游憩的消费者剩余能够通过支出函数表示，进一步应用谢泼德引理，又可转化为希克斯函数的定积分。当旅游价格从给定值 p_0 提高到 p' 的时候，景点带给旅游者的收益可以用希克斯需求曲线下方的面积来表示。即消费者剩余的期望值为

$$E[\mathrm{CS}]=\int_{p_0}^{p'_0}\int_E[f(\varepsilon)H(p_t,p_s,\boldsymbol{Y},\varepsilon;\boldsymbol{\beta})]\mathrm{d}\varepsilon\mathrm{d}p_t\qquad(7.22)$$

其中,函数 $H(\cdot)$ 代表旅游者对景点游憩的希克斯需求曲线,它属于阶跃函数,确切的函数形状依赖于 ε 的取值。ε 是影响旅游决策的不可观测因素,其取值范围为 E,概率密度函数为 $f(\varepsilon)$。

在因变量旅游需求取值满足泊松分布,且泊松分布均值等于 $\lambda(p_t,p_s,\boldsymbol{Y};\boldsymbol{\beta})$ 时,应用 Hellerstein(1993)的定积分方法,如果 $\lambda=\exp(\boldsymbol{X\beta})(X=P,Y)$,$p'_0$ 趋向于 ∞,则重新整理积分得到

$$E[CS]=\int_{p_0}^{p'_0}\lambda(p_t,p_s,\boldsymbol{Y};\boldsymbol{\beta})\mathrm{d}p_t=-\lambda(p_t,p_s,\boldsymbol{Y};\boldsymbol{\beta})/\boldsymbol{\beta}_P \qquad (7.23)$$

我们进一步加总消费者剩余和旅行费用就可以得到景区的游憩价值,故在旅行费用分析中应用高级计数模型具备理论适用性。

二、旅行费用作为景区价格替代变量的理论适用性

进一步地,我们借鉴 Bowes et al.(1980)、孙睿君和钟笑寒(2005)的研究思路从旅游者支出函数开始分析第二个理论适用性。旅游者支出函数 $E(p,u)$ 是在价格 p 和效用 u 已经确定的情形下,每个旅游者在实现某一既定效用条件下所必须支付的最低货币值。在单目的地观光游憩中,支出函数可以表示为 $E(s,tc,p_s,\varepsilon,U_0)$。其中,$s$ 是景区门票费;tc 是旅行费用 stc 中除去景点价格 s 的其他游憩成本;p_s 是替代景区价格;ε 是包含旅游者人口统计学变量、景区旅游资源属性变量等的其他变量;U_0 是既定效用水平。

根据需求理论,旅游景区满足旅游者效用的货币量能够通过支出函数表征。也就是说,景区游憩的消费者剩余为

$$CS(s)\equiv E(s',tc)-E(s,tc)=\int_s^{s'}H(\xi,tc)\mathrm{d}\xi \qquad (7.24)$$

其中,s' 是在替代景区价格 p_s 和其他游憩成本 tc 已经确定的情形下,使旅游者失去对该景区的游憩需求的景区门票费。这个对消费者剩余的测度表示当景区价格从既定的 s 增加到 s' 的情形下,在确保效用水平不变动的条件下,旅游者应该增加的额外收入值。函数 $H(\cdot)$ 代表旅游者对景区的希克斯需求曲线,上述第二个等号表示旅游景区满足旅游者效用的货币量能够通过希克斯需求曲线下方的面积来表征。

同理,其他游憩消费活动的消费者剩余为

$$CS(tc)\equiv E(s,tc')-E(s,tc)=\int_{tc}^{tc'}V(s,\psi)\mathrm{d}\psi \qquad (7.25)$$

其中,tc' 是在其他条件给定下,使得消费者对其他旅行需求为零的旅游花费。函数 $H(\cdot)$ 和 $V(\cdot)$ 代表旅游者对景点/其他旅游消费的希克斯需

求曲线。

根据景点游憩和其他旅游活动之间的互补性,则有

$$E(s',tc') - E(s,tc') = \int_s^{s'} H(\xi,tc')\mathrm{d}\xi \qquad (7.26)$$

其旅游经济学含义是,当对其他旅行消费活动需求为零时,景点价格上升,旅游者消费者剩余不变;当对景点需求为零时,其他旅行消费活动成本上升,旅游者消费者剩余也不变(Bowes,Loomis,1980)。这正是互补性消费的最显著特征。因为当对其他旅行活动需求为零时,根据互补性,旅游者对景点需求也为零。当景点价格上升时,旅游者对于景点需求仍为零,价格改变不影响需求和旅游者效用,从而支出函数值也不变。

综合公式(7.24)、式(7.25)、式(7.26)可推导出

$$CS(tc) = CS(s) \qquad (7.27)$$

故在完全互补性的条件下,以旅行费用作为景点价格的替代变量具有理论适用性。综上所述,高级个体旅行费用法(AITCM)评估景区旅游资源游憩价值具备理论适用性。

第三节　旅游资源游憩价值评估的实证研究

一、案例地的概述与典型性

东钱湖位于浙江省宁波市境内,东经 121°34′,北纬 28°52′。东钱湖由谷子湖、梅湖和外湖三部分组成,环湖周长 45 公里,面积 22 平方公里,是浙江省最大的(天然)淡水湖,面积为杭州西湖的 3 倍,被列为中国湖泊生态环保试点,被郭沫若先生誉为"西湖风光,太湖气魄"。

东钱湖旅游度假区是国家旅游局评定的首批国家级旅游度假区,拥有小普陀、陶公岛、南宋石刻、福泉山、十里四香、水上乐园等景区(点),蕴含由商文化、佛文化、官文化组成的钱湖文化,每年举办中国湖泊休闲节、东钱湖龙舟节、东钱湖冬捕节、东钱湖赏花节等节庆活动。东钱湖旅游度假区 2014 年游客量 384 万人次,游客平均停留时间 2.45 天,旅游总收入 28 亿元[①]。

因此,东钱湖旅游度假区是非常典型的集湖泊山岳、山林田地、民俗风

---

① 朱军备. 湖泊治理与生态保育并举:东钱湖打造全国治水样本[N]. 宁波日报, 2015-02-25(1).

情、建筑古迹、历史文化等旅游资源为一体的国家级生态旅游度假区与长三角著名的休闲度假基地,具有较好的代表性和典型性。

二、问卷设计

本研究设计的 AITCM 调查问卷内容包括旅游者人口统计特征变量、旅游需求相关变量等。旅游者人口统计特征信息包括性别(Gender:1=男;2=女)、年龄(Age:1=16 岁以下;2=17~25 岁;3=26~35 岁;4=36~45 岁;5=46~60 岁;6=61 岁以上)、教育程度(Education:1=初中及以下;2=高中、中专;3=大专、本科;4=本科以上)、月收入(Income:千元)、职业(Job)。旅游需求相关变量包括游憩次数(NoTrip)、旅行费用(TrvCost:百元)、游憩时间(TrvTime)、本景区停留天数(SiteDay)、景点游憩数(NoSite)等变量,所取变量均来自国外相关经典文献(Creel,Loomis,1990;Shrestha,Seidl,Moraes,2002;Chae,Wattage,Pascoe,2012;周春波,林璧属,2013)。

本书 AITCM 评估所需的游客旅行费用等数据样本来自东钱湖旅游度假区的实地游客调查。笔者于 2014 年 7 月在东钱湖旅游度假区随机向国内游客发放 AITCM 问卷共 350 份,收回有效问卷 261 份,问卷有效率为74.57%。问卷发放地点主要包括东钱湖旅游度假区的各主要景点、购物商店、附近酒店等。经计算,东钱湖样本旅游者的人均旅行费用为 420.21 元。

三、评估模型

正确地估计旅游需求函数是应用 AITCM 评估景区旅游资源游憩价值的关键,旅游需求函数中的游憩次数是一个离散随机变量,不满足经典计量回归的前提条件,OLS 估计值有偏而不再适用(周春波,林璧属,2013)。为了获得无偏估计值,学者多采用泊松分布模型等计数模型。当出现过度离散问题时,负二项分布模型更为适用。而旅游次数在零点截断的特性则更适宜采用截断泊松分布模型(TPOIS)、截断负二项分布模型(TNB)等高级计数模型(Shrestha et al.,2002)。本书假设因变量 y_i(NoTrip$_i$)的离散取值服从截断泊松分布,借鉴 Shrestha et al.(2002)和 Chae et al.(2012)的研究,构建如下的旅游需求函数:

$$\text{Ln}\lambda_i = \boldsymbol{\beta}_0 + \boldsymbol{\beta}_1 \text{TrvCost}_i + \boldsymbol{\beta}_2 \text{NoSite}_i + \boldsymbol{\beta}_3 \text{Income}_i + \boldsymbol{\beta}_4 \text{TrvTime}_i$$
$$+ \boldsymbol{\beta}_5 \text{Gender}_i + \boldsymbol{\beta}_6 \text{Age}_i + \boldsymbol{\beta}_7 \text{Education}_i + \varepsilon_i \qquad (7.28)$$

模型中,λ_i 是 NoTrip$_i$ 的估计参数,y_i 服从截断泊松分布,其概率密度函数如下:

$$P\{Y=y_i \mid Y>0\}=\frac{e^{-\lambda_i}\lambda_i^{y_i}}{y_i!} \cdot \frac{1}{1-e^{-\lambda_i}}, y_i=1,2,\cdots,n \qquad (7.29)$$

待估计的参数向量 **β** 采用极大似然法(MLE)来估计,ε_i 是随机误差项。模型中各自变量定义同上。如果因变量 y_i 的条件均值等于条件方差,那么截断泊松模型的 MLE 估计无偏且一致。但若 y_i 过度离散,条件方差远大于条件均值,那么应选用 TNB 模型。我们根据被解释变量是否过度离散(即方差是否远大于期望)来进行模型的判断选择。数据处理采用 STA-TA12.0。

四、实证评估结果分析

(一)变量描述性统计

1. 变量描述性统计

我们对 AITCM 样本中被解释变量和解释变量进行了描述性统计分析(详见表7-1)。被解释变量——游憩次数(NoTrip)均值(Mean)为 2.8544,标准差(Std. Dev.)为 1.9518,说明旅游者到东钱湖的平均旅行次数约为 3次,大部分旅游者的旅行次数介于 1 次到 5 次之间。

表 7-1　AITCM 样本的变量描述性统计概况

Variable	Obs	Mean	Median	Std. Dev.	Min	Max
NoTrip	261	2.8544	2	1.9518	1	10
TrvCost	261	4.2021	3.99	2.1167	1.5	25
NoSite	261	2.5824	2	0.9476	1	7
Income	261	3.9981	4	2.5037	0	20
TrvTime	261	2.5287	2	1.2074	1	6
Gender	261	1.4713	1	0.5001	1	2
Age	261	2.9464	3	0.9056	1	5
Education	261	2.3142	2	0.8599	1	4

解释变量方面,旅行费用(TrvCost)的均值为 420.21 元、中位数(Median)为 399 元、标准差为 211.67 元,样本游客最低(Min)旅行费用为 150 元,最高(Max)旅行费用为2500元,这表明东钱湖的游客旅行费用适中,但游客间的差别很大。样本游客在东钱湖的平均景点游憩数(NoSite)为 2.6 个,游客最少只游览了 1 个景点,最多的游览了 7 个景点。样本游客的月收入(Income)平均值为 3998.1 元,中位数为 4000 元,标准差为 2503.7 元,最高月收入与最低月收入之间相差达 20000 元,这说明游览东钱湖的旅游者整体月收入水平较高,而且游客个体间收入差距较大。样本游客游憩时间(Trv-Time)均值为 2.5 天,中位数为 2 天,标准差为 1.2 天,即游览东钱湖的旅游者总行程天数约为 2 天半,大部分旅游者的总行程天数在半天到 4 天半之间,这在一定程度上表明游览东钱湖的游客以中短途旅游者为主。这一描述性统计结论与东钱湖旅游度假区 2014 年游客实际的平均停留时间 2.45 天基本一致,这也说明此次抽样调查的信度和效度较好。东钱湖样本游客性别(Gender)均值为 1.4713,即女性游客占 47.13%,男性游客占 52.87%,男女比例结构合理。年龄(Age)均值为 2.9464,中位数为 3,即东钱湖样本游客的平均年龄处在 26～35 岁这个区间;年龄(Age)标准差为 0.9056,即大部分样本游客的年龄处在 17～45 岁这个区间,这在一定程度上表明游览东钱湖的游客以中青年旅游者为主。教育程度(Education)均值为 2.3142,即东钱湖样本游客的平均文化程度介于高中(中专)和本科(大专)之间。

2. 被解释变量与解释变量之间相关关系初步分析

为了初步判断计量模型被解释变量与解释变量之间相关程度的强弱、方向和性质,我们拟使用计算计量模型的被解释变量与七个解释变量之间的 Pearson 积差相关系数和 Spearman 秩相关系数(详见表 7-2)。被解释变量——游憩次数(NoTrip)与解释变量——旅行费用(TrvCost)之间的 Pearson 积差相关系数为 -0.5504,Spearman 秩相关系数为 -0.8573,且两者都在 1% 统计水平上统计显著。也就是说,在没有其他解释变量影响的情况下,旅行费用(TrvCost)与游憩次数(NoTrip)呈现很强的负相关关系。游憩次数(NoTrip)与景点游憩数(NoSite)之间的 Pearson 积差相关系数为 -0.6049,Spearman 秩相关系数为 -0.6760,且都在 1% 统计水平上显著。在仅考虑两个变量间关系的条件下,景点游憩数(NoSite)会显著地反向影响游憩次数(NoTrip)。游憩次数(NoTrip)与月收入(Income)之间的 Pearson 积差相关系数为 -0.6494,Spearman 秩相关系数为 -0.7463,且都在 1% 统计水平上显著。这说明该解释变量与被解释变量之间存在显著负相关关系。游憩次数(NoTrip)与游憩时间(TrvTime)之间的 Pearson 积差相关系数为 -0.5384,Spearman 秩相关系数为 -0.5742,且都在 1% 统计水平上显著。这说明游憩时间(TrvTime)与游憩次数(NoTrip)这两个单变量间显著负相关。游憩次数(NoTrip)与性别(Gender)之间的 Pearson 积差相关系数为 0.1769,Spearman 秩相关系数为 0.1998,且都在 1% 统计水平上显著。

这表明性别（Gender）与游憩次数（NoTrip）呈现正相关关系。游憩次数（NoTrip）与年龄（Age）之间的 Pearson 积差相关系数为－0.4570，Spearman 秩相关系数为－0.4498，两者都在 1‰统计水平上显著。这说明旅游者的年龄因素与游憩次数存在显著的负相关关系。游憩次数（NoTrip）与教育程度（Education）之间的 Pearson 积差相关系数为－0.1606，Spearman 秩相关系数为－0.1649，且都在 1‰统计水平上显著。这说明旅游者的受教育程度与游憩次数的单变量呈现负相关关系。

3. 模型解释变量的多重共线性检验

如果回归方程的数据矩阵 **X** 不满列秩，即某一个自变量能够被其他自变量线性表示，则说明该回归方程存在严格多重共线性。在截断泊松回归模型运行过程中，一般很少出现严格多重共线性问题，但还是可能出现非严格的多重共线性问题。其表现为，如果将第 i 个自变量对其余的自变量进行回归，所得到的拟合优度 R^2 很高。其会造成回归系数估计的标准差增大，降低系数估计值的准确性。这会导致以下两种情形：一是截断泊松回归整体模型的 Pseudo-R^2（准 R^2）较高，似然比检验（LR chi2）也很显著，但是单个自变量估计系数的 Z 检验却不显著，或者估计系数值不合理，或者系数的正负符号与理论预期相反；二是在截断泊松回归模型增加或减少一个自变量会使系数估计值出现较大变动。换言之，非严格的多重共线性问题表现为两个及以上的自变量之间存在高度相关关系，以致难以识别它们各自对因变量的单独解释程度。

表 7-2　AITCM 样本变量相关系数与方差膨胀因子

Variable	NoTrip	TrvCost	NoSite	Income	TrvTime	Gender	Age	Education
NoTrip	1	－0.8573***	－0.6760***	－0.7463***	－0.5742***	0.1998***	－0.4498***	－0.1649***
TrvCost	－0.5504***	1	0.7054***	0.7523***	0.6304***	－0.1657***	0.5000***	0.2132**
NoSite	－0.6049***	0.6597***	1	0.5323***	0.6092***	－0.1209*	0.3313***	0.2364***
Income	－0.6494***	0.8203***	0.6141***	1	0.4871***	－0.1307**	0.6522***	0.1224**
TrvTime	－0.5384***	0.5634***	0.6307***	0.5436***	1	－0.0325	0.2927***	0.2474***
Gender	0.1769***	－0.0519	－0.0944	－0.0991	－0.0257	1	－0.0218	0.0306
Age	－0.4570***	0.4059***	0.3637***	0.6149***	0.3180***	－0.0459	1	－0.0600
Education	－0.1606***	0.1561**	0.2277***	0.1012	0.2358***	0.0390	－0.0326	1

续表

Variable	NoTrip	TrvCost	NoSite	Income	TrvTime	Gender	Age	Education
VIF	—	3.72	2.22	4.45	1.83	1.02	1.72	1.10
Mean VIF	—	2.29						

注:①对角线上方是 Spearman 秩相关系数,对角线下方是 Pearson 积差相关系数。② VIF 一栏是各解释变量的方差膨胀因子,MeanVIF 是各解释变量的方差膨胀因子均值。③ * * * 、* * 和 * 分别表示在 1%、5% 和 10% 统计水平上显著。

为了识别本书构建的 AITCM 模型是否存在多重共线性问题,我们拟使用计算解释变量间的相关系数和计算方差膨胀因子(VIF)这两种方法,样本解释变量 Pearson 积差相关系数、Spearman 秩相关系数与方差膨胀因子结果详见表 7-2。由旅行费用(TrvCost)、景点游憩数(NoSite)、月收入(Income)、游憩时间(TrvTime)、性别(Gender)、年龄(Age)、教育程度(Education)这 7 个解释变量之间的 21 个 Pearson 积差相关系数所示,除了旅行费用(TrvCost)与月收入(Income)的 Pearson 积差相关系数高于 0.7,其余 20 个变量的两两之间 Pearson 积差相关系数都小于 0.7,即绝大多数变量之间的相关系数都不高。由这 7 个解释变量之间的 21 个 Spearman 秩相关系数所示,除了旅行费用(TrvCost)与月收入(Income)、游憩时间(TrvTime)的 Spearman 秩相关系数高于 0.7,其余 19 个两两相关系数都小于 0.7,即绝大多数变量之间的 Spearman 秩相关系数都不高。而且,由 7 个解释变量的方差膨胀因子(VIF)所示,7 个解释变量的方差膨胀因子(VIF)均值仅为 2.29,月收入(Income)的方差膨胀因子(VIF)是 7 个解释变量最大的,其 VIF 为 4.45,远小于识别多重共线性问题的临界值 10。所以,可以认为 AITCM 模型不存在多重共线性问题。

(二)截断泊松分布模型回归结果

由于本书计量模型中的被解释变量——游憩次数(NoTrip)的方差与期望大致相当,不存在"过度离散"现象(方差明显大于期望),所以我们采用截断泊松分布模型(TPOIS)(而非截断负二项分布模型(TNB))对东钱湖景区的实地问卷调查结果进行计量回归分析。截断泊松分布模型的计量估计结果详见表 7-3。

表 7-3　截断泊松分布模型回归结果

Variable	Coefficient	Std. Error	z-Stat	[95% Conf. Interval]		$\partial Y/\partial X$
TrvCost	−0.3909	0.0861	−4.54***	−0.5597	−0.2222	−0.569
NoSite	−0.1991	0.0658	−3.03***	−0.3280	−0.0702	−0.290
Income	−0.2054	0.0344	−5.98***	−0.2727	−0.1380	−0.299
TrvTime	−0.1045	0.0441	−2.37**	−0.1911	−0.0180	−0.152
Gender	0.1604	0.0640	2.51**	−0.0350	0.2858	0.233
Age	0.1335	0.0547	2.44**	−0.0263	0.2406	0.194
Education	0.0556	0.0394	1.41	−0.0217	0.1329	0.081
Constant	2.8596	0.2019	14.16***	2.4639	3.2553	—
Pseudo-R^2	0.3560					
Wald chi2	422.72***					
Log-L	−328.7761					

注：①样本量 N＝261，表中第三列为稳健性标准差，第四列为稳健性标准差对应的 z 值。
② ***、** 和 * 分别表示在 1％、5％和 10％水平上显著。

在 TPOIS 模型的整体性检验中，Pseudo-R^2 是准 R^2，类似于普通最小二乘法（OLS）中的 R^2，其测度对数似然函数的实际增加值与最大似然增加值的比例，能够准确地量度 TPOIS 模型的拟合精度①。此模型中 Pseudo-R^2 为 0.3560，说明 TPOIS 模型中的所有解释变量的变动大致能够解释被解释变量 36.60％的变动，模型的拟合程度较好。类似于普通最小二乘法（OLS）中的 F 值，TPOIS 模型无效假设所对应的 Wald 检验统计量（Wald chi2）为 422.72，且对应的 P 值（Prob.）显著为 0。这说明该 TPOIS 计量模型整体上具有有效性，该 TPOIS 模型中的所有解释变量整体上对被解释变量的影响显著。

在 TPOIS 模型的单变量检验中，模型第一个主要解释变量——旅行费用（TrvCost）的参数估计值是 −0.3909，参数估计值的 95％置信区间为[−0.5597，−0.2222]，说明旅行费用（TrvCost）变量估计值有 95％的概率

————————

①　由于截断泊松分布（TPOIS）模型属于非线性回归模型，无法进行平方和分解求得拟合优度指标 R^2，故 TPOIS 模型没有 R^2 这个指标，而是使用 Pseudo-R^2 这个拟合优度指标。

落在从 -0.5597 到 -0.2222 的取值范围内。类似于 OLS 模型应用 T 检验来判断单个解释变量能否显著影响被解释变量,TPOIS 模型应用 Z 检验(z-Stat)来判断单个解释变量估计值是否显著。参数估计值的稳健性标准误为 0.0861,Z 统计值为 -4.54 且在 1% 显著性水平上统计显著。这说明解释变量——旅行费用(TrvCost)对被解释变量——游憩次数(NoTrip)的影响为显著负向影响。换句话说,计量结果表明旅游者的旅行费用越高,其游憩次数就会越低。这一结果暗含并支持了旅游价格与旅游需求呈现负相关关系的旅游经济学原理。由于 TPOIS 模型的原始估计系数难以表征直接的经济意义,故在 TPOIS 模型系数估计后再测度系数的边际效应 $\partial Y/\partial X$。旅行费用(TrvCost)的边际效应为 -0.569,这说明旅游者的平均旅行成本每上升 100 元,则旅游者到东钱湖的平均旅游次数会减少 0.569 次。

TPOIS 模型中的第二个主要解释变量景点游憩数(NoSite)的参数估计值是 -0.1991,95% 置信区间为 $[-0.3280, -0.0702]$,稳健性标准误为 0.0658,Z 统计值为 -3.03 且在 1% 显著性水平上统计显著。这说明解释变量——景点游憩数(NoSite)与被解释变量——游憩次数(NoTrip)呈现显著负相关关系。换言之,计量结果表明旅游者每次旅行游览的景点数越多,其整体旅行次数就会越少。这一结果暗含并支持了旅游价格与旅游需求呈现负相关关系的旅游经济学原理。景点游憩数(NoSite)的边际效应为 -0.290,这说明旅游者到东钱湖旅游的平均游览景点数每增加 1 个,则旅游者对东钱湖的平均旅游次数会减少 0.290 次。

TPOIS 模型中的第三个主要解释变量月收入(Income)的参数估计值是 -0.2054,稳健性标准误为 0.0344,Z 统计值为 -5.98 且在 1% 显著性水平上统计显著。这说明月收入(Income,解释变量)与游憩次数(NoTrip,被解释变量)呈现显著负相关关系。即计量结果表明旅游者的月收入越高,其到东钱湖的旅行次数就会越少。这一月收入的负相关现象可能是由于东钱湖景区的旅游资源丰度、品味度、知名度不够高,高收入旅游者倾向于更高资源禀赋的知名景区。这与 Shrestha et al. (2002)、王尔大等(2009)、Chae et al. (2012)的研究结果一致。月收入(Income)的边际效应为 -0.299,这说明旅游者的月收入每增加 1000 元,则旅游者到东钱湖的平均旅游次数会减少 0.299 次。

在模型的其余解释变量方面,游憩时间(TrvTime)变量的参数估计值为 -0.1045,Z 统计值为 -2.37 且在 5% 显著性水平上统计显著。这表明旅行次数与单次旅程时间之间呈现负向相关关系。游憩时间(TrvTime)变量的边际效应为－0.152,表明旅游者的单次旅程时间每增加 1 天,其到东钱湖的平均旅游次数会减少 0.152 次。性别(Gender)变量的参数估计值是0.1604,Z 统计值为 2.51 且在 5% 显著性水平上统计显著。这表明在同等条件下,女性旅游者拥有更强的旅游需求。年龄(Age)的参数估计值是0.1335,Z 统计值为 2.44 且在 5% 显著性水平上统计显著。这说明旅游者的年龄因素对其旅游次数呈现正向影响效应。受教育程度(Education)的参数估计值是 0.0556,Z 统计值为 1.41 且统计不显著。这表明旅游者的受教育程度对其旅游需求的影响效应暂不显著。总体而言,主要参数结果基本符合旅游需求理论和经济学原理,参数估计值的符号基本与期望相符,表明 *AITCM* 问卷的理论效度较好。

　　旅游景点的游憩价值能够通过旅游需求函数来测量。我们根据式(7.23)和(7.28)求出游客消费者剩余的平均估计值 E[CS],计算得东钱湖旅游度假区的游客个人消费者剩余均值为 255.82 元;而且,东钱湖旅游度假区 2014 年的游客总数为 384 万人次①。根据式(7.3)综合计算得东钱湖旅游度假区基于 AITCM 的 2014 年游憩价值为 25.9596 亿元,这与其 2014年的实际旅游总收入 28 亿元基本吻合。

---

　　① 朱军备. 湖泊治理与生态保育并举:东钱湖打造全国治水样本[N].宁波日报,2015-02-25(1).

第八章　旅游资源经营权价值评估优化研究

　　2009 年,《国务院关于加快发展旅游业的意见》首次提出"商业性开发景区可以开办景区经营权质押贷款业务"。2012 年,《关于金融支持旅游业加快发展的若干意见》再次强调"探索开展旅游景区经营权质押业务"。2015年,《国务院办公厅关于进一步促进旅游投资和消费的若干意见》中进一步提出"推进旅游项目产权与经营权交易平台建设"。旅游资源经营权价值评估研究,便成为落实上述制度的重要内容。综观现阶段景区旅游资源开发的投融资模式,景区所有权和经营权两权分离已经成为景区的主要选择手段之一。在此情形下产生了景区旅游资源经营权出让模式,出让过程中的核心问题是旅游资源经营权出让价格的确定问题。然而,如何确定一个公允可行的旅游资源经营权评估值? 如果估值过高,会导致开发商过度开发和使用旅游资源,导致环境破坏、景区超载等问题;如果估值过低,会导致国有/集体资产流失,开发商挤占当地政府和居民的合法利益。这是一个亟待解决的重要现实问题。

第一节　改进的收益还原法的基本原理

　　收益法是三大资产评估法中最适宜于评估旅游资源经营权价值的方法,而收益还原法(ICM)是收益法中的典型评估模型。传统的收益还原法的基本原理是将被评估景区未来经营期内全部预期收益的现值总和作为被评估景区的旅游资源经营权价值。其技术路线是先预测被评估景区未来经营期内的各期预期收益,再应用适宜的资本化率将其折算为现值,进而加总现值得出被评估景区旅游资源经营权价值。鉴于传统收益还原法中的两大参数的测算困境,本章通过两阶段评估优化模型改进传统的收益还原法。

第一阶段,通过基于高级应用统计学的景区预期收益预测模型,应用差分自回归移动平均模型(ARIMA)和多项式回归模型等高级时间序列模型逐一预测景区预期收益。ARIMA 模型是首先将景区净收益这个非平稳时间序列差分使之平稳后,再将景区净收益对其滞后项、随机扰动项及其滞后项进行回归,进而得出景区净收益时间序列的预测模型,是高级时间序列模型中精度很高的预测计量方法。多项式回归模型是将景区净收益对经营时间及其高阶项进行回归,进而由经营时间及其高阶项的最优组合来进行景区预期收益时间序列预测,是高级时间序列模型中精度较高的预测计量方法。在预测"准确性"检验和"涵盖性"检验的基础上构建精确的景区预期收益组合模型,解决传统收益还原法中景区"预期收益"数值难以科学量化的问题。预测"准确性"检验是景区预期收益预测模型检验中的必备检验,检验的是景区预期收益预测模型的预测值与景区净收益真实值相比实现的准确性。预测"涵盖性"检验是景区预期收益预测模型检验中的新兴检验标准,检验的是景区预期收益的标准预测模型的预测值是否涵盖竞争预测模型中所有的信息内涵(魏敏,2011)。

第二阶段,基于财务学中的资本资产定价模型(CAPM)和加权平均资本成本(WACC)模型的资本化率研究,解决传统收益还原法中景区"折现率"数值难以科学量化的问题。资本资产定价模型(CAPM)构建于投资组合理论和资本市场理论的理论架构上,研究的是资本资产的预期收益率与无风险收益率、风险收益率之间的关系,其适宜应用于景区预期收益折算成现值的"资本化率"的科学确定。加权平均资本成本(WACC)模型是先测度构成景区资本结构的各个项目各自的要求回报率,再将这些回报率按各项目在资本结构中的权重加权,即可算出景区加权平均资本成本,其适宜于科学确定景区预期收益折算成现值的"资本化率"。进而,本章应用上述改进的收益还原法科学评估景区旅游资源经营权价值。

第二节　案例景区的概述与典型性

一、案例景区的概况与选取原因

黄山国家级风景名胜区(简称黄山景区)位于安徽省南部黄山市境内,占地面积约 154 平方公里。黄山景区分为玉屏景区等七大景区,以奇松等"五绝"著称于世。黄山景区 1985 年入选全国十大风景名胜区。1990 年被列入《世界文化与自然遗产名录》。1992 年和 1998 年先后被建设部等三部委授予"全国先进风景名胜区"称号和"全国文明风景旅游区示范点"称号。1999 年获联合国教科文组织颁发的"世界文化景观保护与管理国际荣誉奖"。2000 年和 2001 年先后被列入全国首批"ＡＡＡＡＡ"级旅游景区名录和"国家地质公园"名录。2004 年被联合国教科文组织列入"世界地质公园"名录。简而言之,黄山景区是目前中国唯一、世界仅有的同时拥有世界文化与自然双重遗产以及世界地质公园三项桂冠的景区,其旅游资源经济价值非常突出。

2014 年,黄山国家级风景名胜区共接待国内外游客 297.1 万人次,同比增长 8.2％。黄山景区索道业务共运送游客 527.9 万人次,同比增长 14.9％。黄山景区 2014 年实现主营收入(景区门票＋客运索道)6.2835 亿元,同比增长 11.79％;实现主营利润(景区门票＋客运索道)5.3147 亿元,同比增长 13.03％。

因此,将黄山国家级风景名胜区作为本书的研究样本具有较好的代表性和典型性。此外,笔者从黄山景区的相关上市公司"黄山旅游发展股份有限公司(以下简称"黄山旅游")(600054)"的年度报告中提取了相应的黄山景区净收益等微观财务数据,原因有三。

其一,遵循样本数据所需的准确性、系统性与可获得性原则,特别是考虑到由于财务数据的敏感性导致的我国非上市景区或景区类企业的微观数据难以获取,笔者权且以景区类上市公司作为研究样本。

其二,在我国景区类上市公司中,"峨眉山 A""黄山旅游"属于典型的自然景区类上市公司,"宋城股份"属于典型的文化旅游类上市公司,"华侨城 A"属于典型的主题公园类上市公司,其他景区类上市公司的类型大多是介于三者之间,或是其中两者的组合,或是其中三者的综合。其中,"峨眉山

A"和"黄山旅游"依托独特旅游资源的门票收费和索道经营垄断性,属于真正的旅游资源类上市公司,亦即适宜于成为本书的旅游资源经营权价值的评估案例。

其三,在"峨眉山 A"和"黄山旅游"两者之中,"黄山旅游"的微观财务数据周期较长,在年报中披露的主营业务收入和利润的类型划分更加细致,非常有利于笔者从年报中提取相应的高质量财务数据,从而增加景区旅游资源经营权价值评估研究的科学性。因此,笔者选择黄山景区作为本部分的实证研究对象,量化测度黄山景区旅游资源经营权价值,作为对改进的收益还原法在景区旅游资源经营权价值评估过程中应用效能的验证。

二、案例景区的主营业务典型性分析

为了保证本书研究样本数据来源的准确性、真实性与可靠性,笔者从黄山景区的相关上市公司"黄山旅游(600054)"的年度报告中提取相应的黄山景区净收益等微观财务数据。黄山旅游发展股份有限公司属于旅游资源垄断性景区类上市公司,业务范围涵盖景区、索道、餐饮住宿、旅行社等旅游行业,被誉为"中国第一只完整意义的旅游概念股"。其主营业务包括景区管理、索道运营、酒店食宿、旅行社服务等,主营利润主要源于景区门票收入和索道业务。

在"黄山旅游(600054)"上市公司的主营业务利润(见表 8-1)方面,2014年,黄山景区门票主营利润为 2.2058 亿元,占比 30.36%;黄山景区客运索道主营利润为 3.1089 亿元,占比 42.79%;亦即黄山景区旅游收益为 5.3147亿元,占比 73.15%。进一步将研究时序扩大到近 10 年,从 2005 年到 2014年,黄山景区的平均门票主营利润为 1.8678 亿元,平均占比 35.47%;平均客运索道主营利润为 2.2659 亿元,平均占比 42.13%;亦即黄山景区近 10年平均旅游收益为 4.1337 亿元,平均占比 77.60%。这说明黄山景区的旅游收益几乎贡献了"黄山旅游(600054)"上市公司主营业务利润的八成,这证明了"黄山旅游(600054)"是名副其实的旅游资源类景区上市公司。

表 8-1　黄山景区主营业务利润构成　　　　　　　　　单位:亿元

主营利润	2014 年	2013 年	2012 年	2011 年	2010 年	2009 年	2008 年	2007 年	2006 年	2005 年
景区门票	2.2058	1.9634	2.4181	2.4419	2.1360	1.6553	1.7243	1.7314	1.3109	1.0911
	30.36%	32.12%	32.91%	36.18%	37.98%	34.54%	34.94%	37.32%	38.95%	39.38%

续表

主营利润	2014 年	2013 年	2012 年	2011 年	2010 年	2009 年	2008 年	2007 年	2006 年	2005 年
客运索道	3.1089	2.7386	2.9927	2.8353	2.5310	2.1436	2.1059	1.6884	1.3465	1.1681
	42.79%	44.80%	40.73%	42.01%	45.01%	44.73%	42.68%	36.39%	40.00%	42.17%
酒店食宿	1.4272	0.5846	0.8775	1.0519	0.6947	0.7611	0.9132	1.0171	0.6546	0.4506
	19.64%	9.56%	11.94%	15.59%	12.35%	15.88%	18.51%	21.92%	19.45%	16.27%
旅行社服务	0.0352	0.3164	0.2384	0.2975	0.2020	0.2618	0.2321	0.0834	0.0941	0.0398
	4.35%	3.90%	4.05%	2.99%	4.65%	4.84%	1.69%	2.03%	1.18%	1.27%
商品房销售	0.1159	0.4709	0.6984	0.2076	0	0	0	0	0	0
	1.60%	7.70%	9.50%	3.08%	0.00%	0.00%	0.00%	0.00%	0.00%	0.00%
其他	0.0919	0.1173	0.0637	0.0099	0	0	0.1076	0.1085	0.0143	0.0253
	1.26%	1.92%	0.87%	0.15%	0.00%	0.00%	2.18%	2.34%	0.43%	0.91%

因此,黄山国家级风景名胜区作为本书的研究样本具有较好的代表性和典型性。从黄山景区的相关上市公司"黄山旅游(600054)"的年报中提取相应的微观财务数据具备适宜性与合理性。

第三节 景区预期收益的组合预测模型实证研究

一、景区预期收益的 ARIMA 时间序列预测模型构建

(一)案例景区时间序列数据预处理

本章的黄山景区净收益(净利润)原始数据主要来源于 1993—2014 年的《黄山旅游(600054)年度报告》、国泰安 CSMAR 数据库和 WIND 资讯金融数据库。我们首先得到 1993—2014 年黄山旅游发展股份有限公司的净利润原始数据,再结合公司历年旅游景区主营业务利润占比(即景区门票和客运索道利润占公司全部主营业务利润比例)进行加权[①],得到黄山景区

---

① 其中,2005—2014 年黄山景区净收益按照 2005—2014 年各年公司景区主营业务利润占比对 2005—2014 年黄山旅游发展股份有限公司的净利润进行加权,1993—2004 年黄山景区净收益按照 2005—2014 年公司景区主营业务利润占比均值对 1993—2004 年黄山旅游发展股份有限公司的净利润进行加权。

1993—2014 年旅游净收益(见表 8-2),它们可以看作一个随时间推移而形成的随机时间序列。运用随机时间序列分析方法,结合 Eviews7.2 软件,来预测黄山景区未来旅游净收益,以期得出较好的预测结果。记黄山景区 1993—2014 年旅游净收益序列为$\{y_t\}$。

表 8-2　黄山景区 1993—2014 年旅游净收益　　　　　单位:百万元

年份	景区净收益	增长率	年份	景区净收益	增长率
1993	19.3990	—	2004	51.9893	210.26%
1994	22.6740	16.88%	2005	56.1200	7.95%
1995	33.6101	48.23%	2006	106.9387	90.55%
1996	49.6724	47.79%	2007	111.4344	4.20%
1997	59.8321	20.45%	2008	146.3478	31.33%
1998	61.2965	2.45%	2009	126.7091	−13.42%
1999	70.4154	14.88%	2010	191.7068	51.30%
2000	38.0567	−45.95%	2011	200.2861	4.48%
2001	35.2586	−7.35%	2012	176.7375	−11.76%
2002	20.0996	−42.99%	2013	110.6172	−37.41%
2003	−47.1501	−334.58%	2014	153.0606	38.37%

从时间序列趋势图能够清晰地看出黄山景区旅游净收益的发展趋势,再运用 Eviews7.2 软件对$\{y_t\}$绘制时间序列图,结果如图 8-1 所示。

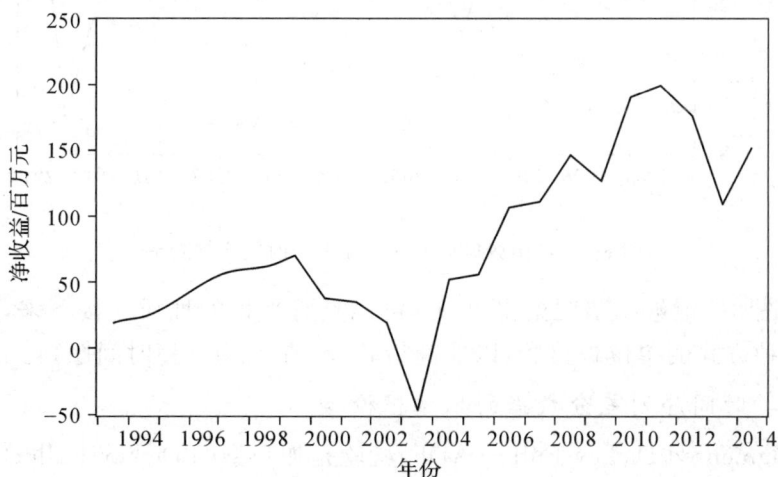

图 8-1　黄山景区旅游净收益时间序列趋势

　　从表 8-2 和图 8-1 能够看出黄山景区旅游净收益虽然在个别年份（2003年）出现波动，但整体上升较快，旅游净收益呈波动增长趋势。

　　1. 异常值处理

　　由于受 2003 年"非典"事件的影响，国内景区 2003 年净收益数据出现大幅下降。为了降低 2003 年的数据下降对预测带来的不利影响，笔者对原2003 年数据进行平滑化处理。亦即将 2003 年的统计数据用前后各两年的算术平均值代替，即调整为 40.8669 百万元。

　　2. 平稳化处理

　　从图 8-1 中能够观察到 $\{y_t\}$ 有着明显上升的趋势，所以为非平稳时间序列。笔者对其进行差分化处理，以期得到平稳的时间序列。差分阶数的选择取决于非平稳时间序列的自身特点。从 $\{y_t\}$ 的趋势图中能够观察到 $\{y_t\}$ 蕴含着曲线趋势，通常一阶或二阶差分就可以剔除曲线趋势的影响，将其变换为平稳时间序列。

　　我们对 $\{y_t\}$ 进行一阶差分，得到一阶差分序列 $\{z_t\}$，该序列的图形如图8-2 所示。

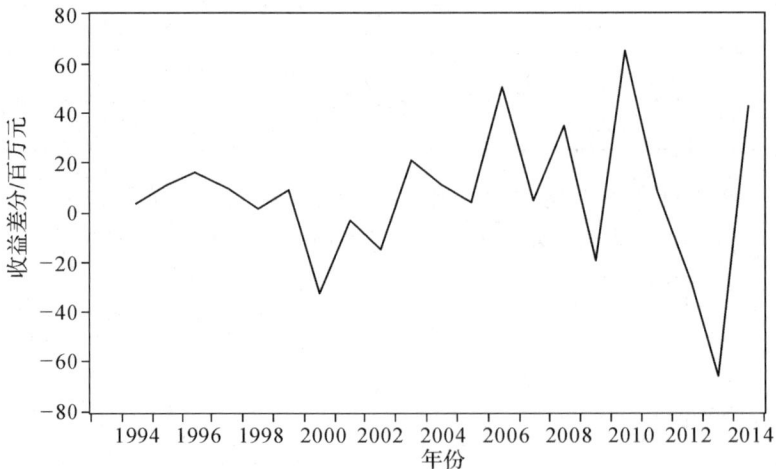

图 8-2　黄山景区旅游净收益差分时间序列趋势

　　从图 8-2 能够初步观察得出 $\{z_t\}$ 可能具有平稳的性质。接下来，对 $\{z_t\}$进行多种方式的单位根检验，以准确检验 $\{z_t\}$ 是否为平稳时间序列。

　　（二）时间序列差分数据的单位根检验

　　Augmented Dickey-Fuller（ADF）检验是加强型的 Dickey-Fuller（DF）检

验,是应用最广的时间序列数据的单位根检验方法之一。考虑一个测试序列$\{z_t\}$,其属于自回归过程 AR(1):

$$z_t = \mu + \beta z_{t-1} + \varepsilon_t$$

其中,μ 和 β 是参数,并且假设 ε_t 服从零均值、同方差的独立分布。如果 $-1 < \beta < 1$,则 AR(1)过程是平稳的。如果 $\beta = 1$,则测试序列$\{z_t\}$是一个带漂移项的随机游走(Random Walk)过程,$\{z_t\}$是不平稳的。相应地,单位根检验的原假设为 $\beta = 1$。检验原假设的方法就是把上述一阶自回归序列$\{z_t\}$写成:

$$\Delta z_t = \mu + \rho z_{t-1} + \varepsilon_t$$

其中,$\rho = \beta - 1$,原假设变为 $\rho = 0$。

Dickey 和 Fuller 提出了 Dickey-Fuller 临界值来检验 ρ 的显著性。

进一步地,测试序列$\{z_t\}$属于自回归过程 AR(p),

则检验原假设的方法就是把上述 p 阶自回归序列$\{z_t\}$写成:

$$\Delta z_t = \mu - (1 - \sum_{i=1}^{p} \beta_i) z_{t-1} + \sum_{i=1}^{p-1} \alpha_i z_{t-i} + \varepsilon_t$$

其中,α_i 系数是 β_i 的函数。在存在单位根的零假设下,z_{t-1} 的系数为零。如果 $\rho < 1$,z_{t-1} 的系数为负值。由此可见,相对于 DF 检验,ADF 检验的等式右侧添加了 z 的滞后差分项。

表 8-3　序列$\{z_t\}$的 Augmented Dickey-Fuller 检验结果

Null Hypothesis:$\{z_t\}$ has a unit root			
Exogenous:Constant,Linear Trend			
Lag Length:0(Automatic based on SIC,maxlag=4)			
		t-Statistic	Prob. *
Augmented Dickey-Fuller test statistic		-4.678422	0.0070
Test critical values:	1% level	-4.498307	
	5% level	-3.658446	
	10% level	-3.268973	

* MacKinnon (1996) one—sided p—values.

表 8-3 是序列$\{z_t\}$的 Augmented Dickey-Fuller 检验结果,因为 ADF 统计值为 -4.6784,比 1%、5%、10% 统计水平上的临界值都小,P 值为 0.0070,能够拒绝原假设,说明序列$\{z_t\}$不存在单位根,属于平稳时间序列。

接下来，可以对平稳时间序列$\{z_t\}$进行时间序列分析。

（三）ARIMA 模型识别与模型定阶

在 ARIMA 模型识别方面，能够通过考察样本的自相关系数（ACF）和偏相关系数（PACF）来分析识别 ARIMA 模型的类型。应用 Eviews7.2 软件计算序列$\{z_t\}$的样本自相关函数和样本偏自相关函数，如图 8-3 所示。

Autocorrelation	Partial Correlation		AC	PAC	Q-Stat	Prob
		1	−0.158	−0.158	0.6033	0.437
		2	0.050	0.025	0.6664	0.717
		3	−0.282	−0.278	2.8064	0.422
		4	0.271	0.207	4.8933	0.298
		5	−0.202	−0.158	6.1206	0.295
		6	−0.160	−0.312	6.9441	0.326
		7	−0.106	−0.030	7.3291	0.395
		8	−0.031	−0.254	7.3656	0.498
		9	−0.013	−0.139	7.3726	0.598
		10	−0.139	−0.194	8.2167	0.608
		11	0.170	−0.050	9.6112	0.566
		12	0.047	−0.033	9.7318	0.639

图 8-3　$\{z_t\}$的样本自相关函数和样本偏自相关函数

从图 8-3 能够清晰地看出：在$k=1$以后，自相关系数全部落在置信区间内，接近于零；偏自相关系数在$k=1$以后也全部落在置信区间内，接近于零。因此，可以再次证明序列$\{z_t\}$为平稳序列。令p在 1~4 间取值，令q在 1~4 中间取值，取可决系数（R^2）、调整可决系数（Adjusted R^2）、Akaike 信息准则（AIC 值）、Schwarz 信息准则（SIC 值）、Hannan-Quinn 准则作为甄别指标以选取最合适的 ARIMA 模型进行预测，如表 8-4 所示。

根据可决系数、调整可决系数越大越好，Akaike 信息准则、Schwarz 信息准则、Hannan-Quinn 准则越小越好的原则，我们选择模型 ARIMA(3,1,4)。因为 ARIMA(3,1,4)模型的 R^2 为 0.9404，Adjusted R^2 为 0.8986，在所有备选模型中最大；ARIMA(3,1,4)模型的 Akaike 信息准则值为 7.7389、Schwarz 信息准则值为 8.1346、Hannan-Quinn 准则值为 7.7935，在所有备选模型中最小。因此，经过反复测试和综合考虑，笔者选择模型 ARIMA(3,1,4)进行黄山景区未来预期旅游净收益预测。

表 8-4　多个模型的指标比较值

模型类别	R^2	Adjusted R^2	Akaike 信息准则	Schwarz 准则	Hannan-Quinn 准则
AR(1)	0.0271	−0.0270	9.7442	9.8438	9.7636
AR(2)	0.0312	−0.0899	9.9059	10.0550	9.9311
AR(3)	0.1570	−0.0237	9.9435	10.1413	9.9707
AR(4)	0.2298	−0.0269	10.0528	10.2978	10.0771
MA(1)	0.0261	−0.0252	9.6875	9.7870	9.7091
MA(2)	0.0261	−0.0821	9.7827	9.9319	9.8151
MA(3)	0.7995	0.7641	8.2975	8.4964	8.3407
MA(4)	0.4257	0.2822	9.4450	9.6937	9.4989
ARIMA(1,1,1)	0.0986	−0.0075	9.7679	9.9172	9.7970
ARIMA(1,1,2)	0.1261	−0.0378	9.8369	10.0360	9.8758
ARIMA(1,1,3)	0.4311	0.2794	9.5076	9.7565	9.5562
ARIMA(1,1,4)	0.4491	0.2523	9.5755	9.8742	9.6338
ARIMA(2,1,1)	0.1598	−0.0083	9.8687	10.0675	9.9023
ARIMA(2,1,2)	0.7009	0.6154	8.9412	9.1897	8.9832
ARIMA(2,1,3)	0.8307	0.7656	8.4774	8.7756	8.5278
ARIMA(2,1,4)	0.8282	0.7424	8.5969	8.9448	8.6558
ARIMA(3,1,1)	0.1994	−0.0470	10.0030	10.2503	10.0371
ARIMA(3,1,2)	0.5568	0.3722	9.5226	9.8194	9.5635
ARIMA(3,1,3)	0.4903	0.2123	9.7735	10.1198	9.8213
ARIMA(3,1,4)	0.9404	0.8986	7.7389	8.1346	7.7935
ARIMA(4,1,1)	0.2315	−0.1178	10.1682	10.4623	10.1975
ARIMA(4,1,2)	0.6097	0.3756	9.6083	9.9513	9.6424
ARIMA(4,1,3)	0.5841	0.2607	9.7895	10.1816	9.8285
ARIMA(4,1,4)	0.8517	0.7034	8.8760	9.3171	8.9198

（四）ARIMA 模型参数估计

在识别了 ARIMA 模型类别后，紧接着需要估计 ARIMA 模型的参数。本书应用 Eviews7.2 软件来估计 ARIMA(3,1,4)模型的参数，如表 8-5 所示。

表 8-5　ARIMA(3,1,4)模型估计结果

Variable	Coefficient	Std. Error	t-Statistic	Prob.
C	4.265616	5.60965	0.760407	0.4646
AR(1)	0.150831	0.677857	0.222511	0.8284
AR(2)	−0.437708	0.648304	−0.675159	0.5149
AR(3)	−0.439743	0.786615	−0.559032	0.5884
MA(1)	1.057639	1.046533	1.010612	0.336
MA(2)	2.793015	1.25738	2.221297	0.0506
MA(3)	−2.461954	3.391334	−0.725954	0.4845
MA(4)	2.333273	2.355803	0.990436	0.3453
R-squared	0.940379	Mean dependent var		5.743789
Adjusted R-squared	0.898645	S. D. dependent var		31.32842
S. E. of regression	9.973817	Akaike info criterion		7.738906
Sum squared resid	994.7702	Schwarz criterion		8.134627
Log likelihood	−61.65015	Hannan-Quinn criter.		7.793471
F-statistic	22.53244	Durbin-Watson stat		1.450147
Prob(F-statistic)	0.000023			

由此,我们可以得到模型 ARIMA(3,1,4)的数学表达式:

$$Z_t = 4.2656 + 0.1508Z_{t-1} - 0.4377Z_{t-2} - 0.4397Z_{t-3}$$
$$+ u_t + 1.0576u_{t-1} + 2.7930u_{t-2} - 2.4620u_{t-3} + 2.3333u_{t-4} \qquad (8.1)$$

(五)ARIMA 模型检验

为了分析 ARIMA(3,1,4)模型的可靠性,就必须对其进行进一步检验判断。由于 ARIMA(p,d,q)模型的识别和估计是在假设随机扰动项$\{u_t\}$是一个白噪声序列的前提下进行的。所以,如果估计出的 ARIMA(3,1,4)模型准确的话,ARIMA(3,1,4)模型中残差序列$\{u_t\}$应当为白噪声序列。如果依据 ARIMA(3,1,4)模型计算得出的样本残差不是白噪声序列,则说明ARIMA(3,1,4)模型的识别与估计不太理想。在实际检验中,我们主要检验残差序列是否存在自相关,用 Q_{LB} 统计量对残差序列$\{u_t\}$进行 χ^2 检验。

在 Eviews7.2 软件中,对 ARIMA(3,1,4)模型残差$\{u_t\}$的自相关系数(AC)和偏自相关系数(PAC)进行分析,结果如图 8-4 所示。

Autocorrelation	Partial Correlation		AC	PAC	Q-Stat	Prob
		1	0.249	−0.249	1.3113	
		2	0.080	0.019	1.4556	
		3	−0.167	−0.204	2.1223	
		4	0.043	0.144	2.1707	
		5	−0.264	−0.321	4.0978	
		6	−0.351	−0.305	7.7990	
		7	−0.269	−0.043	10.160	
		8	−0.122	−0.188	10.693	0.001
		9	−0.053	−0.094	10.806	0.005
		10	−0.028	−0.069	10.841	0.013
		11	0.183	0.036	12.566	0.014
		12	0.167	−0.074	14.230	0.014

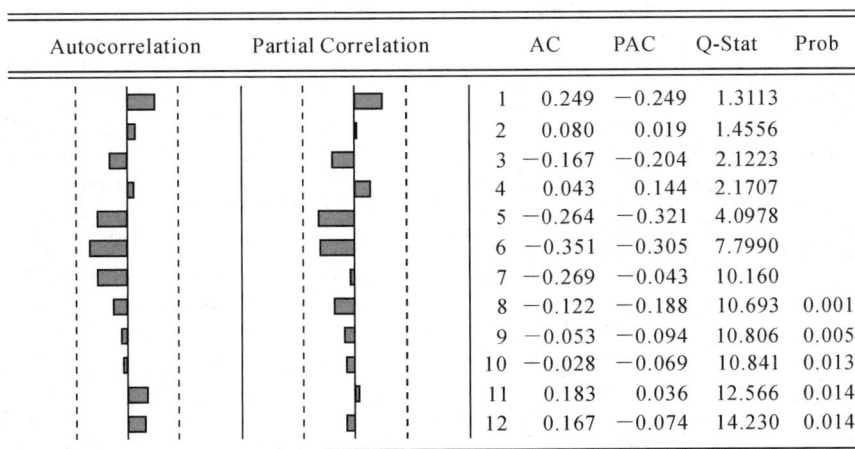

图 8-4　ARIMA(3,1,4)模型的检验

图 8-4 是对残差 $\{u_t\}$ 的白噪声检验,残差的自相关函数值和偏自相关函数值全落入随机区间,证明残差 $\{u_t\}$ 是白噪声序列。亦即该模型的拟合值与原始值无显著差异。此外,从 Q_{LB} 统计量的计算值看,滞后 12 期的计算值为14.230,未超过 5% 显著性水平的临界值,因此,ARIMA(3,1,4)模型通过残差检验,可用来对黄山景区旅游净收益进行预测。

（六）基于 ARIMA 模型的案例景区旅游净收益预测

综上所述,我们首先对黄山景区旅游净收益时间序列 $\{y_t\}$ 进行异常值处理和平稳化处理,初步得出序列 $\{y_t\}$ 的一阶差分序列 $\{z_t\}$ 是平稳时间序列。进一步地,本书应用 ADF 单位根检验法再次严谨地证明了序列 $\{z_t\}$ 是平稳时间序列。随后,本书对平稳序列 $\{z_t\}$ 进行 ARIMA 模型识别与模型定阶,得出最合理的 ARIMA(3,1,4)模型。然后,本书对该模型的残差序列 $\{u_t\}$ 进行了白噪声检验,再次证明了 ARIMA(3,1,4)模型的适宜性。因此,本书应用 ARIMA(3,1,4)模型对 1997—2014 年的黄山景区旅游净收益进行预测,预测结果见表 8-6。

如表 8-6 所示,黄山景区旅游净收益 ARIMA 预测值与黄山景区旅游净收益真实值比较,预测误差不大,平均相对误差绝对值仅为 8.15%,预测精度较高。所以,ARIMA(3,1,4)模型的预测能力较理想。

表 8-6　ARIMA(3,1,4)模型的预测值与真实值　　单位:百万元

年份	真实值	预测值	绝对误差	相对误差
1993	19.3990	—	—	—
1994	22.6740	—	—	—
1995	33.6101	—	—	—
1996	49.6724	—	—	—
1997	59.8321	53.2332	−6.5989	−11.03%
1998	61.2965	63.8692	2.5727	4.20%
1999	70.4154	73.0821	2.6667	3.79%
2000	38.0567	47.7952	9.7385	25.59%
2001	35.2586	39.8886	4.63	13.13%
2002	20.0996	20.8211	0.7215	3.59%
2003	40.8669	44.6915	3.8246	9.36%
2004	51.9893	41.8462	−10.1431	−19.51%
2005	56.1200	49.6267	−6.4933	−11.57%
2006	106.9387	93.0377	−13.901	−13.00%
2007	111.4344	114.2121	2.7777	2.49%
2008	146.3478	138.9857	−7.3621	−5.03%
2009	126.7091	115.6195	−11.0896	−8.75%
2010	191.7068	185.4177	−6.2891	−3.28%
2011	200.2861	215.1375	14.8514	7.42%
2012	176.7375	180.8650	4.1275	2.34%
2013	110.6172	112.7590	2.1418	1.94%
2014	153.0606	151.9884	−1.0722	−0.70%

二、景区预期收益的多项式回归预测模型构建

根据预测"准确性"和"涵盖性"检验的内涵,在对选定的时间序列模型 ARIMA(3,1,4)进行预测"准确性"和"涵盖性"检验之前,应当另建一个其他类型的预测模型,以比较两者之间的预测能力。基于此,本书另选一个多项式回归模型对黄山景区旅游净收益进行预测建模。

（一）多项式回归模型构建与参数估计

应用 Eviews7.2 软件对黄山景区旅游净收益数列$\{y_t\}$用表示时间的数列 $\{t\}$（$t=1,2,3,\cdots$）进行拟合。根据$\{y_t\}$与$\{t\}$，画出它们的散点图（见图 8-5）。

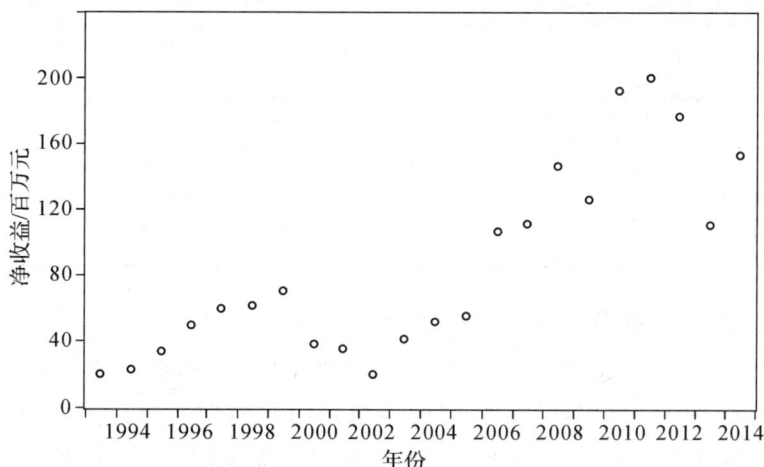

图 8-5　黄山景区旅游净收益数列与时间序列的散点图

根据可决系数（R^2）、调整可决系数（Adjusted R^2）越大越好，Akaike 信息准则（AIC 值）、Schwarz 信息准则（SIC 值）、Hannan-Quinn 准则越小越好的原则，经过反复拟合，得出最优拟合函数为

$$\hat{y}=62.4631-73.4225t+38.2199t^2-7.2622t^3$$
$$+0.6213t^4-0.0242t^5+0.0004t^6 \tag{8.2}$$

拟合结果如表 8-7 所示。

表 8-7　多项式回归模型拟合结果

Variable	Coefficient	Std. Error	t-Statistic	Prob.
C	62.46308	52.09295	1.199070	0.2491
t	−73.42246	55.28942	−1.327966	0.2040
t^2	38.21987	19.24476	1.985989	0.0656
t^3	−7.262159	3.006005	−2.415884	0.0289
t^4	0.621258	0.232623	2.670659	0.0175
t^5	−0.024186	0.008712	−2.776226	0.0141
t^6	0.000350	0.000126	2.776865	0.0141

续表

Variable	Coefficient	Std. Error	t-Statistic	Prob.
R-squared	0.929969	Mean dependent var		85.59676
Adjusted R-squared	0.901957	S. D. dependent var		58.27004
S. E. of regression	18.24538	Akaike info criterion		8.899072
Sum squared resid	4993.408	Schwarz criterion		9.246222
Log likelihood	−90.88979	Hannan-Quinn criter.		8.980850
F-statistic	33.19873	Durbin-Watson stat		2.498193
Prob(F-statistic)	0.000000			

（二）多项式回归模型检验与预测

从表 8-7 可见，多项式回归模型的可决系数 R^2 达到 93%，调整的可决系数 Adjusted R^2 也达到 90%，因此多项式回归模型通过计量经济学检验，拟合效果较理想。对模型的参数进行 t 检验和显著性检验，检验结果表明该模型较合理。因此，能够应用多项式回归模型进一步预测黄山景区旅游净收益。预测结果如表 8-8 所示。

表 8-8　多项式回归模型的预测值与真实值　　　　　单位：百万元

年份	真实值	预测值	绝对误差	相对误差
1993	19.3990	20.5958	1.1968	6.17%
1994	22.6740	19.5889	−3.0851	−13.61%
1995	33.6101	34.7958	1.1857	3.53%
1996	49.6724	51.2204	1.5480	3.12%
1997	59.8321	61.2448	1.4127	2.36%
1998	61.2965	62.6071	1.3106	2.14%
1999	70.4154	56.6324	−13.7830	−19.57%
2000	38.0567	46.7144	8.6577	22.75%
2001	35.2586	37.0491	1.7905	5.08%
2002	20.0996	31.6202	11.5206	57.32%
2003	40.8669	33.4364	−7.4305	−18.18%
2004	51.9893	44.0194	−7.9699	−15.33%

续表

年份	真实值	预测值	绝对误差	相对误差
2005	56.1200	63.1452	7.0252	12.52%
2006	106.9387	88.8357	−18.1030	−16.93%
2007	111.4344	117.6026	6.1682	5.54%
2008	146.3478	144.9428	−1.4050	−0.96%
2009	126.7091	166.0859	39.3768	31.08%
2010	191.7068	176.9926	−14.7142	−7.68%
2011	200.2861	175.6056	−24.6805	−12.32%
2012	176.7375	163.3517	−13.3858	−7.57%
2013	110.6172	146.8958	36.2786	32.80%
2014	153.0606	140.1465	−12.9141	−8.44%

　　根据表 8-8,黄山景区旅游净收益的多项式回归模型预测值与黄山景区旅游净收益真实值比较,预测误差不大,平均相对误差绝对值为 13.86%,预测精度较高。所以,多项式回归模型的预测能力较理想。

三、预测准确性与预测涵盖性的统计检验

(一)预测"准确性"检验

　　本书采用平均绝对百分误差公式 $MAPE = \sum |(z_t - \hat{z}_t)/z_t|/n$ 来对 ARIMA(3,1,4) 时间序列模型(以下简称为模型一)和多项式回归模型(以下简称为模型二)进行准确性检验。检验结果为:ARIMA(3,1,4)时间序列模型的平均相对误差绝对值为 8.15%,多项式回归模型的平均相对误差绝对值为 13.86%。可见在对黄山景区旅游净收益进行预测时,ARIMA 时间序列模型的预测准确性高于传统的多项式回归模型的预测准确性。

(二)预测"涵盖性"检验

　　遵循魏敏(2011)的预测"涵盖性"检验的研究思路,令 y_t 为黄山景区旅游净收益的真实值数列,f_{1t}、f_{2t} 为对应的两组关于黄山景区旅游净收益的预测值,分别由 ARIMA 时间序列模型(模型一)和多项式回归模型(模型二)产生。而且,模型一为选定模型,模型二为其竞争模型。现将两组预测值加权平均,形成以下的组合预测值 f_{ct}:

$$f_{ct} = (1-\lambda)f_{1t} + \lambda f_{2t} \tag{8.3}$$

式(8.3)中,λ 为两种预测模型的权数。一般而言,具有较小误差方差的预测值应当分配较大的权数。所以,若 $\lambda \to 0$,则表示预测值 f_{1t} 较准确,有较小的误差方差;反之,若 $\lambda \to 1$,则表示预测值 f_{2t} 较准确。若权数不为 0 与 1,可以通过组合预测,得到优于原先预测的结果。因此,可以通过权数 λ 的估计,判断是否具备进一步组合预测的必要性。

在估计 λ 时,可令 $e_{it} = y_t - f_{it}$,$i = 1, 2$ 代表两组预测值的绝对误差,ε_t 为组合预测值的绝对误差,可以得出:

$$y_t - f_{ct} = y_t - [(1-\lambda)f_{1t} + \lambda f_{2t}] = e_{1t} + \lambda(f_{1t} - f_{2t}) = \varepsilon_t \qquad (8.4)$$

移项后得

$$e_{1t} = \lambda(f_{2t} - f_{1t}) + \varepsilon_t \qquad (8.5)$$

在此,权数 λ 可解释为,模型的预测值差距对于模型一的预测误差的解释能力。在极端的情形下,$\lambda = 0$ 时,表示模型二的额外信息对于解释模型一的预测误差没有作用。换言之,模型一包含模型二所有相关的信息。若 $\lambda > 0$,则表示模型二的信息可以解释模型一的预测误差。亦即模型一没有完全包含模型二的所有信息。因此,预测涵盖性检验的统计量就是在检验 λ 是否为零(原假设),其对立假设为 $\lambda > 0$。

为了运算方便,进一步将式(8.5)改写成:

$$e_{1t} = \lambda(e_{1t} - e_{2t}) + \varepsilon_t \qquad (8.6)$$

Granger & Newbold(1973)以 OLS 估计并检验上式的 λ 值是否为零,以评估 f_{2t} 中是否包含 f_{1t} 中所没有的有用信息。当原假设为真($\lambda = 0$)时,称此种情况为"f_{1t} 涵盖 f_{2t}"。Harvey,Leybourne & Newbold(1998)(以下简称 HLN)基于 Diebold & Mariano(1995)(以下简称 DM)的方法建立了著名的预测涵盖检验。DM 检验是用于检验两个竞争模型是否具有相等的预测性能。假设 $e_{it} \begin{Bmatrix} i=1,2 \\ t=1,2,\cdots,h \end{Bmatrix}$ 分别表示模型一和模型二的往前 h 期的预测误差。考虑这两组预测误差的损失函数 $g(e_{it})$(Loss Function),令

$$d_t = g(e_{1t}) - g(e_{2t}) \qquad (8.7)$$

预测性能相等的原假设为 $H_0 : E[g(e_{1t}) - g(e_{2t})] = 0$;备择假设为 $H_1 : E[g(e_{1t}) - g(e_{2t})] \neq 0$,此处,$d_t = g(e_{1t}) - g(e_{2t})$ 代表损失差异(Loss Differential)。

由式(8.7)可知,我们要检验 d_t 的总体平均数是否为零,一般情况下,以 d_t 的样本平均数 $\bar{d}$ 作为检验式(8.7)的检验量。DM 的检验统计量形式如下:

$$DM = \bar{d} / \sqrt{Var(\bar{d})} \tag{8.8}$$

此处，$Var(\bar{d})$ 为 $\bar{d}$ 的渐近方差的一致估计量。因为往前 h 期预测误差具有 $(h-1)$ 阶序列相关。因此，当 $h>1$ 时，数列 d_t 将存在自我相关的现象。因此，可以采用均匀核函数并设定带宽长度为 $(h-1)$ 来计算 $Var(\bar{d})$ 的估计值。即

$$Var(\bar{d}) = \frac{1}{h} \sum_{i=1}^{h-1} \hat{\gamma}_i \tag{8.9}$$

其中，$\hat{\gamma}_i$ 表示 $\bar{d}$ 的第 i 个样本自我方差，通过 $\hat{\gamma}_i = \frac{1}{h} \sum_{t=i+1}^{n} |(d_t - \bar{d})(d_{t-i} - \bar{d})|$ 估计得到。

HLN 的预测涵盖检验与 DM 检验相近，它是令 $d_t = e_{1t}(e_{1t} - e_{2t})$。如 HLN 所述，若 f_{1t} 涵盖 f_{2t}，则 $E(d_t) = 0$ 为检验的零假设，而对立假设为 $E(d_t) \neq 0$ 表示 f_{2t} 中包含有用的信息。HLN 的预测涵盖性检验量如下：

$$HLN = \bar{d} / \sqrt{Var(\bar{d})} \tag{8.10}$$

式(8.10)中，一如在 DM 检验中的定义，$\bar{d}$ 为 d_t 的样本平均数，$Var(\bar{d})$ 为长期方差的一致估计式，其计算方式与 DM 统计量相同。HLN 证明，在零假设下，检验的大样本分布为标准正态分布。如前文所述，在对黄山景区旅游净收益预测模型进行预测涵盖性检验时，令

$$d_t = e_{1t}(e_{1t} - e_{2t}) \tag{8.11}$$

易得 d_t 的序列数据(见表 8-9)。d_t 的样本平均值为 73.6113，再通过 $Var(\bar{d}) = \frac{1}{h} \sum_{i=1}^{h-1} \hat{\gamma}_i$ 计算 $Var(\bar{d})$，结果 $\sqrt{Var(\bar{d})}$ 为 186.9962，因此 HLN 统计量的计算值为 0.3937，为非标准正态分布。因此，模型一不能涵盖模型二。所以，应当考虑将模型一和模型二组合起来进行组合预测。

表 8-9　d_t 的数据序列

t	1997 年	1998 年	1999 年	2000 年	2001 年	2002 年
d_t	52.8677	3.2470	43.8664	10.5254	13.1469	−7.7916
t	2003 年	2004 年	2005 年	2006 年	2007 年	2008 年
d_t	43.0463	22.0430	87.7797	−58.4120	−9.4178	43.8568
t	2009 年	2010 年	2011 年	2012 年	2013 年	2014 年
d_t	559.6522	−52.9863	587.1041	72.2861	−73.1142	−12.6969

四、景区旅游净收益组合预测模型构建

通过上文的预测"涵盖性"检验,我们可以得出结论:模型一(ARIMA 时间序列模型)并不能完全涵盖模型二(多项式回归模型),所以我们将这两个模型组合起来进行黄山景区旅游净收益组合预测。这种做法能够克服单项模型的缺陷,充分利用单项模型包含的有效信息,建立组合预测模型,以提高预测精度。

如前文所述,$w_i = E_{ii}^{-1} / \sum_{i=1}^{m} E_{ii}^{-1}$,其中 E_{ii} 为第 i 种单项预测模型的预测误差平方和,$E_{ii} = \sum_{t=1}^{N} e_{it}^2 = \sum_{t=1}^{N} (y_t - \hat{y}_{it})^2$;$\hat{y}_{it}$ 为第 i 种单项预测方法在 t 时刻的预测值;y_t 为同一预测对象的指标序列 $\{y_t\}$ 在第 t 时刻的观测值;N 表示时间长度;$e_{it} = (y_t - \hat{y}_{it})$ 为第 i 种单项预测方法在第 t 时刻的预测误差。

本书中,单项预测模型有 ARIMA 时间序列模型和多项式回归模型这两个,即 $m = 2$,则

$$w_1 = E_{11}^{-1} (E_{11}^{-1} + E_{22}^{-1}) \tag{8.12}$$

依据上文可得出 E_{11} 和 E_{22} 的值分别为 994.7676 和 4978.652,代入式 8.12 可得 $w_1 = 0.8335$ 和 $w_2 = 0.1665$,则建立黄山景区旅游净收益组合预测模型如下:

$$z_t = 0.8335 \hat{y}_{1t} + 0.1665 \hat{y}_{2t} \tag{8.13}$$

式中,z_t 为组合预测值,$\hat{y}_{1t}$ 为 ARIMA(3,1,4) 模型(即模型一)的预测值,$\hat{y}_{2t}$ 为多项式回归模型(即模型二)的预测值。

将上文中模型一和模型二的预测结果代入式 8.13,可得模型一、模型二、组合模型的预测误差比较(详见表 8-10)。

我们以平均相对误差绝对值(MAPE)来衡量模型的预测精度,经过测算得出如下结果:组合预测模型的平均相对误差绝对值为 7.61%,小于模型一(ARIMA(3,1,4)时间序列模型)的平均相对误差绝对值 8.15%,也小于模型二(多项式回归模型)的平均相对误差绝对值 13.86%。可见,组合预测模型提高了预测的精度,其对科学预测黄山景区预期旅游净收益具有十分重要的实践意义。

最后,运用该组合预测模型对今后 5 年(2015—2019 年)黄山景区旅游净收益进行预测,预测结果如表 8-11 所示。

表 8-10　三种模型的预测误差比较

年份	真实值（百万元）	模型预测的相对误差（%）		
		ARIMA(3,1,4)	回归模型	组合模型
1993	19.3990	—	6.17	—
1994	22.6740	—	−13.61	—
1995	33.6101	—	3.53	—
1996	49.6724	—	3.12	—
1997	59.8321	—	2.36	—
1998	61.2965	−11.03	2.14	−8.84
1999	70.4154	4.20	−19.57	0.24
2000	38.0567	3.79	22.75	6.95
2001	35.2586	25.59	5.08	22.18
2002	20.0996	13.13	57.32	20.49
2003	40.8669	3.59	−18.18	−0.03
2004	51.9893	9.36	−15.33	5.25
2005	56.1200	−19.51	12.52	−14.18
2006	106.9387	−11.57	−16.93	−12.46
2007	111.4344	−13.00	5.54	−9.91
2008	146.3478	2.49	−0.96	1.92
2009	126.7091	−5.03	31.08	0.98
2010	191.7068	−8.75	−7.68	−8.57
2011	200.2861	−3.28	−12.32	−4.79
2012	176.7375	7.42	−7.57	4.92
2013	110.6172	2.34	32.80	7.41
2014	153.0606	1.94	−8.44	0.21
平均相对误差		8.15	13.86	7.61

表 8-11　未来 5 年黄山景区旅游净收益预测　　　　　　　单位:百万元

年份	2015	2016	2017	2018	2019
预测值	175.08	207.61	221.27	276.82	396.08

第四节　景区资本化率科学量化研究

景区旅游资源经营权价值的科学评估是景区旅游资源经济价值研究中的一个关键科学问题。景区旅游资源经营权价值是在一定时间期限内持有景区旅游资源的占有权、使用权、收益权所形成的价值关系的货币衡量。然而,除了"预期收益"难以量化测度的问题外,传统的收益还原法在旅游资源经营权价值评估过程中还出现了"折现"这两个数值难以科学量化的问题。于是,本部分提出了"景区资本化率科学量化研究",重点是科学测度传统的收益还原法的资本化率这一关键参数以科学评估旅游资源经营权价值。

一、基于 WACC 和 CAPM 的景区资本化率测算模型

在景区旅游经营权定价模型中,资本化率(capitalization rate),即景区的预期收益率是影响评估结果的关键要素。本研究的目的是消除资本化率对景区旅游经营权出让价格评估的影响,提高评价结果的准确性和客观性。通过研究,我们发现只有运用 WACC 和 CAPM 来计算我国景区类上市公司资本化率的均值,并以此作为评价模型中的折现率,才能让参与各方认可,也才能提高评价结果的合理性(周春波,林璧属,2013)。

(一)加权平均资本成本的测算

Kaplan & Ruback(1995)提出在应用现金流折现法评估企业价值时,相应资本化率应当能够体现各种资本的价值构成及其比例、无风险报酬和风险报酬、通货膨胀的变动,以各种资本在企业全部资本中所占比重为权数,以各种资本的成本加权平均计算出来的加权平均资本成本(WACC)作为资本化率。因为总负债中的应付账款、应付票据、预收账款、应付工资、其他应付款等应付款项不直接产生利息费用,加上长期和短期负债的历年银行长期和短期贷款利率也有差异,所以,本书仅将短期借款界定为短期负债,并将除专项应付款、预计负债和递延所得税负债之外的非流动负债和一年内到期的非流动负债界定为长期负债。遵循 Solomon(1963)的研究思路,

WACC 的测度模型是：

$$\mathrm{WACC}=\frac{D}{D+E}R_d(1-T)+\frac{E}{D+E}R_e \tag{8.14}$$

其中，R_d 为债务资本成本，R_e 为权益资本成本，D 为有息负债，E 为权益资本，T 是企业所得税税率。借鉴李广子和刘力(2009)的变量设计，我们将短期借款、长期借款(包括一年内到期的)、应付债券、长期应付款、其他长期负债项目界定为有息负债 D，债务资本成本 R_d 采用净财务费用与有息负债之比来衡量，其中净财务费用包括利息支出、手续费和其他财务费用。企业所得税税率 T 按照上市公司的实际所得税率进行计算，2007 年以前企业所得税税率大多为 33%，2007 年以后大多为 25% 或 15%。

（二）权益资本成本的测算

CAPM 阐述了在投资者都采用马科维茨的理论进行投资管理的条件下市场均衡状态的形成，认为一个资产的预期收益率是无风险收益率加上风险溢价之和。计算公式如下：

$$R_e=R_f+\beta(R_m-R_f) \tag{8.15}$$

其中，无风险收益率 R_f 为当年银行 1 年定期存款利率，如果在当年中 1 年定期存款利率出现了一次或多次调整，则依据各定存利率的应用天数占整年天数的比例进行加权测算；β 即测度投资组合对系统风险的敏感程度的贝塔值，其值大于 1 则表示股票的价格波动高于股票市场价格波动，亦即股票风险高于股票市场平均风险水平，其值等于或小于 1 则表示股票的风险等于或低于股票市场平均风险水平。国内外学者较多地采用普通最小二乘法估计单因素模型来测算贝塔值。测算过程如下：

$$R_{it}=\alpha_i+\beta_iR_{mt}+\varepsilon_{it} \tag{8.16}$$

R_{it} 是考虑现金红利再投资的日个股回报率，其计算公式如下：

$$R_{it}=\frac{P_{it}(1+F_{it}+S_{it})\cdot C_{it}+D_{it}}{P_{i(t-1)}+C_{it}\cdot S_{it}\cdot K_{it}}-1 \tag{8.17}$$

其中，R_{it} 是第 i 种股票在 t 日的收益率；P_{it} 是第 i 种股票在 t 日的收盘价；$P_{i(t-1)}$ 是第 i 种股票在 $t-1$ 日的收盘价；D_{it} 是第 i 种股票在 t 日为除权日时的每股现金分红；F_{it} 是第 i 种股票在 t 日为除权日时的每股红股数；S_{it} 是第 i 种股票在 t 日为除权日时的每股配股数；K_{it} 是第 i 种股票在 t 日为除权日时的每股配股价；C_{it} 是在 t 日为除权日时的每股拆细数。

R_m 是市场组合的收益率，通常用股票市场价格指数的收益率来代替。其计算方法如下：

$$R_{mt} = \frac{\text{Index}_t - \text{Index}_{t-1}}{\text{Index}_{t-1}} \tag{8.18}$$

其中，R_{mt} 是市场组合 m 在 t 时刻的市场收益率；Index_t 是市场组合 m 在 t 时刻的收盘指数；Index_{t-1} 是市场组合 m 在 $t-1$ 时刻的收盘指数。

此外，若案例公司为非上市公司，则可根据资本结构将行业代表性上市公司的无财务杠杆的 β_U 转换为有财务杠杆的 β_L 进行估计。计算公式为

$$\beta_L = \beta_U \times [1 + (1-T)(D/E)] \tag{8.19}$$

综上所述，鉴于国内外资本化率高级测算模型的数理推导与计量大多过于复杂使其难以应用到资产评估实践中，且加权平均资本成本（WACC）模型和资本资产定价模型（CAPM）是国内外资产评估实务界所广泛采用的主流模型，再加上旅游企业微观财务数据的敏感性与不可得导致景区类上市公司资本成本均值易为各利益主体接受，本书先引入加权平均资本成本（WACC）模型，再测度 WACC 中的难以准确估值的权益资本成本，其中的贝塔值依据普通最小二乘法估计上市公司的单因素模型测算，最终将得出的加权平均资本成本作为景区资本化率度量值。

（三）样本数据

遵循样本数据所需的准确性、系统性与可获得性原则，特别是考虑到由于财务数据的敏感性导致的我国非上市旅游企业的微观数据的难以获取，笔者权且以 2008 年以前上市的"非特别处理 ST"的 8 家景区类上市公司的股票作为研究样本（见表 8-12）。遵循《上市公司行业分类指引》的类型划分准则，以上市公司主营收入等经过会计师事务所审计并已公开披露的合并报表财务数据为类型划分依据，本书界定的景区类上市公司是指以景区经营管理与投资为主营业务，其收入占其公司收入大于或等于 40%，或比其他业务收入比重均大于 20% 的上市公司。并且，鉴于深证成分指数或上证综合指数是一种价值加权指数，能够客观而真实地度量中国已发行股票转让、买卖和流通的股票市场的整体发展现状并作为 CAPM 中市场组合的测度指标，本研究选择深证成分指数作为在深交所上市的景区类上市公司股票的市场指数，选择上证综合指数作为在上交所上市的景区类上市公司股票的市场指数。与此同时，为了提高本书景区类上市公司资本化率测算研究的准确性和稳健性，笔者选择 2007—2014 年共计 8 个时间序列年度的面板数据进行实证分析，以期尽可能地降低企业所得税变动、小样本时间序列分析或横截面实证分析所可能带来的研究误差。本书所用景区类上市公司数据来自国泰安公司中国股票市场和会计研究数据库（CSMAR）、万德（Wind）

资讯金融终端以及公开披露的经过会计师事务所审计的景区类上市公司年报。数据处理采用 EXCEL2010 和 STATA12.0。

表 8-12　中国景区类上市公司概况

股票代码	股票简称	主营业务	上市时期
000069	华侨城 A	旅游地产产品、景区产品、酒店产品	1997-09-10
000888	峨眉山 A	景区产品、酒店产品、旅行社产品	1997-10-21
000978	桂林旅游	景区产品、酒店产品、旅游交通产品、旅游地产产品	2000-05-18
002033	丽江旅游	景区产品、酒店产品	2004-08-25
002059	云南旅游	旅游交通产品、酒店产品、旅行社产品、景区产品、旅游地产产品	2006-08-10
002159	三特索道	景区产品、酒店产品、旅游地产产品	2007-08-06
600054	黄山旅游	景区产品、酒店产品、旅行社产品、旅游地产产品	1997-05-06
600593	大连圣亚	景区产品	2002-07-11

二、多元化经营模式下的景区类上市公司资本化率变动趋势

由于旅游资源本体质量、景区所在区域经济发展水平与居民生活水平、客源市场的规模、消费水平与增长率、景区地理条件与交通条件等影响因素的存在，上述 8 家景区类上市公司资本化率存在显著的不同。基于这一资本化率存在差异的事实，笔者能够基于不同类型划分准则多视角地剖析景区类上市公司资本化率的变动趋势。然而囿于篇幅所限，并考虑到多元化战略是景区类上市公司的重要公司战略，本书仅从多元化经营的视角来划分景区类上市公司的类型，并据此探究这 8 家景区类上市公司 2007—2014 年资本化率的变动趋势。

旅游业是综合性服务业，行业关联性较强，利润率普遍较低，使得旅游企业天生具有借相关多元化战略规避风险、增加利润的动机（依绍华，2006；王彩萍、徐红罡，2008；Wang & Xu，2011；段正梁，周树雄，2012），以获得业务关联带来的经营、管理、财务协同效应，进而提升旅游企业竞争力。景区类上市公司也属于旅游企业，尽管其依托高品味度和高知名度的旅游资源能够新创较稳定的现金流，但其月度现金流的标准差难以避免因为景区旅游活动的季节性和周期性而升高。为了尽可能降低风险以获得稳定持续的现金流，景区类上市公司往往会选择多元化发展战略。

为了厘清各景区类上市公司多元化经营的旅游产品类型，笔者将旅游

产品归类为景区产品、旅行社产品、酒店产品、旅游交通产品、旅游地产产品等(详见表8-12)。例如,大连圣亚旅游控股股份有限公司(600593)的主营业务为景区产品;丽江玉龙旅游股份有限公司(002033)的主营业务包含景区产品(索道运输、印象演出)和酒店产品2大类;深圳华侨城股份有限公司(000069)的主营业务包含旅游地产产品、景区产品(主题公园)和酒店产品3大类;桂林旅游股份有限公司(000978)的主营业务包含景区产品、酒店产品、旅游交通产品(游船客运、公路旅行客运)和旅游地产产品4大类;云南旅游股份有限公司(002059)的主营业务包含旅游交通产品、酒店产品、旅行社产品、景区产品、旅游地产产品5大类。据此,景区类上市公司多元化的分类就以公司主营业务这一经过会计师事务所审计并已公开披露的合并报表财务数据包含的4位数行业(产品)个数为标准。

　　根据表8-13的结果,从整体来看,2007—2014年我国景区类上市公司资本化率的均值为12.99%,波动率为2.88%,最小值为7.44%,最大值为21.03%,表明我国景区类上市公司资本化率整体适中,组内区别显著。从资本化率均值的时序演进上看,其首先从2007年的12.66%上升为2008年的13.52%,接着资本化率均值在经过2009年和2010年的小幅振荡后攀升到最高值2011年的14.64%,然后急速下降到2012年的12.23%,进而在2013年小幅上升后伴随着国家降低融资成本的系列政策出台又急速下降到最低值2014年的10.90%。所以,我国景区类上市公司资本化率均值在时序上呈现出"M"字母式的波浪形演进。基于组内视角而言,云南旅游的资本化率均值和波动率最高,分别为16.45%和3.15%;丽江旅游的资本化率均值和波动率也很高,分别为14.54%和2.19%,说明这两家公司的融资成本较高,投资者的期望收益率较高,这对两家公司的运营模式和盈利模式提出了更高的要求。相应地,华侨城A的资本化率均值最低,为9.93%,但其波动率2.07%却明显高于黄山旅游波动率1.10%和三特索道波动率1.75%。这说明央企背景的华侨城A的筹资净费用很低,但其历年的波动稍大,建议其采取更稳健的融资战略。

　　进一步地,将景区类上市公司样本按照多元化程度分为专业化经营公司组和多元化经营公司组。专业化经营公司组仅包括大连圣亚1个上市公司。多元化经营公司组又可以划分为四小类:一是跨2个行业多元化经营公司组,仅包括丽江旅游1个上市公司;二是跨3个行业多元化经营公司组,包括华侨城A、峨眉山A与三特索道3个上市公司;三是跨4个行业多元化经营公司组,包括桂林旅游与黄山旅游2个上市公司;四是跨5个行业多元化经营公司组,仅包括云南旅游 1 个上市公司。这样能够更直观地反映出我国景区类上市公司资本化率的组间差异和组内差异。

首先,我们比较专业化经营公司组和多元化经营公司组的资本化率。2007—2014 年多元化经营公司组的资本化率均值(多元化数目≥2)为13.26%,远高于专业化经营公司组的资本化率均值(多元化数目=1,即大连圣亚资本化率均值)11.11%。亦即较之专业化经营公司组,多元化经营公司组的投资者期望报酬较高。

其次,我们比较专业化经营公司组和四类多元化经营公司组的资本化率。第一,2007—2014 年跨 2 个行业多元化经营公司组的资本化率均值(多元化数目=2,即丽江旅游资本化率均值)为 14.54%,在四类多元化经营公司组次高,其资本化率均值也远高于专业化经营公司组的资本化率均值。第二,跨 3 个行业多元化经营公司组的资本化率均值(多元化数目=3)为11.55%,在三类多元化经营公司组最低,其资本化率均值比专业化经营公司组的资本化率均值稍高。第三,跨 4 个行业多元化经营公司组的资本化率均值(多元化数目=4)为 13.59%,在四小类多元化经营公司组居中,其资本化率均值也高于专业化经营公司组的资本化率均值。第四,跨 5 个行业多元化经营公司组的资本化率均值(多元化数目=5,即云南旅游资本化率均值)为 16.5%,在四小类多元化经营公司组最高。这说明多元化经营公司组的资本化率均值会随公司多元化数目的增加而先下降,并趋近于专业化经营公司组的资本化率均值,而后再上升。这可能是由于轻度多元化经营能够获得业务关联带来的经营、管理、财务协同效应,均衡公司因旅游业季节性特征而导致的收益波动,从而会增加公司现金流平稳性和增强融资能力,进而降低公司的资本化率。而重度多元化经营的影响效应就恰恰相反。因此,我国景区类上市公司资本化率均值随着多元化程度的变换大致呈"U"形变化。

表 8-13　多元化经营的中国景区类上市公司资本化率

多元化数目	公司简称	2007 年	2008 年	2009 年	2010 年	2011 年	2012 年	2013 年	2014 年	均值	波动率
1	大连圣亚	11.54%	11.97%	11.35%	11.33%	11.66%	10.53%	10.16%	10.34%	11.11%	2.07%
2	丽江旅游	15.93%	13.68%	10.95%	16.10%	16.71%	11.80%	16.36%	14.79%	14.54%	2.19%
3	华侨城 A	10.24%	12.79%	12.54%	8.40%	8.13%	8.69%	11.24%	7.44%	9.93%	2.07%
3	峨眉山 A	13.40%	13.71%	14.54%	14.67%	14.42%	12.79%	17.15%	9.99%	13.83%	2.02%

续表

多元化数目	公司简称	2007 年	2008 年	2009 年	2010 年	2011 年	2012 年	2013 年	2014 年	均值	波动率
3	三特索道	9.80%	13.03%	13.32%	10.82%	12.05%	9.58%	8.49%	9.89%	10.87%	1.75%
=3	均值	11.15%	13.18%	13.47%	11.30%	11.53%	10.35%	12.29%	9.11%	11.55%	1.44%
4	桂林旅游	11.82%	12.16%	11.95%	17.45%	19.18%	14.41%	11.97%	11.26%	13.78%	2.99%
4	黄山旅游	12.04%	14.52%	12.99%	12.73%	13.90%	13.30%	15.29%	12.46%	13.40%	1.10%
=4	均值	11.93%	13.34%	12.47%	15.09%	16.54%	13.86%	13.63%	11.86%	13.59%	1.07%
5	云南旅游	16.49%	16.26%	18.83%	18.09%	21.03%	16.72%	13.21%	11.00%	16.45%	3.15%
≥2	均值	12.82%	13.74%	13.59%	14.04%	15.06%	12.47%	13.39%	10.98%	13.26%	1.21%
总体平均		12.66%	13.52%	13.31%	13.70%	14.64%	12.23%	12.98%	10.90%	12.99%	2.88%

第五节　旅游资源经营权价值评估实证分析

我们已经通过两阶段评估优化模型改进了传统的收益还原法。第一阶段,在预测准确性和涵盖性检验的基础上构建了精确预期收益组合模型,解决了传统的收益还原法中景区"预期收益"数值难以科学量化的问题。第二阶段,基于资本资产定价模型(CAPM)和加权平均资本成本(WACC)的资本化率研究,解决了传统的收益还原法中景区"折现率"数值难以科学量化的问题。进一步地,笔者应用改进的收益还原法(AICM)来评估黄山景区未来 30 年的旅游资源经营权价值。

一、旅游资源经营权价值评估假设

黄山景区未来 30 年的旅游资源经营权价值评估是建立在如下一系列重要评估假设上的:

第一,获得黄山景区旅游资源经营权的企业的经营行为和供给的旅游相关服务符合我国的相关法律、法规与政策,即具备合法性,并在旅游资源经营权出让期限内不会发生不可预见的重大变化。

第二,黄山景区旅游资源经营权价值评估以旅游资源经营权出让合同规定的经营权出让期限内持续经营为前提。持续经营是指获得黄山景区旅游资源经营权的企业的旅游经营业务能够按其现状持续经营下去,并在旅游资源经营权出让期限内不会发生重大变动。

第三,黄山景区旅游资源经营权评估的价值类型是市场价值,不考虑本次评估目的所涉及的经济行为对获得黄山景区旅游资源经营权的企业的经营情况的影响。市场价值是指旅游资源经营权的自愿的出让方和受让方在评估基准日进行正常的商谈与营销之后所达成的公平交易中,旅游资源经营权应当进行交易的价值估计数额,出让方和受让方应各自理性、谨慎行事,不受任何强迫压制。

第四,应用高级统计组合预测模型预测黄山景区未来预期净收益是基于黄山景区现有净收益情况下对景区未来净收益的一个合理的预测,不考虑在未来 30 年这一旅游资源经营权出让期限内黄山景区或者相关行业或市场会发生不可预见的重大变动,如金融危机、行业危机、战争、自然灾害等。

第五,本书评估的黄山景区旅游资源经营权价值的评估基期是 2015年,经营权出让年数假设为 30 年,并将基于组合预测模型的 2015—2019 年黄山景区的净收益组合预测值均值作为经营权特许期前五年的净收益数值。

第六,考虑到黄山景区的净收益会随着区域经济发展水平和自身管理水平的提高而逐渐递增,所以,我们考虑的是黄山景区年净收益会按一定比例递增的情况,并将黄山景区 2010—2019 年净收益的复合增长率作为经营权特许期后 25 年预期净收益的固定增长率。与之相应地,我们将我国 8 家景区类上市公司 2007—2014 年总体资本化率均值作为黄山景区未来预期收益折现的固定资本化率数值。

二、旅游资源经营权价值评估实证分析

应用改进的收益还原法评估黄山景区旅游资源经营权价值时,考虑到以上六个评估假设,故采用景区未来预期净收益按照一定比例递增的收益还原法评估公式:

$$V = R_1 + \frac{R_2}{(1+r)} + \frac{R_3}{(1+r)^2} + \frac{R_4}{(1+r)^3} + \frac{R_5}{(1+r)^4} + \frac{R_5(1+g)}{(1+r)^5} + \cdots + \frac{R_5(1+g)^{25}}{(1+r)^{29}}$$

$$= R_1 + \frac{R_2}{(1+r)} + \frac{R_3}{(1+r)^2} + \frac{R_4}{(1+r)^3} + \frac{R_5}{(1+r)^4} + \frac{R_5(1+g)}{(1+r)^4(r-g)}\left[1 - \left(\frac{1+g}{1+r}\right)^{25}\right]$$

$$(8.20)$$

式中:V 为黄山景区未来 30 年的旅游资源经营权价值;$R_i(i=1,2,\cdots,5)$ 分别为基于组合预测模型的 2015—2019 年黄山景区的净收益组合预测值；g 为黄山景区经营权特许期后 25 年的净收益增长率；r 为景区资本化率（折现率）。

根据评估假设五，黄山景区经营权特许期前 5 年的净收益数值 R_i 取黄山景区基于组合预测模型的 2015—2019 年的各年净收益组合预测值（见表 8-11），黄山景区经营权特许期后 25 年的净收益数值基准值 R_{10} 为 3.9608 亿元。

已知黄山景区 2010 年净收益为 1.9171 亿元，2019 年预测净收益为 3.9608 亿元。黄山景区 2010 年—2019 年的净收益的复合增长率为

$$g = (3.9608 / 1.7508)^{1/4} - 1 = 8.40\%$$

根据评估假设六，黄山景区经营权特许期后 25 年净收益增长率 g 取 8.40%。

因为 8 家景区类上市公司 2007—2014 年总体资本化率均值 12.99% 可作为应用收益还原法评估景区旅游资源经营权价值的较为科学的资本化率数值，所以本书将 12.99% 这个数值作为黄山景区旅游资源经营权价值评估的资本化率 r。

已知 $R_i(i=1,2,\cdots,5)$ 分别为 1.7508 亿元、2.0761 亿元、2.2127 亿元、2.7682 亿元、3.9608 亿元；并将 $g = 8.40\%$、$r = 12.99\%$ 代入式（8.21）中，即可求出未来 30 年黄山景区的旅游资源经营权价值为 46.7106 亿元。

第九章　研究结论、政策建议与研究展望

第一节　研究结论

本书按照时序演进规律梳理国内外旅游资源经济价值研究的历史进程与主要评估方法。在文献述评基础上,分析了旅游资源经济价值评估的四大理论依据,回溯效用价值论、福利计量理论、产权理论、资产评估理论的基本思想,并对其进行检视以形成突破性认识。深入分析旅游资源经济价值的内在规律,以其形成机理研究为切入点,以其实现机制和评估机理研究为着力点,以其方法优化研究为落脚点,综合运用理论推演、高级计量分析等多种研究方法,致力于揭示旅游资源经济价值的形成机理,构建旅游资源经济价值的资本化实现机制,优化旅游资源经济价值分层评估模型,得出以下主要研究结论。

（一）剖析了旅游资源游憩价值和经营权价值的形成机理

根据旅游资源游憩价值的本质和内涵,其价值形成机理有三个:一是通过旅游资源的游憩使用价值的变动形成游憩效用价值;二是通过旅游资源稀缺性状况变动形成稀缺性价值;三是通过旅游资源禀赋级差性和投资级差性状况变动形成级差性价值。旅游资源的游憩效用价值、稀缺性价值和级差性价值组合在一起构成了旅游资源游憩价值。

基于租金理论把旅游资源禀赋特征、旅游开发商的资源整合能力、旅游

经营权出让市场结构与旅游资源经营权的预期收益的关系予以精确刻画，进而深刻揭示旅游资源经营权价值的形成机理：一是通过旅游开发商的独特资源要素形成了李嘉图租金；二是通过旅游开发商的动态创新能力形成了熊彼特租金和彭罗斯租金；三是通过经营权出让期内的垄断经营性形成了垄断租金。李嘉图租金、熊彼特租金、彭罗斯租金、垄断租金组合在一起构成了旅游资源经营权价值。

（二）构建了景区旅游资源资产化与资本化实现机制

第一，潜在旅游资源资源化、资产化、资本化之间存在时序演进的相关关系。未开发的潜在旅游资源需要经过资源化，将未开发的潜在旅游资源转化为有利用价值的现实旅游资源。当现实旅游资源预期能给旅游投资者带来收益且产权明晰时，旅游资源产权中的经营权可以成为旅游资源资产。当旅游资源资产可以在市场中流转，实现市场化配置时，旅游资源资产就成为旅游资源资本。

第二，旅游资源资产化和资本化机制的核心内容是旅游资源资产，旅游资源资产的基本存在形式是旅游资源经营权，其法律实质是用益物权。旅游资源资产化的关键是化在"旅游资源经营权"上，并非化在"不得买卖的旅游资源"上，即资产化在用益物权上，而不是化在所有权上。此用益物权即为旅游用地使用权。因此，旅游资源资产化和资本化机制符合现有法律法规，具备合法性。

第三，旅游资源资产化是指在明晰旅游资源产权的基础上，以量化评估旅游资源经济价值为依托，按照经济规律对稀缺旅游资源及其产权进行价值化管理的过程。旅游资源资产化的目的是为了确保旅游资源的所有权人和用益物权人的权益不受损害、初步实现旅游资源经济价值并有效保护与管理旅游资源。其关键实现机制包括明晰旅游资源产权和量化评估旅游资源经济价值。

第四，旅游资源资本化是旅游资源经营权以出租、抵押、转让、入股等流转形式或以资产证券化等金融产品形态进行市场化运作以实现其价值增值的过程。旅游资源资本化的实质是旅游资源经营权的市场化配置，目的是为了增加旅游资源经营权的可交易性和价值增值，充分实现旅游资源经济价值。其关键实现机制包括旅游资源经营权流转和旅游资源资产证券化。

（三）揭示了旅游资源经济价值的分层评估机理

第一，揭示了旅游资源经济价值双层评估特征：第一层为旅游资源游憩价值的评估,应当采用显示偏好法(RP)与陈述偏好法(SP)为主导的评估方法;第二层为旅游资源经营权价值的评估,应当采用以收益法为主导的资产评估方法。并从评估理论依据、评估目的、评估对象、评估价值类型等视角厘清了旅游资源游憩价值和经营权价值评估的关系结构。

第二,应用旅行费用法评估旅游资源游憩价值的评估机理如下:旅行费用法是指旅游者在旅游资源游憩过程中所产生的旅游成本支出行为来显示旅游者内在的偏好倾向,其内在逻辑是遵循"旅行成本支出行为——旅游者偏好关系"的推演路径。旅行费用法通过线性模型、半对数模型、双对数模型等计量模型评估旅游需求函数,其实质是马歇尔需求函数,并通过 OLS 等应用计量经济学模型估计其参数,再对旅游需求函数积分测算出马歇尔消费者剩余,进而科学测度出旅游资源游憩价值。

第三,应用条件价值法评估旅游资源游憩价值的评估机理如下:条件价值法是指旅游者通过陈述他们对于旅游资源质量改善的最大支付意愿或最小支付补偿来体现他们内在的偏好倾向,其内在逻辑是遵循"旅游者意愿支付行为——旅游者偏好关系"的推演路径。条件价值法首先构建支付意愿效用函数,其实质是希克斯效用函数,再通过 Logit 模型、Probit 模型等计量模型评估支付意愿效用函数参数,其实质是旅游者对二分式问卷核心估值问题的离散响应,进而科学测度出旅游资源游憩价值。

第四,从评估目的、价值类型、前提条件、方法科学性等维度论证了收益法评估旅游资源经营权价值具备适宜性。在收益法的分支方法中,收益还原法和折现现金流量法的总体科学性都高于收益权益法,且收益还原法比现金流折现法更适宜于资产评估领域。

（四）改进了旅游资源游憩价值评估模型

国内现有的主流旅行费用法模型——分区旅行费用法(ZTCM)和旅行费用区间分析(TCIA)的可靠性与有效性都值得商榷,由此提出改进的旅行费用法——高级个体旅行费用法(AITCM)。本书论证得出 AITCM 评估旅游资源游憩价值具有理论适用性,包括旅游需求函数应用高级计数模型的理论适用性和旅行费用作为景点价格替代变量的理论适用性。东钱湖景区基于 AITCM 的 2014 年游憩价值评估值为 25.9596 亿元。旅行费用、景点游憩数、游憩时间、月收入与旅游需求呈现显著负相关,性别、年龄与旅游需求呈现显著正相关。计量经济学检验表明截断泊松分布模型适用于本研究的游憩价值评估,且计量评估结果具有较高的统计有效性。因此,较之

TCM,改进旅行费用法——AITCM 是一种更适用于评估旅游资源游憩价值的可靠性与有效性更高的方法。

（五）优化了旅游资源经营权价值评估模型

鉴于传统收益还原法难以解决景区"预期收益"和"折现率"数值无法科学量化的问题,本书通过两阶段评估模型优化并改进收益还原法。第一阶段,基于高级计量经济学构建了高级统计组合预测模型,其预测黄山景区净收益的平均相对误差绝对值为 7.61％,小于应用 ARIMA(3,1,4)时间序列模型预测的平均相对误差绝对值 8.15％,也小于应用多项式回归模型预测的平均相对误差绝对值 13.86％,且预测涵盖性检验论证了组合预测模型的必要性,综合起来表明高级统计组合预测模型能够提高景区预期收益预测的精度。第二阶段,基于资本资产定价模型（CAPM）和加权平均资本成本（WACC）模型测算得出的我国 8 家景区类上市公司 2007—2014 年资本化率总体上适中,公司间差异较大,在年度时间段上大致呈"M"形变化,且随着多元化程度的变换大致呈"U"形变化。而且,资本化率总均值 12.99％可作为应用收益还原法评估景区经营权价值的较为科学的资本化率数值。进而,基于六大评估假设应用上述改进的收益还原法（AICM）评估得出未来30 年黄山景区的旅游资源经营权价值为 46.7106 亿元。因此,改进的收益还原法——AICM 的科学性和评估精度高于传统收益还原法 ICM。

第二节　政策建议

鉴于现有旅游资源经济价值评估研究的相关政策建议比较零散、针对性不强这一现状,本书拟从法律、市场、平台、机制等四个从宏观至微观的层面进行集成式的旅游资源经济价值评估政策优化研究。

一、法律层面政策建议

（一）重构旅游资源管理体系与制度,完善旅游资源开发项目"审批权"

首先,要明确政府代表人民行使旅游资源开发与保护的规制。其次,严格行使旅游资源规制中的"审批权"。目前审批环节存在多头审批的现象[①];

---

① 许多旅游景区的自然与人文资源分属旅游、建设、园林、宗教、文物、林业、水利、环保等部门管理。

而且审批主体缺位,审批专业化程度有待提高,例如旅游开发项目的立项权归发改委,土地使用权归土管局,建设许可权归建委,而旅游行业了解和认知程度最高的旅游局反而没有审批权。故鉴于旅游开发项目的特殊性,应该适当调整审批部门与内容。

(二)健全旅游资源开发与保护的法规,编制并严格执行旅游规划

鉴于国家层面旅游资源保护法规的不完善[①]和旅游资源的多样性与复杂性,地方人大与政府就有必要制定补充性的法规,以保护本地特有的高品位旅游资源,如四川省颁布了《四川省世界遗产保护条例》,黑龙江省制定了《黑龙江省湿地保护条例》。旅游规划是指导旅游发展的纲领性文件,应该严格按照《旅游规划通则》"研究并确定旅游资源的保护范围和保护措施","提出旅游区近期建设规划,进行重点项目策划",提高依法规制的合法性、科学性与严肃性。

(三)制定和完善旅游资源资产的评估法规

虽然国务院颁布了《国有资产评估管理办法》等基础性文件,但旅游资源资产(基本存在形态为旅游资源经营权)与一般物资形态的国有资产不同,其评估办法也应有所差异。应尽快制定《旅游资源资产评估管理办法》和切实可行的旅游资源经济价值评估标准与评估细则,以便公允、准确地评估旅游资源游憩价值和旅游资源经营权价值,维护旅游投资者的合法权益,做到有法可依、违法必究。与此同时,还需要建立和完善旅游资源资产评估监督机制和约束机制,监督和约束旅游资源资产评估中的不规范行为,制定对旅游资源资产评估机构的审计、监督、处罚法规,保证旅游资源资产评估朝着健康、规范的方向发展。

二、市场层面政策建议

(一)旅游资源产权交易一级市场和二级市场的概念模型

旅游资源产权交易市场的主要功能是为旅游资源经营权发现潜在受让人、确定旅游资源经营权这一旅游资源资产的价格以及完成交易。旅游资源产权市场分为一级市场和二级市场。国家作为旅游资源所有者向旅游开发商有偿出让旅游资源经营权构成旅游资源产权一级市场,旅游资源经营

---

① 《旅游法》《土地管理法》《环境保护法》《文物保护法》《森林法》《草原法》《风景名胜区条例》《自然保护区条例》《历史文化名城名镇名村保护条例》《旅游资源保护暂行办法》《森林公园管理办法》等是我国旅游资源管理的主要法律法规。

权一级市场主要由国家垄断。一级市场的作用是旅游资源所有者和经营权受让人之间完成旅游资源经营权的出让交易。旅游资源经营权在旅游开发商、旅游投资商和其他经济实体中流转构成旅游资源产权二级市场。二级市场的作用是旅游资源经营权的再次流转,通过充分的买方竞争实现旅游资源资产的保值增值,通过完善的市场体系实现旅游资源资产的优化配置。

（二）旅游资源经营权交易市场的构建

旅游资源经营权市场是一个由若干相互作用和相互依赖的要素（包括交易对象、交易双方、各类中介机构以及监管机构等）结合而成的系统,通过竞争机制配置旅游资源经营权这一旅游资源资产,最终实现旅游资源资产的优化配置。同时,旅游资源经营权市场受到法制环境、政策环境、旅游业投资环境、旅游业资本市场、旅游业技术市场、旅游业劳动力市场、旅游产品市场等环境要素的影响。加快旅游资源经营权市场建设是实施保护旅游资源政策的重要举措,是保护和合理利用旅游资源、提高旅游资源的可持续供给能力的需要,是建立与社会主义市场经济体制相适应的旅游资源开发管理体制的需要,是治理整顿旅游资源资产化管理秩序的治本之策,是实现旅游资源国家所有权的收益权能的主要手段。建立国家统一、开放、竞争、有序的旅游资源经营权交易市场机制势在必行。

（三）旅游资源经营权交易市场的监管和调控

为了促进旅游资源经营权市场规范有序地发展,积极引导社会资金投向旅游资源经营权市场,促进旅游经济可持续发展和旅游资源永续利用,必须加强对旅游资源经营权市场的监管和调控。全国各地的旅游相关部门可以从资质管理、备案和登记,建立经营权核查制度,监督经营权人义务履行,建立经营权信息网络等方面落实旅游资源经营权市场的监管与调控措施。

三、平台层面政策建议

旅游城市或省份应当着力打造以"一库三网五平台"为主体的集成式、综合式的智慧旅游投融资综合服务平台。

（一）构建旅游投融资综合数据库

旅游城市应着力打造旅游投融资综合数据库。旅游投融资综合数据库应当包含旅游城市休闲旅游资源数据库、旅游城市旅游图文库、旅游城市旅游会员数据库、旅游城市导游人员资料库等多个旅游行业数据库在内的超大数据量的综合型数据库,所有的旅游城市智慧旅游应用项目全部搭建在这个数据库上，保证数据的共享应用。

（二）构建旅游投融资三大服务网

旅游城市应着力打造旅游投融资的面向游客、旅游企业和旅游管理者的三大服务网。随着信息技术的不断发展和各项新应用的不断推出，旅游城市应当建成 PC 终端和移动终端相结合、有线和无线相结合、线上和线下相结合的多终端、多角度、多渠道的游客、企业、管理者三大服务网络，包括旅游城市旅游网站群、旅游城市旅游行业管理系统、旅游城市旅游移动办公系统等，不仅可以全方位满足不同类型游客的多样化需求，更可以提高管理者的工作效率，在游客和企业之间、企业和管理者之间、游客和管理者之间搭建便捷高效的沟通桥梁。

（三）构建旅游投融资五大服务平台

旅游城市应着力打造旅游投融资五大服务平台。五平台是指游客服务平台、旅游营销平台、行业管理平台、旅游投资平台及安全保障平台。旅游城市游客服务平台包括了 e 游旅游城市移动应用客户端、多网点式旅游电子顾问、旅游城市旅游 24 小时服务热线及旅游城市分布式旅游咨询服务中心（点）等服务手段，广大市民及旅游者可以随时随地享受高效、优质的旅游信息咨询、查询、预订等服务。旅游城市旅游营销平台既有包括旅游城市旅游官方微博微信、旅游城市旅游手机报等在内的新媒体营销手段，又有旅游城市旅游政务网、商务网、质监网等在内的旅游城市旅游网站群，以扩展营销渠道、提升营销效果。旅游城市旅游行业管理平台由景区智慧门禁系统、导游管理系统、旅行社管理系统、投诉管理系统等组成，可以对旅游行业进行全过程的动态管理，用信息化、智慧化手段提升旅游服务质量，促进旅游企业的成长和发展，规范旅游城市旅游市场秩序。旅游投资平台主要包括投资项目管理系统、旅游投资网站及网上展厅三大系统。投资项目管理系统是各级旅游行政主管部门以及项目建设单位进行旅游项目动态管理的现代信息工具，投资网站是所有互联网访问者获取全国旅游投资权威资讯信息的平台，网上展厅是旅游投资会员用户在线互动洽谈交流的平台。安全保障平台是指建立的恶意代码防范、数据备份、网络监控、系统冗余备份、安全巡检、定期数据分析等安全运维机制，能够为旅游城市的智慧旅游投融资服务的正常运行提供保障。

四、机制层面政策建议

(一)构建旅游资源游憩价值的精确量化评估准则

政府相关部门应推进《旅游资源分类、调查与评价》(GB/T 18972—2003)、《风景名胜区规划规范》(GB 50298—1999)、《中国森林公园风景资源质量等级评定》(GB/T 18005—1999)等相关国家标准的修订,深入分析景区旅游资源游憩价值的形成机理,结合科学合理的旅游资源游憩价值评估方法——高级个体旅行费用法(AITCM),以构建景区旅游资源游憩价值的精确定量评价标准。

(二)健全旅游资源经营权评估机构

健全的旅游资源经营权评估机构是保证景区旅游资源资产评估工作顺利进行的基础。因此,各级有关领导和相关人员应进一步转变观念,提高认识,重视旅游资源资产评估工作。在按照国家统一标准、程序的基础上,结合旅游资源的特点成立专门的旅游资源经营权评估机构。尽快地对旅游资源资产评估工作进行实质性的研究、探索,并在工作中实行旅游资源经营权评估项目登记制度,对不同类型的自然景区旅游资源经营权的评估方法、评估依据、工作环节、控制程序、受托方、委托方、评估员、评估日期等进行分类、分项登记,并使之归档成册,从而逐步将景区旅游资源经营权评估纳入规范化的轨道。

(三)构建旅游资源经营权价值评估的市场化规范体系

政府相关部门应出台相关景区经营权交易政策,将旅游资源游憩价值与旅游资源经营权价值分开评估,充分考虑资源本体质量等级、资源预期收益、景区资本化率、经营权出让年数、景区开发条件、实际市场需求等影响要素。规范收益还原法等资产评估方法评估景区旅游资源经营权转让背景下旅游资源经营权价值的实施步骤,完善资产评估与经济分析相结合的景区旅游资源经营权交易综合估价模型。政府应切实推进旅游资源经营权交易的市场化,建立完整规范的价格评估和交易程序体系。

第三节 研究展望

高级个体旅行费用法(AITCM)的研究起步较晚,特别在国内应用极少,依然存在一定的技术难题。AITCM 由于依托问卷技术,其测度旅游者消费者剩余可能会存在一点偏差,其结果是一种近似值,只有在不断优化问卷设计及受访旅游者有足够的耐心的条件下,旅游者的消费者剩余调查核算结果才能逐渐逼近真实结果。

改进的收益还原法(AICM)中的组合预测模型测算出的待评估景区预期净收益的预测值仍会与净收益真实值存在较小的预测误差,其模型的预测优化仍然存在一定的空间。而且,若待评估景区的财务数据不完整或者期数较少,AICM 中的高级时间序列模型的拟合优度或许会受到较少样本值的影响。这些都需要未来进一步探索研究加以优化与完善。

改进的旅行费用法——高级个体旅行费用法(AITCM)、改进的收益还原法(AICM)这两大评估方法的未来进一步研究的重点还应包括如下三个方面:一是两大评估方法的经济学理论完善与计量经济学模型的改进,并制定统一、完整、规范的价值评估实施指南;二是致力于提升两大评估方法的数据收集效率和质量,克服内生分层问题,确保计量模型的无偏性与一致性;三是两大评估方法与其他方法的结合,例如与实验经济学方法、享乐定价法(HPM)、地理信息系统(GIS)等方法的结合,对比应用参数估计、半参数估计与非参数估计方法。

附录:东钱湖旅游度假区旅游资源
游憩价值评估调查问卷

尊敬的游客:

　　您好! 我来自宁波大学旅游管理系,请您抽空帮我们填写一下问卷,都是关于您此次旅游的一些简单问题。您提供的信息对我们开展有关旅游资源游憩价值评估的研究十分重要。我们向您郑重承诺,对您提供的信息绝对保密,此次调查的数据仅用于科学研究。万分感谢!

　　请您在符合您情况的项目内填写数字或文字,或在相应的选择框打"√"。

宁波大学人文与传媒学院旅游管理系

2014 年 7 月

个人基本情况

1.您来自:＿＿＿＿＿省＿＿＿＿市＿＿＿＿区/县
　　您此次的出游时间是否在 6 小时以上:□否　　□是
　　旅游景点距离您的居住地是否在 10 公里以上:□否　　□是

2.您的性别:□男　　　□女

3.您的年龄(周岁):
　　□16 岁以下　　□17～25 岁　　□26～35 岁　　□36～45 岁
　　□46～60 岁　　□61 岁以上

4.您的教育程度:
　　□初中及以下　　□高中/职高/中专　　□本科/大专/高职

□硕士及以上

5. 您的职业:

□公务员　　□企、事业单位管理人员　　□企、事业单位普通职工

□专业技术人员　　□学生　　□工人　　□农民　　□军人

□个体经营者　　□自由职业者

□离退休人员　　□其他(请说明)＿＿＿＿＿＿

6. 您的月收入:＿＿＿＿＿元(可填范围)

如果您是散客旅游请回答以下问题:

7. 您此行从出发地到东钱湖旅游度假区的交通方式及交通费用:

□飞机＿＿＿＿元　　□火车＿＿＿＿元　　□长途汽车＿＿＿＿元

□自驾车(油费)＿＿＿＿元　　□其他交通费＿＿＿＿元

路上花费时间＿＿＿＿小时

8. 您此次旅游的景点门票花费共计:＿＿＿＿＿＿元

9. 您在此景点内的花费:

□游览活动费＿＿＿＿元(包括购买特色商品等费用)

□餐饮费＿＿＿＿元

□景区其他花费＿＿＿＿元

10. 您本次旅程在景点外的每天旅游消费情况:

□住宿费＿＿＿＿＿元/天

□餐饮费＿＿＿＿＿元/天

□其他旅游花费＿＿＿＿＿元/天

11. 您此次旅游预计在东钱湖旅游度假区停留天数:

□1 天　　□2 天　　□3 天　　□4 天　　□5 天

□6 天　　□其他＿＿＿＿天

12. 在过去的 1 年中,您来东钱湖旅游度假区的次数:

□1 次　　□2 次　　□3 次　　□4 次　　□5 次

□6 次　　□其他＿＿＿＿次

13. 如果东钱湖旅游度假区只是您本次旅游的目的地之一,请填写以下问题:

您本次旅程计划安排＿＿＿＿天

您本次旅程一共游览景点数量＿＿＿＿个

如果您是旅行社组团旅游请回答以下问题:

7. 旅行社团费(报价)＿＿＿＿元/人

路上花费时间_____小时

8. 您本次旅游除旅行社团费外的旅游花费：

□游览活动费_____元/人（包括购买特色商品、收费景点门票等费用）

□餐饮费（自费餐）_____元/人（包括三餐、特色小吃等费用）

□其他旅游花费_____元/人

9. 旅行团此次旅游预计在东钱湖旅游度假区停留天数：

　　□1 天　　　□2 天　　　□3 天　　　□4 天　　　□5 天

　　□6 天　　　□其他_____天

10. 在过去的 1 年中，您来东钱湖旅游度假区的次数：

　　□1 次　　　□2 次　　　□3 次　　　□4 次　　　□5 次

　　□6 次　　　□其他_____次

11. 如果东钱湖旅游度假区只是本次旅游团的目的地之一，请填写以下问题：

您参加的旅行团本次旅程计划安排_____天

您参加的旅行团本次旅程一共游览景点数量_____个

衷心感谢您的合作，谨祝您旅途愉快！

参考文献

Adamowicz W, Fletcher J, Graham-Tomasi. Functional form and the statistical properties of welfare measures [J]. American Journal of Agricultural Economies, 1989, 71(2):414-421.

Adamowiez W L, Louviere J, Williams M. Combining revealed and stated preference methods for valuing environmental amenities [J]. Journal of Environmental Economics and Management, 1994, 26(3):271-292.

Aguiló P M, Alegre J, Riera A. Determinants of the price of German tourist packages on the island of Mallorca[J]. Tourism Economics, 2001, 7(1):59-74.

Alberini A, Longo A. Combining the travel cost and contingent behavior methods to value cultural heritage sites:Evidence from Armenia[J]. Journal of Cultural Economics,2006,30(4):287-304.

Alchian A A, Allen W R. Exchange and production:Competition, coordination and control[M]. Cambridge:Wadsworth Pub. Co. ,1977.

Alvarez-Farizo B, Hanley N, Barberan R. The value of leisure time:A contingent rating approach [J]. Journal of Environmental Planning and Management,2001, 44(5):681-699.

Amirnejad H, Khalilian S, Assarech M H, et al. Estimating the existence value of north forests of Iran by using a contingent valuation method [J]. Ecological Economics,2006,58(6):665-675.

Ana B, Luis C H, Jose A S. Economic valuation of the cultural heritage:Application to four case studies in Spain [J]. Journal of Cultural Heritage,2004,(4):101-111.

Andersson J. The recreational cost of coral bleaching:A stated and revealed preference study of international tourists [J]. Ecological Economics,2007,62(3-4):704-715.

Anna A，Patrizia R，Alberto L. Can People Value the Aesthetic and Use Services of Urban Sites? Evidence from a Survey of Belfast Residents [J]. Journal of Cultural Economics,2003,27:193-213.

Arrow K，Solow R，Portney P，et al. Report of the NOAA Panel on contingent valuation [J]. Federal Register,1993,58(10):4602-4614.

Asafu-Adjaye J，Tapsuwan S. A contingent valuation study of scuba diving benefits: Case study in Mu Ko Similan Marine National Park,Thailand [J]. Tourism Management,2008,29(6):1122-1130.

Barney J B. Strategic Factor Markets: Expectation，Luck，and Business Strategy [J]. Management Science,1986,32(10):1231-1241.

Batie S S，Jensen R B，Hogue L G. A lancasterian approach for specifying derived demands for recreational activities [J]. Southern Journal of Agricultural Economics,1976,8(1):101-107.

Bateman I J，Lovett A A，Brainard J S. Developing a methodology for benefit transfers using geographical information systems:Modelling demand for woodland recreation[J]. Regional Studies,1999,33(3):191-205.

Bateman I J，Willis K G. Valuing environmental preferences:Theory and practice of the contingent valuation method in the US，EU and developing countries [M]. Oxford University Press,2001.

Bateman I J，Langford I H，Jones A P，et al. Bound and path effects in double and triple bounded dichotomous choice contingent valuation [J]. Resource and Energy Economics,2001,23(3):191-213.

Bateman I J，Carson R T，Day B，et al. Economic valuation with stated preference techniques:A manual [M]. Cheltenham:Edward Elgar,2002.

Bengochea-Morancho A，Fuertes-Eugenio A M，Saz-Salazar S D. A comparison of empirical models used to infer the willingness to pay in contingent valuation[J]. Empirical Economics,2005,30(1):235-244.

Bergsrtom J C，Stoll J R，Randall A. The impact of information on environmental commodity valuation decisions [J]. American Journal of Agricultural Economics,1990,72(3):14-21.

Berndt E K，Hall B H，Hall R E，et al. Estimation and Inference in Non-Linear Structural Models[J]. Annals of Economics and Social Measurement,1974,4(3):653-655.

Bernoulli D. Sommer L，Sommer L. Exposition of a new theory on the measurement of risk[J]. Econometrica,1954,22(1):23-36.

Bishop R C, Heberlein T A. Measuring values of extramarket goods:Are indirect measures biased? [J]. American Journal of Agricultural Economics,1979,61(5): 926-930.

Black F. Capital market equilibrium with restricted borrowing [J]. Journal of Business,1972,45(3):444-455.

Bockstael N, Hanemann W M, Kling C. Estimating the value of water quality improvements in a recreational demand framework [J]. Water Resources Research, 1987,23(5):951-960.

Bowes M D, Loomis J B. A Note on The Use of Travel Cost Models with Unequal Zonal Population [J]. Land Economics,1980,56(4):465-470.

Bowker J M, Stoll J R. Use of dichotomous choice nonmarket methods to value the whooping crane resource [J]. American Journal of Agricultural Economics,1988, 70(2):372-381.

Bowker J M, Cordell H K, Johnson C Y. User fees for recreation services on public lands:A national assessment [J]. Journal of Park and Recreation Administration, 1999,17(3):1-14.

Boxall P C, Adamowicz W L, Swait J, et al. A comparison of stated preference methods for environmental valuation[J]. Ecological Economics, 1996, 18 (3): 243-253.

Boyle K J, Johnson F R, McCollum D W, et al. Valuing public goods:Discrete versus continuous contingent-valuation responses [J]. Land Economics,1996,72(3): 81-96.

Brookshire D S, Coursey D L. Measuring the value of a public good:An empirical comparison of elicitation procedures [J]. American Economic Review, 1987, 77 (4):54-66.

Brown W G, Nawas F. Impact of aggregation on the estimation of outdoor recreation demand functions [J]. American Journal of Agricultural Economics,1973,55:246-249.

Brown G J, Mendelsohn R. The hedonic travel cost method [J]. The Review of Economics and Statistics,1984,66:427-433.

Buchanan J M. Rent seeking, noncompensated transfers, and laws of succession [J]. Journal of Law & Economics,1983,26(1):71-85.

Burdge R J. The evolution of leisure and recreation research from multidisciplinary to interdisciplinary[M]. Jackson E L, Burton T L. Understanding leisure and recreation: Mapping the past, charting the future. State College, Pennsylvania: Venture Publishing,1989:29-46.

Burt O R, Brewer D. Estimation of net social benefits from outdoor recreation [J]. Econometrica:Journal of the Econometric Society,1971,39(5):813-827.

Cameron T A, James M D. Efficient estimation methods for "closed-ended" contingent valuation surveys[J]. Review of Economics & Statistics, 1987, 69 (2): 269-276.

Cameron T A. A new paradigm for valuing non-market goods using referendum data:Maximum likelihood estimation by censored logistic regression[J]. Journal of Environmental Economics & Management,1988,15(3):355-379.

Cameron T A. Interval estimates of non-market resource values from referendum contingent valuation surveys[J]. Land Economics,1991,67(4):413-421.

Cameron T A. Combining contingent valuation and travel cost data for the valuation of nonmarket goods [J]. Land Economics,1992,68(3):302-317.

Cameron T A, Quiggin J. Estimation using contingent valuation data from a dichotomous choice with follow-up questionnaire[J]. Journal of Environmental Economics & Management,1994,27(3):218-234.

Carson R T, Flores N E, Martin K M, et al. Contingent valuation and revealed preference methodologies:Comparing the estimates for quasi-public goods [J]. Land Economics,1996,71(1):80-99.

Carson R T, Hanemann W M, Kopp R J, et al. Referendum design and contingent valuation:The NOAA panel's no-vote recommendation[J]. Rochester, New York:Social Science Electronic Publishing,1998,80(3):484-487.

Carson R T. Contingent valuation:A user's guide [J]. Environmental Sciences and Technology,2000,34(8):1413-1418.

Carson R T, Flores N E, Meade N F. Contingent valuation:Controversies and evidence[J]. Environmental and Resource Economics,2001,19(2):173-210.

Cesario F J. Value of time in recreation benefit studies [J]. Land Economics,1976, 55:32-41.

Chae D R, Wattage P, Pascoe S. Recreational benefits from a marine protected area:A travel cost analysis of Lundy[J]. Tourism Management, 2012, 33 (4): 971-977.

Chambers C M, Chambers P E, Whitehead J C. Contingent valuation of quasi-public goods:Validity, reliability and application to valuing a historic site [J]. Public Finance Review,1998,26(2):137-154.

Chambers C M, Whitehead J C. A contingent valuation estimate of the benefits of wolves in Minnesota [J]. Environmental and Resource Economics,2003,26(2):249-267.

Chaudhry P, Tewari V P. A comparison between TCM and CVM in assessing the recreational use value of urban forestry [J]. International Forestry Review,2006, 8(4):439-448.

Chen W, Hong H, Liu Y, et al. Recreation Demand and Economic Value: An Application of Travel Cost Method for Xiamen Island[J]. China Economic Review, 2004, 15(4):398-406.

Cheung S N S. Transaction costs, risk aversion and the choice of contractual arrangements[J]. Journal of Law & Economics,1969,12(1):23-42.

Choi A S, Ritchie B W, Papandrea F, et al. Economic valuation of cultural heritage sites: A choice modeling approach [J]. Tourism Management, 2010, 31 (2): 213-220.

Christie M. An examination of the disparity between hypothetical and actual willingness to pay using the contingent valuation method: The case of red Kite conservation in the United Kingdom [J]. Canadian Journal of Agricultural Economics, 2007,55:159-169.

Cicchetti C J, Fisher A C, Smith V K. An econometric evaluation of a generalized consumer surplus measure: The mineral king controversy [J]. Econometrica: Journal of the Econometric Society,1976,44(6):1259-1276.

Ciriacy-Wantrup S V. Capital returns from soil-conservation practices [J]. Journal of Farm Economics,1947,29:1181-1196.

Claus J, Thomas J. Equity premia as low as three percent? Evidence from analysts' earnings forecasts for domestic and international stock markets [J]. The Journal of Finance,2001,56(5):1629-1666.

Clawson M. Methods for measuring the demand for and value of outdoor recreation [M]. Washington D. C. :Resources for the Future, Inc. ,1959.

Clawson M, Knetsch J L. Economics of outdoor recreation[M]. Baltimore:Johns Hopkins Press,1966.

Coase R H. The problem of social cost[J]. Journal of Law & Economics,1960,3 (4):81-112.

Condillac E B A D. Le Commerce Et Le Gouvernement, Consideres Relativement L'Un A L'Autre:Ouvrage Elementaire[M]. Germany:Nabu Press,2010.

Conner K R. A historical comparison of resource-based theory and five schools within industrial organization economics：Do we have a new theory of the firm? [J]. Journal of Management, 1991, 17(1):121-154.

Creel M D, Loomis J B. Theoretical and empirical advantages of truncated count data estimators for analysis of deer hunting in California [J]. American Journal of Agricultural Economics,1990,72(2):434-441.

Cropper M, Deck L, Kishor N, et al. Valuing product attributes using single market data：A comparison of hedonic and discrete choice approaches [J]. Review of Economics and Statistics,1993,75(2):225-232.

Cummings R G, Brookshire D S, Schulze W D. Valuing environmental goods：A state of the arts assessment of the contingent method [R]. Working Paper,1986.

Dachary-Bernard J, Rambonilaza T. Choice experiment, multiple programmes contingent valuation and landscape preferences：How can we support the land use decision making process? [J]. Land Use Policy,2012,29(4):846-854.

Davis R K. Recreation planning as an economic problem [J]. Natural Resources Journal,1963,(3):239-249.

Demsetz H. Towards a theory of property rights[J]. American Economic Review, 1967,57(2):347-359.

Desvousges WH, Hudson S P, Ruby M C. Evaluating CV performance：Separating the Light from the Heat [A]. In：Bjornstad D J, Kahn J R. The Contingent Valuation of Environmental Resources—Methodological Issues and Research Needs [C]. Cheltenham：Edward Elgar,1996,117-144.

Diebold F X, Mariano R S. Comparing Predictive Accuracy[J]. Journal of Business & Economic Statistics, 1995, 13(6):253-263.

Dutta M, Banerjee S, Husain Z. Untapped demand for heritage：A contingent valuation study of Prinsep Ghat, Calcutta [J]. Tourism Management,2007,28(2):83-95.

Eckstein O. Water-resource development：The economics of project evaluation[M]. Cambridge：Harvard University Press, 1958.

Edward M, Kathleen G R. Using stated-preference questions to investigate variations in willingness to pay for preserving marble monuments：Classic heterogeneity, random parameters and mixture models [J]. Journal of Cultural Economics, 2003,27:215-229.

Fama E F, French K R. The cross-section of expected stock returns [J]. Journal of Finance,1992,47(1):427-465.

Fama E, French K. Common risk factors on the returns of stocks and bonds [J].

Journal of Financial Economics,1993,33(1):3-56.

Feather P, Shaw W D. Estimating the cost of leisure time for recreation demand models[J]. Journal of Environmental Economics and Management,1999,38(1): 49-65.

Fix P, Loomis J. Comparing the economic value of mountain biking estimated using revealed and stated preference [J]. Journal of Environmental Planning and Management,1998,41(2):227-236.

Fleming C M, Cook A. The recreational value of Lake McKenzie, Fraser Island:An application of the travel cost method [J]. Tourism Management,2008,29(6): 1197-1205.

Foster V, Mourato S. Elicitation format and sensitivity to scope[J]. Environmental & Resource Economics, 2003, 24(2):141-160.

Freeman M. The measurement of environmental and resources value:Theory and method [M]. Washington DC:Resource for the Future,1993.

Galiani F. DellaMoneta[M]. Germany:Nabu Press,2011.

Garrigan R T, Parsons J F C. Real estate investment trusts [M]. New York: McGraw-Hill Press,1997:45-56.

Garrod G, Willis K G. Economic valuation of the environment:Methods and case studies [M]. U K:Edward Elgar,1999.

Gebhardt W, Lee C, Swaminathan B. Toward an implied cost of capital[J]. Journal of Accounting Research,2003,39(1):135-176.

Gee C Y, Choy D J L ,Makens J C. The travel industry[M]. 3rd ed. John Wiley and Sons,1997.

Gibbons J E. Mortgage-equity capitalization:Ellwood method[J]. Appraisal Journal, 1966,34(2):196-206.

Gordon M, Shapiro E. Capital equipment analysis:The required rate of profit [J]. Management Science,1956,3(1):102-110.

Granger C W J, Newbold P. Some comments on the evaluation of economic forecasts [J]. Applied Economics,1973,5(1):35-47.

Greeley D A, Walsh R G, Young R A. Option value:Empirical evidence from a case study of recreation and water quality [J]. The Quarterly Journal of Economics, 1981,96(11):657-672.

Grossman S J, Hart O D. The costs and benefits of ownership:A theory of vertical integration[J]. Journal of Political Economy,1986,94(4):691-719.

Grossmann M. Impacts of boating trip limitations on the recreational value of the

Spreewald wetland: A pooled revealed/contingent behaviour application of the travel cost method[J]. Journal of Environmental Planning & Management,2011, 54(2):211-226.

Gum R L, Martin W E. Problems and solutions in estimating the demand for and value of rural outdoor recreation [J]. American Journal of Agricultural Economics,1975,57(4):558-566.

Haab T C, Mcconnell K E. Valuing Environmental and Natural Resources: The Econometrics of Non-market Valuation[M]. Cheltenham:Edward Elgar Publishing Ltd. ,2002.

Hackl F, Pruckner G J. On the gap between payment card and closed-ended CVM-answers[J]. Applied Economics,1999,31(6):733-742.

Hailu A, Adamowicz W L, Boxall P C. Complements, substitutes, budget constraints and valuation [J]. Environmental and Resource Economics,2000,16(1): 51-68.

Hajkowicz S A, McDonald G T, Smith P N. An evaluation of multiple objective decision support weighting techniques in natural resource management [J]. Journal of Environmental Planning and Management,2000,43:505-518.

Hammack J, Brown G M. Waterfowl and wetlands:Toward bioeconomic analysis [M]. Washington D. C. :Resources for the Future,1974.

Hanemann W M. Welfare evaluations in contingent valuation experiments with discrete responses[J]. American Journal of Agricultural Economics, 1984,66(3): 332-341.

Hanemann M W, Kanninen B. The Statistical Analysis of Discrete-Response CV Data[A]. In: Bateman IJ, Willis K G. Valuing Environmental Preferences: Theory and Practice of Contingent Valuation Method in the US, UK, and Developing Countries[C]. New York: Oxford University Press,1999:302-425.

Hanemann M W. Willingness to pay and willingness to accept:How much can they differ? [J]. American Economic Review,1991,81(3):35-47.

Hanemann W M, Loomis J, Kanninen B. Statistical efficiency of double-bounded dichotomous choice contingent valuation[J]. American Journal of Agricultural Economics,1991,73(4):1255-1263.

Hanemann M W. Valuing the environment through contingent valuation [J]. Journal of Economic Perspectives,1994,8 (4):19-43.

Hanley N, Spash C L. Cost-Benefit Analysis and the Environment [M]. Cheltenham:Edward Elgar,1993.

Hart O D, Moore J. Property Rights and Nature of the Firm[J]. Journal of Political Economy,1990,98:1119-1158.

Hartwick J M. Differential resource rents and the two theories of non-renewable resource valuation[J]. Resources and Energy,1982,4(3):281-289.

Harvey D S, Leybourne S J, Newbold P. Tests for forecast encompassing[J]. Journal of Business & Economic Statistics,1998,16(2):254-259.

Hausman J A, Leonard G K, Mcfadden D. A utility-consistent, combined discrete choice and count data model Assessing recreational use losses due to natural resource damage[J]. Journal of Public Economics, 1995, 56(1):1-30.

Hellerstein D, Mendelsohn R. A theoretical foundation for count data models [J]. American Journal of Agricultural Economics,1993,75(3):604-611.

Hendershott P H, MacGregor B D. Investor rationality:Evidence from U. K. property capitalization rates [J]. Real Estate Economics,2005,33(2):299-322.

Hoehn J P, Loomis J. Substitution effects in the valuation of multiple environmental programs[J]. Journal of Environmental Economics and Management,1993,25(1):56-75.

Horowitz J K, McConnell K E. A review of WTA/WTP studies[J]. Journal of Environmental Economics and Management,2002,44(3):426-447.

Hotelling H. The economics of exhaustible resources[J]. Journal of political Economy,1931,39(2):137-153.

Hotelling H. The economics of public recreation [R]. Washington:The Prewitt Report, National Parks Service,1947.

Isik M. Does uncertainty affect the divergence between WTP and WTA measures? [J]. Economics Bulletin,2004,4(1):1-7.

Jeon Y, Herriges J A. Convergent validity of contingent behavior responses in models of recreation demand [J]. Environmental and Resource Economics,2010,45(2):223-250.

Jim C Y, Chen W Y. Recreation-amenity use and contingent valuation of urban green spaces in Guangzhou, China [J]. Landscape and Urban Planning,2006,75(1-2):81-96.

Kahneman D, Tversky A. On the psychology of prediction [J]. Psychology Review,1973,80(4):37-51.

Kahneman D, Knestch J L. Valuing public goods:The purchase of moral satisfaction [J]. Journal of Environmental Economics and Management,1992,22(1):57-70.

Kanaan G, Day H. Recreational demand at lakes and reservoirs [J]. Journal of the

Urban Planning and Development Division,1973,99(2):265-269.

Kaplan S N，Ruback R S. The valuation of cash flow forecasts:An empirical analysis [J]. Journal of Finance,1995,50(4):114-122.

Kim S S，Wong K K F，Cho M. Assessing the economic value of a world heritage site and willingness-to-pay determinants:A case of Changdeok Place [J]. Tourism Management,2007,28 (1):317-322.

Knetsch J L. Outdoor recreation demands and benefits [J]. Land Economics,1963, 39:387-396.

Kniivila M. Users and non-users of conservation areas:Are there differences in WTP, motives and the validity of responses in CVM surveys? [J]. Ecological E-conomics,2006,59(4):530-539.

Kong F，Yin H，Nakagoshi N. Using GIS and landscape metrics in the hedonic price modeling of theamenity value of urban green space:A case study in Jinan City, China [J]. Landscape and Urban Planning,2007,79:240-252.

Kriström B. A non-parametric approach to the estimation of welfare measures in dis-crete response valuation studies [J]. Land Economics,1990,66(2):135-139.

Kriström B. Spike models in contingent valuation [J]. American Journal of Agricul-tural Economics,1997,79(3):1013-1023.

Krutilla J V. Conservation reconsidered [J]. American Economic Review,1967,57 (4):777-786.

Krutilla J V，Fisher A C. The economics of natural environments:Studies in the val-uation of commodity and amenity resources[M]. Baltimore, Maryland the Johns Hopkins University Press,1975.

Kuosmanen T，Nillesen E，Wesseler J. Does ignoring multi-destination trips in the travel cost method cause a systematic bias? [J]. The Australian Journal of Agri-cultural and Resource Economics,2004,48(4):629-651.

Lancaster K J. A new approach to consumer theory [J]. The Journal of Political E-conomy,1966,74(2):132-157.

Landry C E，Liu H A. Semi-parametric estimator for revealed and stated preference data:An application to recreational beach visitation [J]. Journal of Environmental Economics and Management,2009,57(2):205-218.

Layman R C，Boyce J R，Criddle K R. Economic valuation of the Chinook salmon sport fishery of the Gulkana River, Alaska, under current and alternate manage-ment plans [J]. Land Economics,1996,72(1):113-128.

Leask A. Progress in visitor attraction research:Towards more effective management[J]. Tourism Management,2010,31(2):156-166.

Lee C K. Valuation of nature-based tourism resources using dichotomous choice contingent valuation method [J]. Tourism Management,1997,18(8):587-591.

Lee C K, Han S Y. Estimating the use and preservation values of national parks' tourism resources using a contingent valuation method [J]. Tourism Management,2002,23(10):531-540.

Lee C, Mjelde J W. Valuation of ecotourism resources using a contingent valuation method:The case of the Korean DMZ[J]. Ecological Economics, 2007, 63:511-520.

León C J, Vázquez-Polo F J. A Bayesian approach to double bounded contingent valuation [J]. Environmental and Resource Economics,1998,11(2):197-215.

Levhari D, Liviatan N. Notes on Hotelling's economics of exhaustible resources[J]. Canadian Journal of Economics,1977,(5):177-192.

Lienhoop N. , Ansmann T. Valuing water level changes in reservoirs using two stated preference approaches:An exploration of validity [J]. Ecological Economics, 2011,70(7):1250-1258.

Lindberg K, Johnson R L, Berrens R P. Contingent valuation of rural tourism development with tests of scope and mode stability [J]. Journal of Agricultural and Resource Economics,1997,22(1):44-60.

Lintner J. The valuation of risk assets and the selection of risky investments in stock portfolios and capital budgets [J]. Review of Economics and Statistics,1965,47(1):13-37.

List J, Gallet C. What experimental protocol influence disparities between actual and hypothetical stated values? [J]. Environmental and Resource Economics,2001,20(3):241-254.

Liston-Heyes C, Hyes A. Recreational benefits from the dartmoor national park [J]. Journal of Environmental Management,1995,55(2):69-80.

Little J, Berrens R. Explaining disparities between actual and hypothetical stated values:Further investigation using meta-analysis [J]. Economics Bulletin,2004,3(6):1-13.

Loomis J B. Comparative reliability of the dichotomous choice and open-ended contingent valuation techniques [J]. Journal of Environmental Economics and Management,1990,18(1):78-85.

Loomis J B, Creel M, Park T A. Comparing benefit estimates from travel cost and contingent valuation using confidence intervals for Hicksian welfare measures [J].

Applied Economics,1991,23(11):1725-1731.

Loomis J B, King M. Comparison of mail and telephone-mail contingent valuation surveys [J]. Journal of Environmental Management,1994,41(4):309-324.

Loomis J, Brown T, Lucero B, et al. Evaluating the validity of the dichotomous choice question format in contingent valuation [J]. Environmental and Resource Economics,1997,10:109-123.

Loomis J B, Walsh R G. Recreation economic decisions:Comparing benefits and costs [M]. State College, Pennsylvania Venture Publishing Inc,1997.

Loomis J, Ekstrand E. Alternative approaches for incorporating respondent uncertainty when estimating willingness to pay:The case of the Mexican spotted owl [J]. Ecological Economics,1998,27(1):29-41.

Loomis J B, Yorizane S, Larson D. Testing significance of multi-destination and multi-purpose trips effects in a travel cost method demand model for whale watching trips [J]. Agricultural and Resource Economics Review, 2000, 29 (2): 183-191.

Loomis J B. Travel cost demand model based river recreation benefit estimates with on-site and household surveys:Comparative results and a correction procedure [J]. Water Resources Research,2003,39(4):1105-1108.

Loomis J B, Keske C M. Mountain substitutability and peak load pricing of high alpine peaks as a management tool to reduce environmental damage:A contingent valuation study [J]. Journal of Environmental Management, 2009, 90 (5): 1751-1760.

Maguire K B. Does mode matter? A comparison of telephone, mail, and in-person treatments in contingent valuation surveys [J]. Journal of Environmental Management,2009,90(11):3528-3533.

McConnell K E. Congestion and willingness to pay:A study of beach use [J]. Land Economics,1977,53(2):185-195.

McConnell K E. Models for referendum data:The structure of discrete choice models for contingent valuation[J]. Journal of Environmental Economics & Management, 1990,18(1):19-34.

McConnell, K. E. Model building and judgment:Implications for benefit transfers with travel cost models[J]. Water Resources Research,1992,28(3):695-700.

McFadden D. Conditional logit analysis of qualitative choice behavior[M] // Zarembka P. Frontiers in Econometrics. New York City: Academic Press, 1973. 105-142.

McFadden D. Modelling the Choice of Residential Location[A]. In:Karlqvist A, et al. Spatial Interaction Theory &. Planning Models[C]. Amsterdam: North-Holland Press, 1978.

McFadden D. Econometric models of probabilistic choice[A]. In: McFadden D L, Manski C F. Structural Analysis of Discrete Data and Econometric Applications [C]. Cambridge: MIT Press, 1981.

Mendelsohn R, Hof J, Peterson G, et al. Measuring recreation values with multiple destination trips [J]. American Journal of Agricultural Economics, 1992, 74: 926-933.

Meyerhoff J, Liebe U. Determinants of protest responses in environmental valuation: A meta-study [J]. Ecological Economics, 2010, 70(2): 366-374.

Middleton V T C. Marketing in Travel and Tourism[M]. London: Heinemann Professional Publishing, 1988.

Middleton V T C. Marketing in Travel and Tourism[M]. Oxford: Butterworth-Heinemann, 1998.

Mitchell R C, Carson R T. Using surveys to value public goods: The contingent valuation method [M]. Washington D. C.: Resources for the Future, 1989.

Mmopelwa G, Kgathi D L, Molefhe L. Tourists' perceptions and their willingness to pay for park fees: A case study of self-drive tourists and clients for mobile tour operators in Moremi Game Reserve, Botswana[J]. Tourism Management, 2007, 28 (4): 1044-1056.

Modigliani F, Merton M. The cost of capital, corporation finance and the theory of investment [J]. American Economic Review, 1958, 48(3): 261-297.

Mousumi D, Aarmila B, Zakir H. Untapped demand for heritage: A contingent valuation study of Prinsep Ghat, Calcutta [J]. Tourism Management, 2007, 28: 83-95.

Murdock J. Handling unobserved site characteristics in random utility models of recreation demand [J]. Journal of Environmental Economics and Management, 2006, 51: 1-25.

Murphy J, Allen P, Stevens T, et al. A meta-analysis of hypothetical bias in stated preference valuation [J]. Environmental and Resource Economics, 2005, 30: 313-325.

Nayga R M, Woodward R, Aiew W. Experiments on the Divergence between Willingness to Pay and Willingness to Accept: The Issue Revisited[J]. Economics Bulletin, 2005, 17(4): 1-5.

Nicholson W. Microeconomic Theory: Basic principles and extensions[M]. 5th ed. Fort Worth: Dryden Press, 1992.

Nielsen J S. Use of the internet for willingness-to-pay surveys: A comparison of face-to-face and web-based interviews [J]. Resource and Energy Economics, 2011, 33(1):119-129.

Ohlson J A, Juettner N B E. Expected EPS and EPS growth as determinants of value [J]. Review of Accounting Studies, 2005, 10(2):349-365.

Oliver H K. Estimating the value of marine resources: A marine recreation case [J]. Ocean & Coastal Management, 1995, 27(1):129-141.

Park T, Bowker J M, Leeworthy V R. Valuing snorkeling visits to the Florida Keys with stated and revealed preference models[J]. Journal of Environmental Management, 2002, 65(3):301-312.

Pendleton L, Mendelsohn R. Estimating recreation preferences using hedonic travel cost and random utility models [J]. Environmental and Resource Economics, 2000, 17(1):89-108.

Portney P R. The contingent valuation debate: Why economists should care [J]. Journal of Economic Perspectives, 1994, 8(4):3-15.

Randall A. A difficulty with the travel cost method [J]. Land Economics, 1994, 70(1):88-96.

Ready R C, Whitehead J C, Blomquist G C. Contingent valuation when respondents are ambivalent [J]. Journal of Environmental Economics and Management, 1995, 29(2):181-196.

Ridker R G, Henning J A. The determinants of residential property values with special reference to air pollution [J]. The Review of Economics and Statistics, 1967, 49(2):246-257.

Rosenberger R S, Loomis J B. The value of ranch open space to tourists: Combining observed and contingent behavior data [J]. Growth and Change, 1999, 30(3):366-383.

Rosen S. Hedonic prices and implicit prices: Product differentiation in pure competition[J]. Journal of Political Economy, 1974, 82(2):34-55.

Ross S A. The arbitrage theory of capital asset pricing [J]. Journal of Economic Theory, 1976, 13(3):341-360.

Ruijgrok E C M. The three economic values of cultural heritage: A case study in the Netherlands [J]. Journal of Cultural Heritage, 2006, 7(3):206-213.

Rulleau B, Dehez J, Point P. Recreational value, user heterogeneity and site characteristics in contingent valuation [J]. Tourism Management, 2012, 33(1):195-204.

Sanz J Á, Herrero L C, Bedate A M. Contingent valuation and semiparametric methods：A case study of the national museum of Sculpture in Valladolid，Spain[J]．Journal of Cultural Economics，2003，27(3)：241-257.

Schoemaker P J H．Strategy，complexity and economic rent[J]．Management science，1990，36(10)：1178-1192.

Schultze C L．The public use of private interest[J]．Godkin Lectures at Harvard University，1977.

Seip K，Strand J．Willingness to pay for environmental goods in Norway：A contingent valuation study with real payment [J]．Environmental and Resource Economics，1992，2(1)：91-106.

Seller C，Stoll J R，Chavas J P．Validation of empirical measures of welfare change：A comparison of nonmarket techniques [J]．Land Economics，1985，61(2)：156-175.

Sharpe W．Capital asset prices：A theory of market equilibrium under conditions of risk [J]．Journal of Finance，1964，19(3)：425-442.

Shaw D．On-site samples' regression：Problems of non-negative integers，truncation，and endogenous stratification [J]．Journal of Econometrics，1988，37(2)：211-223.

Shaw W D．Searching for the opportunity cost of an individual's time [J]．Land Economics，1992，68：107-115.

Shogren J F，Shin S Y，Hayes D J，et al．Resolving differences in willingness to pay and willingness to accept [J]．American Economic Review，1994，84(1)：25-69.

Shrestha R K，Seidl A F，Moraes A S．Value of recreational fishing in the Brazilian Pantanal：A travel cost analysis using count data models[J]．Ecological Economics，2002，42(1)：289-299.

Smith R J，Kavangh N J．The measurement of Benefits of trout fishing：Preliminary results of a study at Gratham water house water authority，Huningdonshire [J]．Journal of Leisure Research，1969，(1)：316-322.

Smith S L J．Recreation geography[M]．Harlow：Longman，1992.

Smith V K．Travel cost demand models for wilderness recreation：A problem of non-nested hypotheses [J]．Land Economics，1975，51(2)：103-111.

Smith V K，Kaoru Y．Modeling recreation demand within a random utility framework[J]．Economics Letters，1986，22(4)：395-399.

Smith V K，Kaoru Y．The hedonic travel cost method：A view from the trenches [J]．Land Economics，1987，(63)：779-792.

Smith V K，Osborne L L．Do contingent valuation estimates pass a "scope" test? A meta-analysis [J]．Journal of Environmental Economics and Management，1996，31

（3）：287-301.

Solomon. The theory of financial management［M］. New York：Columbia University Press，1963：1-43.

Stigler G J. The theory of price［M］. London：Macmillan，1966.

Stockdale J. Concepts and measures of leisure participation and preference［M］. Jackson E L，Burton T L. Understanding leisure and recreation：Mapping the past，charting the future. State College，Pennsylvania：Venture Publishing. 1989：113-150.

Stockdale J. Concepts and measures of leisure participation and preference［A］. In. Understanding leisure and recreation：Mapping the past，charting the future［C］. Published by：Venture Publishing，Inc，1989. 113-150.

Strong E J. A note on the functional form of travel cost models with zones of unequal populations［J］. Land Economics，1983，59（3）：342-349.

Stynes D J，White E M. Reflections on measuring recreation and travel spending ［J］. Journal of Travel Research，2006，45（1）：8-16.

Swarbrooke J. Sustainable tourism management［M］. Oxfordshire，LIK：CABI Publishing，1999.

Teece D J，Pisano G，Shuen A. Dynamic capabilities and strategic management［J］. Strategic Management Journal，1997，18（7）：509-533.

Teisl M F，Boyle K J，McCollum D W，et al. Test-retest reliability of contingent valuation with independent sample pretest and posttest control groups［J］. American Journal of Agricultural Economics，1995，77（3）：613-619.

Thaler R. Toward a positive theory of consumer choice［J］. Journal of Economic Behavior and Organization，1980，1（1）：39-60.

Varian H R. Intermediate microeconomics［M］. New York City：W. W. Norton & Company Press，1990.

Vaughan W J，Russell C S，Hazilla M. A note on the use of travel cost models with unequal zonal populations：Comment［J］. Land Economics，1982，58（3）：400-407.

Venkatachalam L. The contingent valuation method：A review［J］. Environmental Impact Assessment Review，2004，24（1）：89-124.

Vossler C A，Kerkvliet J. A criterion validity test of the contingent valuation method：Comparing hypothetical and actual voting behavior for a public referendum［J］. Journal of Environmental Economics and Management，2003，（45）：631-649.

Vossler C A，McKee M. Induced-value tests of contingent valuation elicitation mechanisms［J］. Environmental and Resource Economics，2006，35（2）：137-168.

Walsh-Heron J, Stevens T. The management of visitor attractions and events[M]. Englewood Cliffs, NJ:Prentice Hall,1990.

Walsh R G, Loomis J B, Gillman R A. Valuing option, existence, and bequest demand for wilderness [J]. Land Economics,1984,60(1):14-29.

Walter S, Giovanni S. Contingent valuation of a cultural public good and policy design:The case of "Napoli Musei Aperti" [J]. Journal of Cultural Economics,2000,(24):181-204.

Wang E, Li Z Z, Little B B, et al. The Economic Impacts of Tourism in Xinghai Park, China: A Travel Cost Value Analysis Using Count Data Regression Models [J]. Tourism Economics, 2009, 15(2):413-425.

Wang C, Xu H. Government Intervention in Investment by Chinese Listed Companies that Have Diversified into Tourism[J]. Tourism Management, 2011, 32(6): 1371-1380.

Ward F A, Loomis J B. The travel cost demand model as an environmental policy assessment tool:A review of literature [J]. Western Journal of Agricultural Economics,1986:164-178.

Wetzstein M E, Green R D. Use of principal component attractiveness indexes in recreation demand functions [J]. Western Journal of Agricultural Economics, 1978,3(1):11-21.

Whitehead J C. Combining willingness to pay and behavior data with limited information [J]. Resource and Energy Economics,2005,27(2):143-155.

Whittington D, Smith V K, Okorafor A, et al. Giving respondents time to think in contingent valuation studies:A developing country application[J]. Journal of Environmental Economics and Management,1992,22(3):5-25.

Williamson O E. Transaction-cost economics:The governance of contractual relations [J]. Journal of Law & Economics,1979:233-261.

Willig R D. Consumer's surplus without apology [J]. American Economic Review, 1976,66(4):89-97.

Willis K G, Benson J F. Recreational values of forests [J]. Forestry,1989,62(2): 93-109.

Ziemer R,Musser W,Hill R. Recreation demand equations:Functional form and consumer surplus [J]. American Journal of Agricultural Economics,1980,62(1):136-141.

艾尔·巴比.社会研究方法[M].邱泽奇,译.北京:华夏出版社,2000,167—175.

艾运盛,张鸿雁.旅行费用法在游憩效益评价应用中的问题及对策研究[J].林业经济问题,1996(2):24—27.

艾运盛,高岚,邱俊齐.武夷山国家风景名胜区游憩效益的评价[J].北京林业大学学报,1996,18(3):89—97.

敖荣军,黄艳.旅游资源的资产化管理[J].资源开发与市场,2003,19(4):252—254.

奥弗·冯·维塞尔.自然价值[M].陈国庆,译.北京:商务印书馆,1982.

巴泽尔.产权的经济分析[M].费方域,段毅才,译.上海:上海人民出版社,1997.

白重恩,刘俏,陆洲,等.中国上市公司治理结构的实证研究[J].经济研究,2005(2):81—91.

庇古.福利经济学[M].金镝,译.北京:华夏出版社,2007.

包建明,徐广辉.国内游憩价值评估研究综述[J].消费导刊,2007(5):34—35.

保继刚,楚义芳.旅游地理学[M].北京:高等教育出版社,1993.

保继刚,楚义芳.旅游地理学(修订版)[M].北京:高等教育出版社,1999.

保继刚,左冰.旅游招商引资中的制度性机会主义行为解析——西部A地旅游招商引资个案研究[J].人文地理,2008(3):1—6.

保罗·A.萨缪尔森.经济分析基础[M].何耀,等,译.大连:东北财经大学出版社,2006.

曹辉.森林旅游资源经营权的价格评估实证研究[J].林业经济问题,2007(6):549—551.

蔡志坚,杜丽永,蒋瞻.条件价值评估的有效性与可靠性改善——理论、方法与应用[J].生态学报,2011,31(10):2915—2923.

康芒斯.制度经济学[M].于树生,译.北京:商务印书馆,2009.

陈遐林,崔武社.森林旅游资源资产评估中的若干理论问题[J].林业资源管理,2002(3):35—42.

陈浮,张捷.旅游价值货币化核算研究——九寨沟案例分析[J].南京大学学报(自然科学版),2001,37(3):296—303.

陈强.高级计量经济学及Stata应用[M].北京:高等教育出版社,2010:152.

陈应发,陈放鸣.国外森林游憩价值评估的两种流行方法[J].北京林业大学学报,1994,16(3):97—105.

程弘,费乙,谢忙义.关于甘肃省森林资源资产评估问题的思考[J].甘肃林业科技,1997,11(1):51—56.

程弘,费乙,赵纯烈,等.兴隆山国家级自然保护区森林资源游憩价值评估[J].甘肃林业科技,1997,11(4):41—44.

程绍文,徐樵利.湖泊景区旅游地价评价方法探讨——以武汉市东湖风景区为例[J].资源科学,2004,26(1):83—90.

崔峰,丁风芹,何杨,等.城市公园游憩资源非使用价值评估——以南京市玄武湖公园为例[J].资源科学,2012,34(10):1988—1996.

崔茜,王建中.资产评估理论结构模型构建[J].财会通讯,2008(4):27—28.

崔卫华,林菲菲.文化遗产资源的价值评价:CVM 的局限性及几点改进[J].资源科学,2010,32(10):1993—1998.

戴广翠,高岚,艾运胜.对森林游憩价值经济评估的研究[J].林业经济,1998(2):65—74.

董冬,周志翔,何云核,等.基于游客支付意愿的古树名木资源保护经济价值评估——以安徽省九华山风景区为例[J].长江流域资源与环境,2011,20(11):1334—1340.

董雪旺,张捷,刘传华,等.条件价值法中的偏差分析及信度和效度检验——以九寨沟游憩价值评估为例[J].地理学报,2011,66(2):267—278.

董雪旺,张捷,章锦河.旅行费用法在旅游资源价值评估中的若干问题述评[J].自然资源学报,2011,26(11):1983—1997.

董雪旺,张捷,蔡永寿,等.基于旅行费用法的九寨沟旅游资源游憩价值评估[J].地域研究与开发,2012,31(5):78—84.

段正梁,周树雄.内生性视角下的多元化与旅游企业价值关系[J].旅游学刊,2012,27(2):62—71.

范定祥,傅丽华.旅游资源资本化的市场运行探析[J].湖南工业大学学报(社会科学版),2009,14(1):129—131.

范定祥,何艳.基于旅游资源资产化的景区开发融资[J].经济论坛,2009(3):102—103.

菲吕博顿,瑞切特.新制度经济学[M].孙经纬,译.上海:上海财经大学出版社,1998.

菲歇尔.利息理论[M].陈彪如,译.上海:上海人民出版社,1959.

龚雅莉.喀斯特洞穴旅游资源资产化模式研究[J].价值工程,2011(25):283—284.

龚水燕,黄秀梅.房地产估价:对收益还原法下资本化率求取方法的探讨[J].商业研究,2003(19):37—39.

国家旅游局规划财务司.2011 年中国旅游景区发展报告[M].北京:中国旅游出版社,2012.

国际评估准则委员会.国际评估准则 2007[M].北京:中国财政经济出版社,2010.

郭淳凡.景区产品经济属性及其供给[J].经济地理,2009,29(2):348—352.

郭剑英,王乃昂.旅游资源的旅游价值评估——以敦煌为例[J].自然资源学报,2004,19(6):811—817.

郭剑英,王乃昂.敦煌旅游资源非使用价值评估[J].资源科学,2005,27(5):188—192.

郭剑英.乐山大佛旅游资源的国内旅游价值评估[J].地域研究与开发,2007,26(6):104—107.

郭来喜.人文地理学概论[M].北京:科学出版社,1985.

哈尔·瓦里安.微观经济学(高级教程)[M].周洪,等,译.北京:经济科学出版社,2002.

郝伟罡,李畅游,张生,等.自然保护区游憩价值评估的分组旅行费用区间分析法[J].旅游学刊,2007,22(7):23—28.

赫尔曼·海因里希·戈森.人类交换规律与人类行为准则的发展[M].陈秀山,译.北京:商务印书馆,1997.

何伦志,王德全.现代产权理论及其对解决中国国有企业债务问题的启示[J].经济管理,2004(1):27—31.

贺红权,刘伟.我国旅游资源产权制度的演进趋势及启示——基于一个文化古镇背景模型的分析[J].中国软科学,2008(12):66—72.

贺小荣,罗文斌.试论旅游风景名胜区经营权的转让[J].北京第二外国语学院学报,2003(4):51—56.

黄鹂.旅游景区投资模式研究[D].成都:四川大学,2005.

黄先开,刘敏.景区经营权价值评估方法的适宜性研究[J].旅游学刊,2012,27(6):84—91.

黄羊山.游憩初探[J].桂林旅游高等专科学校学报,2000,11(2):10—12.

胡北明,雷蓉,董延安.旅游资源经营权价格评估指标及方法探讨[J].商业研究,2004(18):165—167.

J.A.迪克逊,L.F.斯库拉,R.A.卡朋特,等.环境影响的经济分析[M].北京:中国环境科学出版社,2001.

吉余峰.西方经济学家对科斯定理的重构[J].经济学动态,1995(6):53—55.

纪益成.旅游资源资产评估若干问题探析[J].中国资产评估,1998(3):38—40.

纪益成.收益法及其在企业价值评估中的相关问题研究[J].经济管理,2008,30(14):91—96.

纪益成.收益法及其在企业价值评估中的相关问题研究[J].经济管理,2009(14):91—96.

姜付秀,陆正飞.多元化与资本成本的关系——来自中国股票市场的证据[J].会计研究,2006(6):48—55.

杰弗里·希尔.自然与市场:捕获生态服务链的价值[M].胡颖廉,译.北京:中信出版社,2006.

靳乐山.用旅行费用法评价圆明园的环境服务价值[J].环境保护,1999(4):31—33.

康芒斯.制度经济学[M].于树生,译.北京:商务印书馆,2009.

卡尔·门格尔.国民经济学原理[M].刘絜敖,译.上海人民出版社,2005.

克拉克.财富的分配[M].邵大海,译.北京:商务印书馆,1959.

莱昂·瓦尔拉斯.纯粹经济学要义[M].蔡受百,译.北京:商务印书馆,1989.

莱昂内尔·罗宾斯.经济科学的性质和意义[M].朱泱,译.北京:商务印书馆,2000.

黎洁.旅游资源的资产化管理与旅游业环境经济政策研究[J].旅游学刊,2002,17
(2):35—38.

李斌.对复合投资收益率法确定资本化率的思考[J].华中科技大学学报(城市科学
版),2004,21(3):42—45.

李丰生.旅游资源经济价值的理论探讨[J].经济地理,2005,25(4):577—580.

李广子,刘力.债务融资成本与民营信贷歧视[J].金融研究,2009(12):137—150.

李国平,李恒炜.基于矿产资源租的国内外矿产资源有偿使用制度比较[J].中国人
口·资源与环境,2011,21(2):153—159.

李洪波,李燕燕.武夷山自然保护区生态旅游资源非使用性价值评估[J].生态学杂
志,2010,29(8):1639—1645.

李家兵,张江山.武夷山国家级风景名胜区的游憩价值评估[J].福建环境,2003,20
(3):46—48.

李京梅,刘铁鹰.基于旅行费用法和意愿调查法的青岛滨海游憩资源价值评估[J].
旅游科学,2010,24(4):49—59.

李蕊伊,董捷.福利计量研究述评及其对我国土地税收政策的启示[J].科学与管理,
2010(5):75—78.

李天元.旅游学[M].北京:高等教育出版社,2011.

李巍,李文军.用改进的旅行费用法评估九寨沟的游憩价值[J].北京大学学报(自然
科学版),2003,39(4):548—555.

李卫华.收益现值法在旅游资产评估中的应用研究[J].旅游论坛,2011,(5):
29—32.

李向明.旅游资源资产评估及其指标体系的构建[J].资源科学,2006,28(5):
143—150.

李向明.自然旅游资源价值的来源、构成及其实现途径[J].林业科学,2011,47(10):
160—166.

李湘豫,陈玉兴,梁留科,等.开封大相国寺游憩价值 TCIA 分析[J].地域研究与开
发,2013,32(2):145—153.

李周.环境与生态经济学研究的进展[J].浙江社会科学,2002(1):27—44.

李作志.滨海旅游资源经济价值评价模型研究[D].大连:大连理工大学,2010.

李作志,王尔大,苏敬勤.旅游资源需求函数模型及应用[J].系统工程理论与实践,
2012,32(2):274—282.

李作志,王尔大,苏敬勤.二分选择模型在滨海旅游经济价值评价中的应用[J].数理统计与管理,2012,31(4):707—716.

梁修存,丁登山.国外旅游资源评价研究进展[J].自然资源学报,2002,17(2):253—260.

林璧属,张希,赵韶芬,等.武夷山封闭式管理对利益相关者的影响研究[J].旅游学刊,2006,21(7):33—37.

林璧属.体验化是休闲时代旅游发展的基本取向[J].旅游学刊,2006,21(11):10—11.

林璧属.景点在旅游目的地营销中的作用[J].旅游学刊,2009,24(6):8—9.

林璧属,林文凯,周春波.旅游景区经营权价值评估[J].经济管理,2013,(6):112—122.

林文凯.景区旅游资源经济价值评估方法研究述评[J].经济地理,2013(9):169—176.

刘滨谊,张琳.旅游资源资本化的机制和方法[J].长江流域资源与环境,2009,18(9):825—830.

刘坤,杨东.旅游资源的经济价值评价[J].曲阜师范大学学报(自然科学),2001,27(3):103—107.

刘梦琴.资产评估学科归属及理论框架构成[J].中国资产评估,2012(3):36—39.

刘敏,陈田,石学勇.我国景区经营权价值评估途径的选择[J].旅游学刊,2007,22(9):45—49.

刘敏,陈田,刘爱利.旅游地游憩价值评估研究进展[J].人文地理,2008,23(1):13—19.

刘敏.中国景区经营权转让研究综述[J].地理科学进展,2012,31(11):1492—1502.

刘晴,杨新军,王蕾,等.西安大唐芙蓉园国内游憩利用价值评估[J].人文地理,2010,25(5):118—123.

刘旺,张文忠.对构建旅游资源产权制度的探讨[J].旅游学刊,2002,17(4):17—19.

刘伟,平新乔.现代西方产权理论与企业行为分析[J].经济研究,1989(1):4—12.

刘亚萍,潘晓芳,钟秋平,等.生态旅游区自然环境的游憩价值:运用条件价值评价法和旅行费用法对武陵源风景区进行实证分析[J].生态学报,2006,26(11):3766—3774.

刘亚萍.生态旅游区游憩资源经济价值评价研究[M].北京:中国林业出版社,2008.

刘亚萍,廖蓓,金建湘.广西巴马盘阳河沿岸长寿资源的游憩价值评价——基于修正的区域旅行费用法[J].资源科学,2012,34(5):964—972.

卢福财,胡平波.网络租金及其形成机理分析[J].中国工业经济,2006(6):84—90.

陆鼎煌,吴章文,张巧琴,等.张家界国家森林公园效益的研究[J].中南林学院学报,1985,5(2):160—170.

陆正飞,叶康涛.中国上市公司股权融资偏好解析[J].经济研究,2004(4):50—59.

吕君,汪宇明,刘丽梅.草原生态系统旅游价值的评估——以内蒙古自治区四子王旗为例[J].旅游学刊,2006,21(8):69—74.

马波.公共旅游资源资产化管理研究引论[J].桂林旅游高等专科学校学报,2001,12(2):5—7.

马克思.资本论[M].中央编译局,译.北京:人民出版社,2004.

马梅.公共产品悖论——国家公园旅游产品生产分析[J].旅游学刊,2003(4):43—46.

马歇尔.经济学原理[M].陈良璧,译.北京:商务印书馆,1965.

马中.环境与资源经济学概论[M].北京:高等教育出版社,1999.

孟永庆,陈应发.森林游憩价值评估的8种方法[J].林业经济,1994(6):60—65.

奈特.风险、不确定性与利润[M].安佳,译.北京:商务印书馆,2010.

OECD.环境项目和政策的经济评价指南[M].施涵,陈松,译.北京:中国环境科学出版社,1996:49—121.

庞巴维克.资本实证论[M].陈端,译.北京:商务印书馆,1997.

庞巴维克.资本与利息[M].何崑曾,高德超,译.北京:商务印书馆,2010.

彭德成,潘肖澎,周梅.我国旅游资源和景区研究的十个前沿问题[J].旅游学刊,2002,18(6):54—56.

彭德成.中国旅游景区治理模式[M].北京:中国旅游出版社,2003.

彭新育,吴甫成,傅尔林.评价旅游景点经济价值的数学模型[J].经济地理,2000,20(4):109—113.

庇古.福利经济学[M].金镝,译.北京:华夏出版社,2007.

阮君.福建省森林游憩价值估算——以武夷山自然保护区为例[J].山东林业科技,2006(3):8—11.

沈小波.环境经济学的理论基础、政策工具及前景[J].厦门大学学报(哲学社会科学版),2008(6):19—25.

斯坦利·杰文斯.政治经济学理论[M].郭大力,译.北京:商务印书馆,1997.

孙京海,朱学义.旅游业资本化运作研究[J].江苏商论,2008(9):79—81.

孙京海.旅游资源资本化研究[D].北京:中国矿业大学,2010.

孙睿君,钟笑寒.运用旅行费用模型估计典型消费者的旅游需求及其收益:对中国的实证研究[J].统计研究,2005(12):34—39.

唐德彪.民族文化旅游资源的资产化管理[J].重庆工学院学报(社会科学版),2007,21(9):19—22.

唐凌.论公共资源类旅游景区所有权与经营权分离[J].西南民族大学学报(人文社

会科学版),2005,26(7):275—277.

唐凌.基于佃农理论的风景名胜区租赁模式研究[J].经济经纬,2010(5):138—142.

汤姆·泰坦伯格.环境与自然资源经济学[M].北京:经济科学出版社,2003.

瓦里安.微观经济学:高级教程[M].3版.北京:经济科学出版社,2002.

万绪才,丁敏,宋平.旅游资源价值及其货币化评估[J].经济体制改革,2003(6):155—158.

汪辉.上市公司债务融资、公司治理与市场价值[J].经济研究,2003(8):28—35.

王炳贵,曹辉.厦门天竺山森林公园森林景观资产初步评估[J].北京林业大学学报,1999(6):84—88.

王彩萍,徐红罡.旅游企业多元化经营的经济后果分析[J].旅游学刊,2008,23(7):18—22.

王德刚.旅游学概论[M].济南:山东大学出版社,2004.

王尔大,李作志,王忠福.利用计数统计模型方法评价大连星海公园旅游的经济价值[J].数理统计与管理,2009,28(1):23—31.

王尔大,李作志,赵玲.非市场旅游资源经济价值评价的理论与方法[M].北京:科学出版社,2012.

王红.中国公共资源依托型旅游景区(点)政府规制的变迁研究[J].中国人口·资源与环境,2011,21(1):148—154.

王晶,高建设,宁宣熙.收益法评估中折现率研究[J].管理世界,2011(4):184—185.

王景升.我国资产评估理论结构问题研究[J].理论界,2005(11):68—70.

王来福.CAPM在我国收益性房地产估价中的应用研究[J].东北财经大学学报,2005,40(4):12—14.

王淼,贺义雄.我国海洋旅游资源资产的产权界定与产权关系探讨[J].旅游科学,2006,20(4):38—41.

王明成.我国旅游资源整合影响因素的理论分析[J].旅游科学,2011,25(4):20—27.

王喜刚,王尔大.基于修正旅行成本法的景区游憩价值评估模型——大连老虎滩海洋公园的实证分析[J].资源科学,2013,35(8):1693—1700.

王兴斌.中国自然文化遗产管理模式的改革[J].旅游学刊,2002,17(5):15—21.

王艳,吴郭泉,高元衡.自然旅游资源经济价值核算研究综述[J].桂林旅游高等专科学校学报,2005,16(5):28—32.

王艳龙.中国西部地区矿产资源资本化研究[D].北京:北京邮电大学,2012.

魏敏.中国旅游经济效应的预测检验及其优化研究[J].财政研究,2011(12):35—37.

威廉·配第.赋税论[M].马妍,译.北京:中国社会科学出版社,2010.

温茨巴奇,迈尔斯,坎农,等.现代不动产[M].任淮秀,等,译.北京:中国人民大学出版社,2002.

吴承照.现代城市游憩规划设计理论与方法[M].北京:中国建筑工业出版社,1998.

吴楚材.张家界森林公园游憩效益经济评价的研究[J].林业科学,1992,28(5):423—430.

吴楚材,孙灿明,耿庆汇.森林旅游资源资产评估[J].中南林学院学报,2003,23(6):6—10.

吴健.环境和自然资源的价值评估与价值实现[J].中国人口·资源与环境,2007,17(6):13—17.

吴伟东.旅游资源资本化管理若干问题探讨[J].浙江统计,2005(12):24—25.

吴文智.我国公共景区政府规制历程及其问题研究[J].旅游学刊,2007,22(11):37—40.

吴文智.中国公共景区政府规制研究[M].北京:旅游教育出版社,2011.

伍忠信,吴战篪.在会计理论基础上构建资产评估理论体系[J].财会通讯,2002(10):41—42.

希克斯.价值与资本[M].薛蕃康,译.北京:商务印书馆,1962.

向书坚,孟祥兰.旅游资本形成核算的基本问题研究[J].统计与信息论坛,2004,19(2):14—17.

肖建红,于庆东,陈东景,等.舟山普陀旅游金三角游憩价值评估[J].长江流域资源与环境,2011(11):1327—1333.

肖星,李文兵,伍延基,等.城市建成区户外游憩系统初探——以兰州市为例[J].人文地理,2004,17(6):6—10.

谢双玉,訾瑞昭,许英杰,等.旅行费用区间分析法与分区旅行费用法的比较及应用[J].旅游学刊,2008,23(2):41—45.

谢茹.试论风景名胜区经营权的转让[J].南昌大学学报(人文社会科学版),2004,35(4):50—55.

谢茹.关于风景名胜资源产权制度的思考[J].当代财经,2004(10):24—29.

谢茹.国家风景名胜区经营权研究[M].北京:人民出版社,2006.

谢贤政,马中.应用旅行费用法评估环境资源价值的研究进展[J].合肥工业大学学报(自然科学版),2005,28(7):730—737.

谢贤政.环境资源经济价值评估[M].北京:中国环境科学出版社,2011.

谢彦君.基础旅游学[M].北京:中国旅游出版社,2011.

熊明均,郭剑英,邓丹.利用意愿调查价值评估法(CVM)评估旅游资源的非使用价值——以乐山大佛景区为例[J].中共乐山市委党校学报,2007(3):76—78.

许抄军,刘沛林,王良健,等.历史文化古城的非利用价值评估研究:以凤凰古城为例[J].经济地理,2005,25(3):240—243.

许抄军,罗能生,刘沛林,等.历史文化古城游憩利用价值评估——以凤凰古城为例[J].经济地理,2006,26(3):521—525.

许丽忠,张江山,王菲凤,等.熵权多目的地 TCM 模型及其在游憩资源旅游价值评估中的应用——以武夷山景区为例[J].自然资源学报,2007,22(1):28—36.

许丽忠,吴春山,王菲凤,等.条件价值法评估旅游资源非使用价值的可靠性检验[J].生态学报,2007,27(10):4302—4309.

许丽忠,朱宇,张江山,等.环境资源价值 PC 格式 CV 法评估在中国的预测有效性实验室研究[J].科学通报,2009(22):3574—3581.

许丽忠,钟满秀,韩智霞,等.环境与资源价值 CV 评估预测有效性研究进展[J].自然资源学报,2012,27(8):1421—1430.

许崴.试论福利经济学的发展轨迹与演变[J].国际经贸探索,2009,25(12):28—31.

徐嵩龄.中国文化与自然遗产的管理体制改革[J].管理世界,2003(6):63—73.

徐颖.西方经济学的产权理论[J].中国特色社会主义研究,2004(4):40—44.

薛达元.生物多样性的经济评价——长白山自然保护区实例研究[M].北京:中国环境科学出版社,1997.

薛达元,包浩生,李文华.长白山自然保护区生物多样性旅游价值评估研究[J].自然资源学报,1999,14(2):140—145.

薛莹,田银生.闲暇、休闲、游憩、旅游之论[J].经济地理,2007,27(5):826—829.

亚当·斯密.国富论[M].唐日松,译.北京:华夏出版社,2005.

严立冬,谭波,刘加林.生态资本化:生态资源的价值实现[J].中南财经政法大学学报,2009(2):3—8.

严启发.产权问题研究综述[J].当代经济科学,1995(6):104—107.

闫伟,刘红杏,冯震,等.基于 TCM 和 CVM 的胶州湾湿地游憩价值评估[J].现代商业,2011(29):68—69.

阎友兵.旅游景区经营权转让研究[M].湘潭:湘潭大学出版社,2007.

杨丹.西方资产评估理论简介[J].四川会计,1999(2):20—22.

杨振之.旅游资源开发[M].成都:四川人民出版社,1996.

叶浪.旅游资源经营权的价格形成和确定[J].价格月刊,2002(8):28—29.

叶浪.旅游资源经营权论[D].成都:四川大学,2004.

叶祥松.西方经济学的产权理论[J].当代亚太,2001(7):50—56.

依绍华.风景名胜区的准公共品性质及其规制[J].北京第二外国语学院学报,2006(3):64—66.

余炳文,姜云鹏.资产评估理论框架体系研究[J].中南财经政法大学学报,2013(2):34—39.

余海宗,骆红艳,王萍.论我国资产评估理论体系的构建[J].四川会计,2001(2):9—11.

俞晟.城市旅游与城市游憩学[M].上海:华东师范大学出版社,2003.

喻燕,卢新海.九华山景区旅游价值货币化估算研究[J].国土资源科技管理,2009,26(2):83—88.

喻燕.旅游资源总价值货币化估算研究——黄山风景区实证[J].旅游科学,2010,24(5):64—71.

于新.劳动价值论与效用价值论发展历程的比较研究[J].经济纵横,2010(3):31—34.

于洋,王尔大,刘爱玲.国内外旅游资源游憩价值评估研究综述[J].华东经济管理,2009,9(23):140—146.

袁尧清,唐德彪.民族文化旅游资源资产化管理探讨[J].湖南科技大学学报(社会科学版),2012,15(4):95—98.

约翰·梅纳德·凯恩斯.就业、利息和货币通论(重印本)[M].高鸿业,译.北京:商务印书馆,2005.

查爱苹,邱洁威,姜红.旅行费用法若干问题研究[J].旅游学刊,2010,25(1):32—37.

查爱苹,邱洁威,黄瑾.条件价值法若干问题研究[J].旅游学刊,2013,28(4):25—34.

查爱苹,邱洁威.国外旅游资源经济价值研究述评[J].经济问题探索,2015(2):183—190.

詹丽,杨昌明,李江风.用改进的旅行费用法评估文化旅游资源的经济价值——以湖北省博物馆为例[J].软科学,2005,19(5):94—96.

张朝枝,保继刚,徐红罡.旅游发展与遗产管理研究[J].旅游学刊,2004(5):35—39.

张冬青,宁宣熙.考虑收入因素的旅行时间价值模型研究[J].系统工程学报,2006,21(1):1—5.

张红霞,苏勤,王群.国外有关旅游资源游憩价值评估的研究综述[J].旅游学刊,2006,21(1):31—35.

张进福.经营权出让中的景区类型与经营主体分析[J].旅游学刊,2004,19(1):11—15.

张凌云.关于旅游景区公司上市争论的几个问题[J].旅游学刊,2000,15(3):25—27.

张凌云.旅游景区概论[M].北京:北京师范大学出版社,2010.

张翼飞,赵敏.意愿价值法评估生态服务价值的有效性与可靠性及实例设计研究[J].地球科学进展,2007,22(11):1141—1149.

张茵,蔡运龙.基于分区的多目的地 TCM 模型及其在游憩资源价值评估中的应用——以九寨沟自然保护区为例[J].自然资源学报,2004,19(5):651—661.

张茵,蔡运龙.条件估值法评估环境资源价值的研究进展[J].北京大学学报(自然科学版),2005,41(2):317—328.

张茵,蔡运龙.用条件估值法评估九寨沟的游憩价值——CVM 方法的校正与比较[J].经济地理,2010,30(7):1205—1211.

张志强,徐中民,程国栋.条件价值评估法的发展与应用[J].地球科学进展,2003,18(3):454—463.

章尚正,马贤胜.旅游资源开发与保护中的制衡机制失衡与政府规制优化[J].旅游科学,2009,23(5):1—7.

赵剑锋.对资产评估理论框架的探索性分析[J].财会月刊,2013(10):6—8.

赵军,杨凯.自然资源福利计量的参数模型与表征尺度:理论与应用比较[J].自然资源学报,2004,19(6):795—803.

赵军,杨凯.自然资源与环境价值评估:条件估值法及应用原则探讨[J].自然资源学报,2006,21(5):834—843.

赵玲,王尔大,苗翠翠.ITCM 在我国游憩价值评估中的应用及改进[J].旅游学刊,2009,24(3):63—69.

赵强,李秀梅,王乃昂,等.旅行费用法两种技术路线的应用比较[J].南京林业大学学报(自然科学版),2009,33(1):106—110.

郑炳南,刘永清.论资产评估结果:关于公允市价"价值"价格的思考[J].暨南大学学报(哲学社会科学版),2000(3):82—86.

郑芳,侯迎,王乃昂,等.修正的 TCM 模型多目的地 ZTCM 在旅游价值评估中的应用——以嘉峪关市为例[J].人文地理,2009(1):123—128.

郑玉歆,张晓,郑易生,等.国家风景名胜资源上市的国家利益权衡[J].数量经济技术经济研究,1999(10):3—25.

钟勉.试论旅游资源所有权与经营权相分离[J].旅游学刊,2002,17(4):23—26.

仲伟志.如何理解矿产"资源、资产、资本一体化"[N].中国国土资源报,2010-10-22.

周春波,李玲.旅游资源资本化:演进路径、法律规制与实现机制[J].经济管理,2015,37(10):125—135.

周春波,林璧属.景区游憩价值的多方案条件价值评估[J].社会科学家,2013,(7):98—102.

周春波,林璧属.中国景区类上市公司资本化率及其影响因素研究[J].旅游学刊,2013,28(9):34—42.

周春波,林璧属.基于截断泊松模型的景区游憩价值多案例评估[J].生态经济,2013(12):130—133.

周友梅,胡晓明.资产评估学原理[M].北京:中国财政经济出版社,2010.

周慧滨,左旦平.旅行成本法在我国应用中存在的几个问题[J].自然资源学报, 2006,21(3):489—499.

周军,何小芊,张涛,等.屈原故里景区旅游总经济价值评估研究[J].旅游学刊, 2011,26(12):64—71.

祝亚.基于旅游业外部性的公共景区定价研究[D].杭州:浙江大学,2010.

邹统纤.中国旅游景区管理模式研究[M].天津:南开大学出版社,2006.

左冰,保继刚.制度增权:社区参与旅游发展之土地权利变革[J].旅游学刊,2012 (2):23—31.

索 引

后　记

　　旅游资源经济价值的高度抽象性决定了本论文所讨论的主题——旅游资源经济价值评估研究的复杂性与探索性。这一探索性研究像开掘金矿那样深深地吸引了我,乃至在撰写本书的三年间,我常常食不知味、夜不能寐,但我无怨无悔。

　　本书的初稿源于我的博士论文,并历时两年进行了大幅修改和完善。在博士论文撰写过程中,导师厦门大学林璧属教授严格要求并给予了悉心指导,从选题构思至论文定稿,都倾注了林老师大量的心血!林老师一直教导我们:理论创新性、实践导向性和结构逻辑性是一篇优秀博士论文的必备品质,我对此铭刻于心。感谢厦门大学魏敏教授对书中的组合预测模型进行指点,感谢厦门大学李玲助理教授对旅游资源资本化的法律规制部分进行点拨。感谢陕西师范大学马耀峰教授、中山大学刘静艳教授、厦门大学林德荣教授在我博士论文答辩中提出的宝贵意见。感谢厦门大学林文凯博士对本书文献述评框架构建的评论。我还要感谢我的父母与爱人,你们的爱与关怀像灯塔一般默默地点亮着我的学术航道与梦想!

　　本书出版获得了宁波大学浙江省海洋文化与经济研究中心的资助,得到了中心主任李加林教授和周梅老师的大力支持,得到了所在单位(宁波大学人文与传媒学院)副院长沈世伟副教授和系主任苏勇军副教授的关心帮助,也得到了浙江大学出版社及责任编辑吴伟伟老师的鼎力相助,再次一并致以诚挚谢意!

　　拙著不当之处在所难免,敬请各位专家、老师和读者朋友批评指正!

周春波

2016 年 3 月

于宁波寓所

图书在版编目(CIP)数据

旅游资源经济价值的理论建构与评估优化研究 / 周春波著. —杭州:浙江大学出版社,2016.10
ISBN 978-7-308-16205-0

Ⅰ.①旅… Ⅱ.①周… Ⅲ.①旅游资源－经济评价－研究 Ⅳ.①F590.3

中国版本图书馆 CIP 数据核字(2016)第 214742 号

旅游资源经济价值的理论建构与评估优化研究

周春波 著

责任编辑	吴伟伟 *weiweiwu@zju.edu.cn*	
责任校对	余梦洁	
封面设计	木　夕	
出版发行	浙江大学出版社	
	(杭州市天目山路 148 号　邮政编码 310007)	
	(网址:http://www.zjupress.com)	
排　　版	浙江时代出版服务有限公司	
印　　刷	杭州日报报业集团盛元印务有限公司	
开　　本	710mm×1000mm　1/16	
印　　张	15.25	
字　　数	270 千	
版 印 次	2016 年 10 月第 1 版　2016 年 10 月第 1 次印刷	
书　　号	ISBN 978-7-308-16205-0	
定　　价	48.00 元	